Theodor Bergk

Zur Geschichte und Topographie der Rheinlande in römischer Zeit

Theodor Bergk

Zur Geschichte und Topographie der Rheinlande in römischer Zeit

ISBN/EAN: 9783743659063

Hergestellt in Europa, USA, Kanada, Australien, Japan

Cover: Foto ©ninafisch / pixelio.de

Weitere Bücher finden Sie auf **www.hansebooks.com**

ZUR GESCHICHTE UND TOPOGRAPHIE DER RHEINLANDE IN RÖMISCHER ZEIT.

VON

THEODOR BERGK

MIT EINER KARTE

LEIPZIG
DRUCK UND VERLAG VON B. G. TEUBNER
1882

Vorwort.

Theodor Bergk hat der Geschichte der Römerherrschaft in den Rheinlanden allezeit das lebhafteste Interesse gewidmet.

Seit seiner Uebersiedlung nach Bonn (1869) nahm er mit dem ihm eigenen Eifer an den Arbeiten des Vereins rheinischer Alterthumsfreunde theil. Eine Reihe von Fragen, die zum grössten Theile die Begründung und Organisation der römischen Herrschaft in Germanien zum Gegenstande haben, wurde von ihm auf das glücklichste gelöst.

Von den in dieser Sammlung enthaltenen Abhandlungen sind IV, V, VI, VII in den Rheinischen Jahrbüchern (LVII, LVIII 1876) bereits gedruckt, aber vom Verfasser aufs neue durchgesehen und berichtigt. Für die übrigen wurde Bergks eigenhändiges Manuscript benutzt. Leider hatte er nicht die letzte Hand anlegen können. Dies gilt namentlich von den Bemerkungen über die Statthalter am Niederrhein, die schon 1876 niedergeschrieben wurden. So war der Unterzeichnete in der Lage, einzelnes berichtigen, anderes ergänzen zu müssen. Hier und da schien ein Hinweis auf Arbeiten aus den letzten Jahren geboten.

Wäre es dem Verewigten vergönnt gewesen, diese Sammlung selbst der Oeffentlichkeit zu übergeben, so würde sie sicher in noch höherem Grade befriedigen; aber auch so folgt man gerne der Führung des sachkundigen, beredten Mannes und des gewissenhaften, scharfsichtigen Beobachters.

Die Uebersichtskarte hat Herr Generalmajor z. D. v. Veith mit bekannter Sachkenntniss entworfen.

Bonn, im Mai 1882.

Julius Asbach.

Inhalt.

	Seite
I. Caesars Feldzug gegen die Usipeter und Tencterer	1
II. Caesars Krieg gegen Ambiorix und die Eburonen	25
III. Bemerkungen über römische Statthalter am Niederrhein	39
IV. Der Aufstand des Antonius am Oberrhein im J. 89	61
V. Mainz und Vindonissa	72
VI. Der Vicus Ambitarvius	89
VII. Der Grenzstein des Pagus Carucum	103
VIII. Zum Streite über den Ort der Ara Ubiorum	137
IX. Beiträge zur Untersuchung der Heerstrassen am Rhein	145

I.
Caesars Feldzug gegen die Usipeter und Tencterer.

Die mächtige Bewegung, welche in ferner Vorzeit die Völker von Ost nach Westen, von Nord nach Süden trieb, hat periodisch nachgelassen, ist aber niemals völlig ins Stocken gerathen. Auch in den Jahrhunderten, welche der grossen germanischen Wanderung zunächst vorangehen, verlassen einzelne Stämme und Völkerschaften bald freiwillig, bald dem Vorwärtsdrängen der Nachbarn weichend ihren heimischen Boden, um sich neue Wohnsitze zu suchen. Manche werden in dem harten Kampfe um die Existenz völlig aufgerieben, von anderen retten sich nur dürftige Reste, die jedoch einen frischen urkräftigen Keim wahren, so dass aus der Zerstörung sich neues Leben entfaltet: und wie viele auch untergehen, immer Andere rücken an ihre Stelle.

So zogen auch mitten im Winter zu Anfang des J. 55 v. Chr. zwei germanische Völkerschaften, die Usipeter und Tencterer, nicht weit von der Mündung des Rheines über diesen Strom und setzten sich im Gebiete der Menapier fest[1]). Seit geraumer Zeit von ihren Nachbarn, den Sueven, bedrängt, hatten sie endlich, ausser Stande der Uebermacht länger zu widerstehen, ihre früheren Sitze verlassen (im J. 59) und waren heimathlos mit Weib und Kind drei Jahre umhergezogen, ohne dass es ihnen gelang irgendwo festen Fuss zu fassen. Die Noth trieb sie zuletzt über den Grenzstrom[2]), sie wollten, wie so viele vor ihnen, im Keltenlande ihr Glück versuchen. Caesar schätzt die Kopfzahl der Ausgewanderten auf 430,000[3]), darunter befanden sich also mindestens 100,000 waffenfähige Männer.

[1]) Caesar B. G. IV, 1.
[2]) Die Auswanderung dieser Germanen erinnert an die der Helvetier: während aber diese wohlvorbereitet auf ein keckes Abenteuer auszogen, mussten die Germanen widerstrebend und rathlos ihre Heimath verlassen.
[3]) Caesar B. G. IV, 15. Die richtige Zahl 440,000 hat sich vielleicht bei Orosius erhalten, nach Plutarch Caesar 22 wurden τεσσαράκοντα μυριάδες niedergemacht. Diese Zahl findet sich auch bei Appian

Caesar, der sich während des Winters in Oberitalien aufhielt, wurde alsbald von diesem Ereigniss in Kenntniss gesetzt. Wenn diese streitbaren Germanen sich mit den Galliern verbündeten, so konnten daraus bedenkliche Verwickelungen entstehen[1]): um dieser drohenden Gefahr rasch zu begegnen, ging Cäsar früher als gewöhnlich über die Alpen zurück. Die Germanen waren inzwischen weiter nach Süden vorgedrungen, und hatten, wie Caesar versichert, bereits mit einzelnen gallischen Cantonen bestimmte Verabredungen getroffen: der Entschluss, Gallien von diesen Eindringlingen zu säubern, stand sofort fest. Nachdem Caesar die Winterlager seiner Legionen inspicirt, berief er die Vertreter der gallischen Cantone, bestimmte das Contingent von Reiterei, das sie zu stellen hatten, beobachtete jedoch über das Ziel des neuen kriegerischen Unternehmens vollständiges Schweigen. So wie die Reiterei zur Stelle und für den nöthigen Proviant gesorgt war, brach er mit seiner Armee gegen die Germanen auf[2]).

Während des Winters hatten die Germanen von den Vor-

Celt. c. 18 (bei Plut. Cato 51 und Comp. Nic. 4 sogar nur 300,000). Caesars Schätzung kann nur als eine ungefähre gelten, da ihm hier keine Listen, wie bei den Helvetiern, zu Gebote standen: Caesar will wohl nur sagen, ihre Zahl sei noch grösser als die der Helvetier (368,000) gewesen.

[1]) Wenn Caesar im Jahr vorher den Labienus zu den Treverern und anderen belgischen Völkerschaften sendet mit dem Auftrage, die Germanen, falls sie wagen sollten, mit Gewalt den Rhein zu überschreiten, daran zu verhindern (III, 11: *Titum Labienum legatum in Treveros, qui proximi sunt flumini Rheno, cum equitatu mittit: huic mandat, Remos reliquosque Belgas adeat atque in officio contineat, Germanosque, qui auxilia a Belgis arcessiti dicebantur, si per vim navibus flumen transire conentur, prohibeat*), so mag sich dies auf die Sigambern beziehen, vielleicht hielten sich aber auch die Usipeter und Tencterer schon nicht fern vom Strome auf, so dass man bereits damals ihren Uebergang erwartete. Jedenfalls hat Labienus sich im J. 56 längere Zeit an den Ufern des Rheines aufgehalten, um Gallien gegen die Angriffe von Seiten der Germanen zu schützen und zugleich das Land zu recognosciren, was Caesar im nächsten Jahre selbst betrat.

[2]) B. G. IV, 7: *iter in ea loca facere coepit, quibus in locis esse Germanos audiebat*. Die Darstellung Caesars über diese Vorgänge ist sehr summarisch und unbestimmt: genaueres über die Vertheilung der Legionen in den Winterquartieren erfahren wir nicht, wir wissen nur, dass sie hauptsächlich im nordwestlichen Theile Galliens standen. Ebensowenig wird der Ort genannt, wo der gallische Landtag stattfand: nach Napoléons Vermuthung in Samarobriva, es wird das Hauptquartier der Winterlager gewesen sein, ist also eher an der Seine zu suchen.

räthen, welche sie in dem von ihnen occupirten Striche des
Menapiergaues vorfanden, gelebt¹). Als diese aufgezehrt waren,
mussten sie nothwendig das ausgesogene Land verlassen²), und
zogen vom Rheine fort durch das Gebiet der Eburonen in den
Gau der Condrusen³) immer am rechten Ufer der Maas die grosse
Völkerstrasse entlang. Hier im Lande der Condrusen sucht Caesar
die Germanen auf, und als er mit seiner Armee nur noch ein
paar Tagemärsche von dem grossen Lager der Usipeter und
Tencterer entfernt war, kommen ihm Gesandte der Germanen
entgegen, um zu unterhandeln. Caesar befindet sich bereits an
den Ufern der Maas, daher flicht er hier eine kurze geographische Schilderung der Maas und des Rheines ein⁴). Die
Abgesandten hatten drei Tage Frist erlangt, um über Caesars
Vorschläge Beschluss zu fassen, Caesar rückt inzwischen weiter
vor, am festgesetzten Tage trifft er wieder unterwegs mit den
Abgesandten zusammen, marschiert noch 4 r. M. und schlägt dann
sein Lager auf; dort finden sich am nächsten Morgen die Ver-

---

¹) Caesar B. G. IV, 4; denn sie waren nicht wie die Helvetier
wohlversehen mit Lebensmitteln. Die Menapier hatten damals ein
ziemlich ausgedehntes Gebiet inne, aber da es zum Theil aus Wäldern,
Sümpfen und sandiger Haide bestand, wird es nur dünn bevölkert
gewesen sein, doch darf man das Contingent von 7000 (8000 oder 9000,
letztere Zahl wird durch Orosius geschützt) Caesar II, 4 nicht als
Massstab anlegen. Caesar verwendet später (VI, 7) fünf Legionen zur
Unterwerfung der Landschaft.

²) Caesar verschweigt dies, giebt dagegen an, sie wären den
Aufforderungen der Gallier folgend weiter nach Süden vorgedrungen
(IV, 6). Dies Motiv ist für die tendenziöse Darstellung Caesars zweck-
dienlich, aber eine Verbindung zwischen den Germanen und Galliern
hat offenbar nicht stattgefunden (s. nachher), auch nennt Caesar die
Namen der *civitates*, welche die Eindringlinge herbeigerufen, nirgends.

³) Caesar B. G. IV, 6: *qua spe adducti Germani latius vagabantur
et in fines Eburonum et Condrusorum, qui sunt Treverorum clientes,
pervenerant.* Noch jetzt wie im Mittelalter führt der Landstrich am
rechten Maasufer zwischen Lüttich und Namür den Namen Condroz,
und gleichen Umfang mag der *pagus Condrusius* in der Periode der
römischen Herrschaft gehabt haben: dies ist jedoch für Caesars Zeit
nicht massgebend; die Grenzen der Völkerschaften sind wandelbar
und haben gerade durch die Römer vielfache Modificationen erfahren.
Der Gau der Condrusen wird sich in jener Zeit weiter nach Norden
hin erstreckt haben; allzuweit nach Süden sind die Germanen offenbar
nicht vorgedrungen: ein so zahlreicher Zug von Auswanderern, welche
Weib, Kind und ihre ganze Habe mit sich führen, ist schwerfällig und
bewegt sich nur langsam vorwärts.

⁴) Caesar B. G. IV, 10.

treter der beiden Völkerschaften ein, deren Lager nur noch 8 r. M. entfernt war; aber statt des friedlichen Vergleiches kam es zur Entscheidung durch die Waffen: ehe die Sonne des nächsten Tages zur Neige ging, waren die Germanen vollständig vernichtet.

Wenn man Caesars Darstellung achtsam folgt, muss man annehmen, dass das Gebiet der Condrusen der Schauplatz dieser Katastrophe war: allein damit ist schwer zu vereinigen, wenn Caesar wieder berichtet, nach der Einnahme des Lagers der Germanen wären die flüchtigen Schaaren von der römischen Reiterei verfolgt, *ad confluentem Mosae et Rheni* gedrängt worden, und hätten dort in den Fluthen ihren Tod gefunden. Darauf gestützt, verlegt man das Lager nach der Haide von Goch, und lässt die Usipeter und Tencterer da wo Maas und Rhein sich vereinigen zu Grunde gehen, also im Gebiete der Menapier. Um den Widerspruch zu lösen, nimmt man an, nur einzelne Abtheilungen der Germanen, die zum Fouragiren ausgesandt waren, seien bis in das Land der Eburonen und Condrusen vorgedrungen, die Hauptmasse beider Völkerschaften habe von Anfang bis zu Ende im menapischen Gebiete verweilt[1]); allein diese Auffassung steht im offenbarsten Widerspruch mit Caesars Bericht, welcher aussagt, die Germanen seien durch Gesandtschaften der Gallier eingeladen worden, das Rheinufer zu verlassen, und sie wären im Vertrauen auf die ihnen gemachten Verheissungen bereits bis in den Condrusengau gelangt[2]). Auch haben die Vertreter dieser Ansicht nicht erwogen, dass es für eine Volkszahl von mehr als 400,000 Köpfen unmöglich war, nachdem bereits gegen Ende des Winters die Hülfsquellen des menapischen Landes erschöpft waren, dort länger zu verweilen. Ebensowenig darf man annehmen, dass die Germanen, nachdem sie bis zu den Condrusen vorgedrungen waren, als sie von der Annäherung des römischen Heeres Kunde erhielten, sich schleunigst wieder in das Gebiet der Menapier zurückzogen: denn davon sagt Caesar kein Wort. Die Germanen, welche keine Ahnung der ihnen drohenden Gefahr hatten, blieben vielmehr unbeweglich an derselben Stelle.

---

[1]) So Napoléon Leben Caesars II, 189. v. Cohausen.
[2]) Caesar B. G. IV, 6: *invitatosque (Germanos) uti ab Rheno discederent, omniaque quae postulavissent ab se fore parata, qua spe adducti Germani iam latius vagabantur et in fines Eburonum et Condrusorum . . . pervenerant.* Das *vagantur* ist gerade so kurz vorher gebraucht IV, 4 *agris expulsi et multis locis Germaniae triennium vagati ad Rhenum pervenerunt*, d. h. die Gesammtheit, nicht einzelne Abtheilungen.

Dass man den Punkt, wo die Waal in die Maas einmündet, als eine Vereinigung des Rheines und der Maas bezeichnen konnte, soll nicht in Abrede gestellt werden, allein Caesar, der eben erst[1]) ganz correct das Flusssystem dieses Landstriches geschildert hatte, würde *ad confluentem Mosae et Vacali* geschrieben, nicht den Ausdruck *ad confluentem Mosae et Rheni* gebraucht haben, der seine Leser nur irreführen konnte. Nun ist aber die Stelle, wo Maas und Waal sich vereinigen, von Goch viel zu weit entfernt, als dass hier die Vernichtung der versprengten Germanen hätte stattfinden können, da die Nacht der Verfolgung nothwendig ein Ende machte, somit nur die wenigen Stunden eines Nachmittags dafür übrig blieben. Allerdings nimmt Napoléon (L. Caes. II, 138) an, die Vereinigung beider Flüsse habe zu jener Zeit nicht wie gegenwärtig bei Gorkum, sondern bei St. Andreas, also mehr nach Osten zu[2]), stattgefunden, allein auch so beträgt die Entfernung zwischen St. Andreas und Goch mindestens 8 deutsche Meilen. Auf andere Weise sucht v. Cohausen, der das Lager der Germanen nach Wissen südlich von Goch verlegt (Jahrb. des Ver. v. Alterth. XLIII, S. 44 und 50), diese Schwierigkeit zu heben, indem unter dem Rhein nicht die Waal zu verstehen sei, sondern das Hochwasser des Rheines, welches die Kranenburger Bucht (nordwestlich von Goch) damals bedeckt habe[3]). Dadurch wird freilich die Entfernung auf ein lässliches Mass zurückgeführt, aber diese Hypothese, welche, abgesehen von anderen Unwahrscheinlichkeiten[4]), einen momentanen Zustand an die Stelle

---

[1]) Caesar B. G. IV, 10. Die Stelle ist allerdings nicht unversehrt überliefert, aber die Hand des Schriftstellers lässt sich mit voller Sicherheit herstellen: *Mosa profluit ex monte Vosego in finibus Lingonum, et parte quadam ex Rheno recepta, quae appellatur Vacalus, insulam efficit Batavorum, neque longius inde milibus passuum LXXX in Oceanum influit.* Ich habe *inde* statt des unverständlichen Glossems *ab Oceano* geschrieben, Heller (Philol. XXII, 135) zieht *ab eo* vor.

[2]) Dies wird unterstützt durch Caesars Angabe, dass die Stelle, wo Maas und Waal sich vereinigen, 80 r. M. von der Mündung der Maas ins Meer entfernt sei. Plinius H. N. IV, 101 giebt der *insula Batavorum* eine Ausdehnung von nahezu 100 r. M. in der Länge.

[3]) Nach v. Cohausen liess sich Caesar durch den Bericht seiner Reiter, die von der Verfolgung zurückkehrten und aussagten, sie hätten den Feind durch den Wald in die Maas und den Rhein versprengt, irre leiten.

[4]) Eine solche Ueberschwemmung des Rheines im Umfange des Comersees ist jedenfalls etwas nicht gewöhnliches. Auch der Reichswald erscheint als ein wenig günstiges Terrain für 5000 Reiter, welche Hunderttausende Flüchtiger verfolgen.

des normalen setzt, kann nicht als eine befriedigende Lösung gelten.

Andererseits hat man eine Verderbniss des Textes angenommen, und indem man *Mosae* mit *Mosellae* vertauscht, den Schauplatz dieses Kampfes von den Ufern der Maas in die Gegend von Coblenz verlegt, mit Berufung auf Florus und Dio Cassius, deren Zeugnisse in keiner Weise diese Hypothese unterstützen[1]). Diese Auffassung ist ausserdem weder mit der Dar-

---

[1]) Florus I, 45 sagt: *hic vero iam Caesar ultro Mosellam navali ponte transgreditur ipsumque Rhenum, et Hercyniis hostem quaerit in silvis.* Nicht bei Caesar haben die Abschreiber Maas und Mosel verwechselt, sondern bei Florus, wo statt *Mosellam* (die Hss. *musellam* und *massiliam*) *Mosam* zu schreiben ist (während an einer andern Stelle II, 30 *per Amisiam flumen, per Albin, per Visurgin, per Mosam* verbessert werden muss). Denn welchen Zweck konnte das Schlagen einer Schiffbrücke über die Mosel haben, wenn Caesar die Germanen von der Maas in den Winkel zwischen Mosel und Rhein bei Coblenz drängte und sie dort vernichtete? Die Darstellung des Florus ist übrigens, wie so häufig bei diesem unwissenden und confusen Schriftsteller, nichts weniger als correct: *Rhenum* ist nämlich mit *transgreditur*, nicht mit *quaerit* zu verbinden, und zwar muss man auch hier *navali ponte* hinzudenken, da Florus, wie das Folgende zeigt, nur für den zweiten Rheinübergang Caesars eine Jochbrücke annimmt. — Noch weniger darf man sich auf Dio Cassius XXXIX, 47 berufen, der von diesem Einfalle der Germanen sagt: τόν τε Ῥῆνον διέβησαν καὶ ἐς τὴν τῶν Τρηουίρων ἐνέβαλον. Dieser Ausdruck ist nicht gut gewählt, aber doch nicht gerade fehlerhaft. Die Condrusen, in deren Gebiet die Germanen zuletzt ihr Lager aufgeschlagen hatten, waren Schutzverwandte der Treveri (Caesar IV, 6 der Zusatz *qui sunt Treverorum clientes* geht nur auf die Condrusen, nicht auf die Eburonen, welche in keinem abhängigen Verhältniss von den Treveri standen). Diese Verletzung des Gebietes der Condrusen traf also indirect auch die Treveri. In der Quelle, welcher Dio folgt (Livius) wird dies ausführlicher dargestellt gewesen sein: während Dios kurz zusammengedrängter Auszug der rechten Klarheit entbehrt. Florus, der bekanntlich auch den Livius auszuschreiben pflegt, drückt sich noch unklarer aus. Florus verbindet den Krieg gegen Ariovist mit dem Kampfe gegen die Tencterer: indem er ausführt, die Gallier hätten wiederholt sich über Einfälle der rechtsrheinischen Germanen zu beklagen gehabt, gegen welche sie nur bei Caesar Schutz gefunden, leitet er den ersteren Krieg mit den Worten ein: *Haedui de incursionibus eorum (Germanorum) querebantur*; den zweiten: *iterum de Germano Tencteri* (die Hs. *genteri* oder *centeri*) *querebantur*. Dies ist geradezu sinnlos, denn die Tencterer hatten kein Recht zu klagen, sondern die Menapier und wer sonst durch jenen Einfall geschädigt ward. Diese Verkehrtheit hat jedoch nicht Florus, sondern die Abschreiber verschuldet; man wird die lückenhaften Worte folgendermassen ergänzen: *iterum de*

stellung Caesars noch mit den gegebenen Verhältnissen vereinbar. Die Germanen blieben die ganze Zeit ruhig an der Stelle, welche sie zu ihrem Lager ausgewählt hatten, noch bevor sie von Caesars Anmarsch unterrichtet waren: der Angriff der Römer auf das Lager und die Verfolgung der flüchtigen Schaaren vollzieht sich im Laufe eines Tages. Caesar kann also nicht die Germanen aus dem Gebiete der Condrusen von der Maas nach dem Rheine hingedrängt haben[1]), um dort den entscheidenden Schlag zu führen. Noch viel weniger darf man, indem man das Condroz für die Wahlstatt festhält, die Verfolgung bis nach Coblenz ausdehnen: eine so vollständige Vernichtung der Germanen, wie sie Caesar schildert, wäre dann unmöglich gewesen: die Versprengten hätten sich in die Wälder geflüchtet, nicht in den Fluthen des Rheines ihren Tod gefunden[2]).

Die Maas muss man unter allen Umständen festhalten, aber die Worte Caesars bedürfen kritischer Hülfe, es ist einfach zu schreiben *cum ad confluentem Mosae pervenissent*, d. h. als sie an die Stelle kamen, wo ein anderer Fluss in die Maas einmündet[3]). Ein Corrector, dem dieses nicht recht verständlich

---

Germano(rum) gente (Tencteris Treve)ri querebantur; ich habe *Treveri* (nicht *Menapii* oder *Galli*) geschrieben, weil sich so der Ursprung der Verderbniss am leichtesten erklären lässt: Die Treveri waren eben durch die ihren Schutzbefohlenen zugefügte Schädigung gekränkt und hatten allen Grund Klage zu führen.

[1]) So v. Göler, der die Schlacht in die Gegend von Mayenfeld vorlegt. Der Marsch von der Maas bis zum Rhein in der Richtung auf Coblenz war für beide Theile gleich schwierig und langwierig.

[2]) Auch war es ganz unmöglich, in der kurzen Frist eine so weite Strecke zurückzulegen. Die Flucht des Ariovistus und der Seinen vom Schlachtfelde bis zum Rheine wird, wenn wir unter den verschiedenen Angaben das Maximum herausgreifen, auf 50 r. M. geschätzt, jedenfalls zu hoch: aber die Entfernung zwischen der Maas und Coblenz dürfte etwa das Doppelte betragen, ausserdem waren hier die örtlichen Verhältnisse weit ungünstiger als am Oberrhein.

[3]) *Confluens* hat ursprünglich gar nicht die abstracte Bedeutung Zusammenfluss, Vereinigung zweier Ströme, sondern wie man sagt *ubei conflovont flovi Edus et Poriovera*, so ist *confluens* jeder Fluss, der in einen andern einmündet; die Stelle, wo sich beide vereinigen, heisst *confluentes*, z. B. Liv. I, 27: *ubi Anienem transit, ad confluentes collocat castra*, daher der nicht seltene Ortsname *Confluentes* regelmässig im Plural steht (vergl. Flor. II, 16); allmählich macht sich die abstracte Bedeutung geltend, daher fügt man die Flussnamen im Genitiv hinzu, Tac. Hist. II, 40 *confluentes Padi et Adduae fluminum*, ebenso auf Inschriften *confluentes Araris et Rhodani*, bis man endlich auch

war, fügte *et Rheni* hinzu, wobei er offenbar eben an die Waal dachte, unbekümmert um den Widerspruch, den er dadurch in die Darstellung Caesars bringt. Da der Name des Flusses verschwiegen wird, ist der Ausdruck vieldeutig, und nur der Zusammenhang kann Aufschluss gewähren. Das Lager der Germanen war im Condrusengau aufgeschlagen, so könnte man zunächst an die Ourthe denken: allein in den schwierigen Defileen der Ourthe und Vesdre war die Verwendung der Reiterei unthunlich, hier wäre es Caesar nimmer gelungen, die ganze aufgelöste und zersprengte Masse ins sichere Verderben zu treiben und eine vollständige Vernichtung der Germanen zu bewirken. Unter dem *confluens Mosae* kann nur die Roer gemeint sein, welche in jener Periode wahrscheinlich die Gebiete der Eburonen und Condrusen schied. Der Landstrich in dem Winkel, welchen Maas und Roer bilden, besteht grossentheils aus Sumpf und Haide, war also ein sehr geeigneter Schauplatz für die Katastrophe, welche Caesar schildert.

Man wird einwenden, Caesar würde sicherlich den Namen des Flusses hinzugefügt haben; aber dies Verschweigen ist eben Caesars Art, der mit Namen bei der Beschreibung von Localitäten äusserst kargt, daher entspringen für den Erklärer des Historikers, der zum vollen Verständniss zu gelangen sucht, viele Schwierigkeiten. Allein Caesar hatte dabei seinen Leserkreis im Auge; er wusste zu gut, wie langweilig für das grosse Publicum Namen unbekannter Oertlichkeiten sind, zumal wenn sie fremdartig klingen[1]). Nur die Völkerschaften, welche er besiegt hat, nennt Caesar gewissenhaft, selbst die unbedeutendsten, um eben dem Leser die Grösse seiner Kriegsthaten recht anschaulich zu machen:

---

den Singular *confluens* in gleichem Sinne verwendet, z. B. Liv. Epit. CX *ad confluentem Araris et Rhodani*. Inschrift bei Orelli 660 *ara quae est ad confluentem*, Plin. H. N. VI, 122 *in confluente Euphratis atque Tigris* und so nicht selten bei Späteren. Dem gemäss hat auch hier der Corrector *ad confluentem Mosae et Rheni* ergänzt, während in der eben hergestellten Fassung *ad confluentem Mosae* die ursprüngliche Bedeutung des Wortes gewahrt und *Mosae* als Dativ zu fassen ist, wie in dem Briefe des Lepidus bei Cicero ad Fam. X, 34: *cum exercitu meo ab confluente Arare Rhodano castra movi*, denn so muss man das handschriftlich überlieferte *ab confluente ab Rhodano* verbessern.

[1]) Polybius verfährt ganz nach demselben Grundsatze, er spricht sich darüber umständlich aus bei dem Zuge Hannibals über die Alpen III, 36: καὶ ῥητέον οὐκ αὐτὰς τὰς ὀνομασίας τῶν τόπων καὶ ποταμῶν καὶ πόλεων, ὅπερ ἔνιοι ποιοῦσι τῶν συγγραφέων, ὑπολαμβάνοντες ἐν παντὶ πρὸς γνῶσιν καὶ σαφήνειαν αὐτοτελὲς εἶναι τὸ μέρος.

ebenso werden natürlich die Städte, welche er belagert, namentlich bezeichnet¹).

Wenn wir den Schauplatz der Niederlage der Germanen an den Zusammenfluss der Maas und Roer verlegen, dann ist die Darstellung Caesars vollständig mit sich im Einklange, und erst jetzt fällt auf das Detail des Berichtes das rechte Licht.

Indem die Germanen auf ihrem Zuge längs der Maas die Roer überschritten, betraten sie den Condrusengau, und werden ihre Lagerstätte bei Heinsberg aufgeschlagen haben, da die Vereinigung der beiden Flüsse, welche den Germanen so verhängnissvoll ward, sich in unmittelbarer Nähe befand. Dorthin richtete Caesar seinen Marsch. Indem Caesar aus dem nordwestlichen Gallien mit seinen Legionen nach der Maas zog, wird er an dem linken Ufer der Sambre und Maas marschiert sein bis Tongern, und wandte sich dann zur Maas, die er bei Visé passirte²).

Bei Visé findet sich eine Furth, allein Caesar zog es vor, eine Schiffbrücke zu schlagen³); die Vorbereitungen dazu werden rechtzeitig getroffen sein, die Brücke selbst ward natürlich erst geschlagen, als die Armee am Ufer der Maas sich befand. In demselben Momente trafen offenbar auch die Abgeordneten der Germanen bei Caesar ein, die erst durch die Ankunft des römischen Vortrabs an der Maas und die Vorbereitungen zum Schlagen der Brücke auf die ihnen drohende Gefahr aufmerksam wurden⁴). Wie rasch in Gallien damals jedes wichtige Ereigniss

---

¹) Welchen Eindruck die Erfolge Caesars in Rom machten, wie sehr die Fülle unbekannter Namen besiegter Völkerschaften imponirte, ersieht man aus Ciceros Rede *de provinciis consularibus* (im J. 56 gehalten) c. 18: *itaque cum acerrimis nationibus et maximis Germanorum et Helvetiorum proeliis felicissime decertavit: ceteras contrerruit, compulit, domuit, imperio populi Romani parere assuefecit, et quas regiones quasque gentes nullae nobis antea litterae, nulla vox, nulla fama notas fecerat, has noster imperator nosterque exercitus et populi Romani arma peragrarunt.*

²) Dies nimmt auch Napoléon an, nur lässt er Caesar bei Maastricht den Fluss überschreiten. Warum ich mich für Visé entschieden, nachher. v. Cohausen dagegen lässt Caesar bei Dinant (südlich von Namür) die Maas passiren, und dann am rechten Ufer entlang ziehen mit Rücksicht auf seine Hypothese über Aduatuca, welches er nach Eurbourg Lüttich gegenüber verlegt.

³) Florus I, 45, 14: *hic vero iam Caesar ultro Mosellam* (schr. *Mosam*) *nacali ponte transgreditur.* So unzuverlässig auch Florus oft ist, so hat er diese Notiz gewiss aus verlässiger Quelle, aus Livius, entnommen.

⁴) Dies geht daraus hervor, dass sie unmittelbar vorher 2000 Reiter zum Fouragiren auf das linke Maasufer geschickt hatten (Caesar IV, 9); sie würden nicht so unvorsichtig sich dieses Kernes ihrer Streitkräfte

zu jedermanns Kunde gelangte, bezeugt Caesar selbst[1]). Auf die erste Benachrichtigung brachen die Abgeordneten der Germanen auf, und konnten in raschem Ritt mit ihren ausdauernden Pferden binnen kurzer Frist die Strecke zwischen Heinsberg und Visé zurücklegen[2]). Erst als Caesar am Ufer der Maas angelangt war, nicht etwa schon früher, traf er mit den Gesandten der Germanen zusammen, daher schaltet er eben an dieser Stelle die Beschreibung der Maas ein[3]).

Caesar war, als die Gesandten bei ihm vorsprachen, nur noch ein paar Tagemärsche von den Germanen entfernt[4]). Die

---

beraubt haben, wenn sie von dem Anmarsche der Römer Kenntniss gehabt hätten. Wo die Sitze der Ambivariten (Orosius liest auch III, 9, wo die Bundesgenossen der Veneter aufgeführt werden, *Ambivariti* st. *Ambiliati* oder *Ambiani*), denen der Streifzug galt, zu suchen, ist ganz ungewiss, auf keinen Fall darf man sie mit Napoléon unmittelbar an das linke Maasufer versetzen, sie werden mehr landeinwärts gewohnt haben: doch darf man aus dem langen Ausbleiben der Reiter nicht gerade auf eine allzuweite Entfernung von dem Lagerplatze der Germanen schliessen: die Reiter werden ihren Streifzug weiter ausgedehnt haben. Es ist überhaupt misslich, alle Völkerschaften, welche Caesar nennt, auf der Landkarte unterzubringen, wie dies Napoléon thut, z. B. mit den Clienten der Nervier V, 39; die hier genannten Levaci versetzt Napoléon ohne allen ersichtlichen Grund in die Nähe von Brüssel, sie dürften eher zwischen Waal und Rhein zu suchen sein, wo die Peutingersche Tafel die Station *Lev(a)e fanum* verzeichnet.

[1]) Caesar B. G. VII, 3, wo die Kunde von einem Ereigniss, was sich früh Morgens zutrug, bereits bei Anbruch der Nacht an einen 150. r. M. (= 30 d. M.) entfernten Ort hingelangt.

[2]) So legen ihre Reiter in einer Nacht einen Weg zurück, zu dem der ganze Haufe der Germanen vorher drei Tage gebraucht hatte (IV, 4), es werden allerdings kleine Tagemärsche gewesen sein.

[3]) Caesar erwähnt die Entsendung der 2000 germanischen Reiter, *trans Mosam*, was ihm seine Kundschafter rechtzeitig gemeldet hatten: daran schliesst sich der Excurs über Maas und Rhein an. Ob Caesar auf dem rechten oder linken Ufer der Maas mit den Gesandten verhandelte, lässt sich nicht sagen. v. Cohausen, der Caesar schon von Dinant an auf dem rechten Ufer den Strom entlang marschiren lässt, findet dafür eine Bestätigung in dem Ausdrucke *trans Mosam*: aber dies ist nicht entscheidend, diese Worte sind mit Bezug auf die Lagerstätte der Germanen, die sich am rechten Ufer befand, gesagt.

[4]) Caesar B. G. IV, 7: *cum paucorum dierum iter abesset*. Um die mässige Entfernung nicht noch mehr zu verringern, habe ich Visé, nicht Maastricht als Uebergangspunkt angenommen. Auch war es gerathen, nicht in allzu grosser Nähe des Gegners die Maas zu überschreiten, obwohl Caesar bei der passiven Haltung der unbehülflichen Germanen nicht viel zu fürchten hatte.

Abgeordneten begehren eine dreitägige Frist, um mit den Ihrigen die Vorschläge Caesars in Erwägung zu ziehen[1]): diese Bitte wird ihnen gewährt, dagegen ging Caesar nicht auf das Verlangen ein, seinen Marsch bis zur Rückkehr der Gesandten einzustellen: er zog vorwärts, und als die Gesandten verabredetermassen am dritten Tage unterwegs mit dem römischen Heere zusammentrafen, war dasselbe nur noch 12 r. M. von dem Lagerplatze der Germanen entfernt. Wahrscheinlich ward der erste Tag, an welchem die Gesandten abreisten, benutzt, um die ganze Armee nebst dem Gepäck über die Schiffbrücke zu führen[2]); am folgenden Tage ward der Marsch fortgesetzt und das Lager bei Valkenburg aufgeschlagen, am dritten Tage traf Caesar auf dem Marsche etwa bei Ubach (auf der Generalstabskarte auch Wanbach oder Worms genannt) südwestlich von Geilenkirchen wieder mit den Abgeordneten zusammen, und schlug dann sein Lager südlich von Geilenkirchen auf den Höhen des Würmthales, etwa bei Mühlenfeld auf[3]), indem er die Bitte, er möge nicht weiter vorrücken, abschlug und dies damit rechtfertigte, dass an der Stelle, wo er sich augenblicklich befand, kein Wasser vorhanden sei[4]). Hinsichtlich des weitern Gesuches um Gewährung einer dreitägigen Frist, welche nöthig war, um sich mit den Ubiern über Caesars Vorschläge zu verständigen, verwies Caesar die Sprecher der Germanen auf den nächsten Morgen, wo sie möglichst zahlreich sich einfinden möchten. Kaum hatten die Abgesandten

---

[1]) Die Frist war ausreichend, ein Tag ist zur Rückkehr nach Heinsberg, der zweite zur Berathung über die Vorschläge, der dritte zum Ueberbringen der Antwort bestimmt.

[2]) Ueber die Saone liess Caesar eine Brücke (wohl ebenfalls Schiftbrücke) schlagen und bewerkstelligte den Uebergang in einem Tage, was er selbst I, 13 im Gegensatz zu der Unbehülflichkeit der Helvetier hervorhebt. Plancus (Cicero ad Fam. X, 15 und 21) braucht zum Schlagen einer Brücke über die Isère einen Tag und führt des andern Tages, wie es scheint, seine Armee darüber.

[3]) Das Lager, welches mehr als 400,000 Menschen fasste, musste einen bedeutenden Raum einnehmen, daher lässt sich auch die Stelle, wo Caesar sein Lager aufschlug, nicht genau fixiren. Ebenso ist das, was über den Marsch Caesars oben vorgetragen ist, nur als hypothetisch anzusehen: es bieten sich noch andere Möglichkeiten dar: Caesar konnte sein erstes Lager bei Maastricht, das zweite bei Sittard aufschlagen, und von da am andern Morgen gegen das germanische Lager marschieren. Da er die dreitägige Frist zugestanden hatte, brauchte er seinen Marsch durchaus nicht zu beschleunigen.

[4]) Caesar B. G. IV, 11.

sich verabschiedet, als es zwischen den germanischen und römischen Reitern zu einem blutigen Gefechte kam, in welchem letztere ungeachtet der Ueberzahl den Kürzern zogen. Nach diesem feindlichen Zusammenstoss konnte, wie Caesar erklärt, von Verhandlungen nicht weiter die Rede sein, und im Kriegsrathe wurde beschlossen, unverzüglich das germanische Lager anzugreifen. Als in der Frühe des nächsten Tages sämmtliche Führer und Aeltesten der Germanen im Lager erschienen, um sich wegen des Vorfalles zu entschuldigen, liess Caesar sie festnehmen, und brach mit seiner Armee, die er in drei Colonnen getheilt hatte, (die Reiterei bildete den Nachtrab) auf: das Lager der Germanen, welches nur 8 r. M. entfernt war, ward kurz nach Mittag erreicht[1]), der Angriff erfolgte offenbar von mehreren Seiten zugleich. Die Germanen, keines Ueberfalls gewärtig und ihrer Führer beraubt, leisteten nur schwachen Widerstand, und als sie das Angstgeschrei der Frauen und Kinder vernahmen, die von den römischen Reitern verfolgt und niedergemetzelt wurden, warfen die meisten die Waffen weg und suchten ihr Heil in der Flucht, die sich unaufhaltsam nach der Stelle hindrängte, wo die Maas ihr Gewässer mit der Roer vereinigt. Was das Schwert der Verfolger verschonte, fand nun in den Wellen den Tod. Dieser Sieg kostete den Römern, wie wenigstens Caesar versichert, keinen Mann: nur wenige waren verwundet.

Zeuge des Unterganges der beiden germanischen Völkerschaften auf dieser Stätte sind noch heutzutage die zahlreichen Steinwaffen und Steingeräthe, welche sich zwischen Heinsberg und Roermonde finden. Dass sie nicht einer alten, in dieser Gegend einst sesshaften Bevölkerung angehören, ergiebt sich daraus, dass Steinsachen in diesen und den angrenzenden Landstrichen nur ganz vereinzelt vorkommen, während hier auf mässigem Raume Sammler reichliche Ausbeute fanden. Die hauptsächlichsten Fundstätten sind aber gerade die Strecken, über welche sich die wilde Flucht der Usipeter und Tencterer ergoss: jenseits der Maas ist nur noch ein kleiner Ort in unmittelbarer Nähe von Roermonde zu nennen: hier mochten einzelne, die den Wasserfluthen glücklich entronnen waren, vor Ermattung zusammenbrechen, oder der Rache der einheimischen Bevölkerung zum Opfer fallen. Diese Beschränkung der Steinfunde auf einen bestimmt abgegrenzten Raum ist nicht Zufall; wir haben hier nicht Ueberreste des sogenannten Stein-

---

[1]) Dio Cassius XXXIX, 48.

alters, aus prähistorischer Zeit vor uns, sondern Wehr und Waffen der Germanen, die im J. 55 v. Chr. durch Caesars Legionen ihren Untergang fanden. Diese beiden Völkerschaften mögen eben länger als andere die alte von den Vätern ererbte Weise der Bewaffnung festgehalten haben: natürlich waren ihnen Waffen und Geräthe von Metall nicht unbekannt; Broncesachen (selbst eine leider unkenntliche Broncemünze) haben sich mehrfach zugleich mit diesen Steinsachen gefunden. Wenn die Bronce verhältnissmässig schwach vertreten ist, so erklärt sich dies wohl daraus, dass nach der Schlacht die Umwohner bei der Durchsuchung des Leichenfeldes die Broncesachen sich aneigneten, während sie die werthlosen Steinsachen unberührt liessen. So dienen selbst diese unscheinbaren Ueberreste der Annahme, dass in dem Winkel zwischen Maas und Roer jene Germanen römischer Arglist erlagen, zu erwünschter Bestätigung.

Verlegt man das Lager der Germanen nach Heinsberg, so verschwinden alle Widersprüche und Dunkelheiten in der Darstellung dieser Vorgänge bei Caesar. Wenn die Germanen eine dreitägige Frist begehren, um mit den Häuptern der Ubier über Caesars Vorschlag Rücksprache zu nehmen[1]), so ist ein Tag für die Reise zu den Ubiern, der zweite für die Verhandlungen, der dritte für den Rückweg in Aussicht genommen. Die Ubier besassen in ihren damaligen Wohnsitzen mehrere feste Orte (*oppida*), aber keiner wird namentlich genannt; nehmen wir an, dass der Hauptort ungefähr in der Mitte des Gaues, also etwa zwischen Linz und Königswinter lag, so liess sich die Strecke zwischen Heinsberg und dem Sitz der ubischen Behörde recht wohl in einem Tage zurücklegen, während, wenn man die Germanen noch im Lande der Menapier auf der Gocher Haide verweilen lässt, sich die Entfernung mindestens verdoppelt, und den germanischen Reitern eine Leistung zugemuthet wird, welche die Kräfte ihrer Rosse überstieg, da selbstverständlich vom Pferdewechsel nicht die Rede sein kann.

Indem man den Schauplatz des Kampfes weiter nach Süden verlegt, wird auch die Dauer dieses Feldzuges abgekürzt: Caesar gewinnt, wenn die Vernichtung der Germanen an der Roer statt an der Waal erfolgte, freiere Hand für seine weiteren Unternehmungen, den Zug über den Rhein und die Expedition nach Britannien, ein Zeitgewinn, den man bei der Grösse und Schwierig-

---

[1]) Caesar B. G. IV, 11.

keit dieser Aufgaben nicht zu gering anschlagen darf. Dabei
dürfte auch die viel verhandelte Frage in Betreff der Rheinüber-
gänge Caesars der Erledigung näher geführt werden. Napoléon
betrachtet beidemal Bonn als Uebergangspunkt, nach v. Cohausen
wäre die erste Brücke bei Xanten, die zweite bei Neuwied geschlagen worden[1]). v. Cohausen meint, der Punkt des ersten Rheinüberganges müsste sich sehr schlecht bewährt haben, wenn man
in unmittelbarer Nähe beim zweiten Uebergange eine andere
Stelle gewählt hätte. Dies würde ein ungünstiges Licht auf Caesars
bewährten Scharfblick werfen. Allein die veränderten Verhältnisse, die Verschiedenheit der gestellten Aufgabe konnten ja genügend die Wahl eines anderen Punktes rechtfertigen[2]).

Bei dem ersten Rheinübergange war es auf eine Züchtigung
der Sigambrer abgesehen, welche zwischen Sieg, Ruhr und Lippe
sesshaft waren. Caesar wird also damals unterhalb der Siegmündung den Rhein überbrückt haben, denn hätte er bei Bonn,
wie Napoléon will, den Uebergang bewerkstelligt, so musste er
sofort die Sieg passiren: um diese Schwierigkeit zu vermeiden,
wird Caesar eine geeignete Stelle weiter rheinabwärts gewählt
haben.

---

[1]) Nach v. Cohausens Ansicht waren beide Uebergangspunkte durch
einen Zwischenraum von 90 r. M. von einander getrennt, obwohl Caesar
VI, 9 sagt, die zweite Brücke sei *paulum supra eum locum, quo ante
exercitum traduxerat* geschlagen. Die Beispiele, welche v. Cohausen
beibringt, um zu beweisen, dass Caesar auch von weiten Entfernungen
ähnliche Ausdrücke gebrauchte, sind nicht zutreffend; Cohausen legt
besonderes Gewicht auf II, 35: *in Carnutes, Andes, Turonesque, quae
civitates propinquae his locis erant, ubi bellum gesserat, legionibus in
hibernacula deductis*; nun sind diese Völkerschaften an der unteren Loire
allerdings weit entfernt von dem damaligen Kriegsschauplatze an der
Sambre und Maas; Napoléon hat dies wohl bemerkt und wollte *ubi
Crassus bellum gesserat* ergänzen, aber das richtige steht in einer
guten Handschrift *Turones, quaeque*, was die Herausgeber Caesars, die
freilich ebenso oft Sach- als Sprachkenntniss vermissen lassen, längst
hätten aufnehmen sollen (nur Frigell macht eine Ausnahme): vergl.
die ähnliche Stelle III, 29: [*exercitum*] *in Aulercis Levoxiisque, reliquis
item civitatibus, quae proxime bellum fecerant, in hibernis conlocavit*.
Ganz tadellos ist IV, 1: *flumen Rhenum transierunt non longe a mari, quo
Rhenus influit*, mag die Entfernung immerhin 90 r. M. betragen haben,
ausserdem sind *non longe* und *paulum supra* nicht identisch.

[2]) Dieser Tadel trifft nicht Caesar, sondern nur Napoléons Annahme, dass beide Uebergangspunkte oberhalb der Siegmündung bei
Bonn zu suchen seien: denn dann erscheint die Wahl einer verschiedenen Stelle nicht recht begreiflich.

Die zweite Expedition galt den Sueven, deren Sitze im Binnenlande, südlich von der Sieg lagen. Caesar liess also diesmal die Pfahlbrücke oberhalb der Siegmündung schlagen, da er, wenn er den früheren Uebergangspunkt festgehalten hätte, genöthigt gewesen wäre, die Sieg zu überschreiten. Caesar verfuhr also ganz correct, wenn er jedesmal einen anderen Uebergangspunkt wählte.

Die zweite Brücke führte vom Gebiet der Treveri in das Land der Ubier, wie Caesar ausdrücklich bemerkt[1]), aber auch das erstemal ward die Brücke nach dem Ufergelände dieser den Römern befreundeten Völkerschaft geschlagen, wie die Verhandlungen mit den Ubiern, welche ihre Fahrzeuge für den Uebergang anboten, deutlich beweisen[2]). Es ist ja auch natürlich, dass Caesar nicht ohne Noth die Schwierigkeiten und Gefahren des ersten Rheinüberganges vermehrte, indem er angesichts des Feindes die Brücke schlug[3]), während er in aller Ruhe und vollkommener Sicherheit innerhalb der Grenze der Ubier[4]), welche

---

[1]) Caesar B. G. VI, 9 und 29.

[2]) Caesar B. G. IV, 16. Entscheidend ist IV, 18, wo es heisst, Caesar sei, nachdem er zu beiden Seiten der Brücke eine starke Besatzung zurückgelassen, in das Land der Sigambrer marschiert (*in Sigambrorum fines contendit*). Die Brücke führte also nicht direct in das Gebiet der Sigambrer, sondern der Ubier. Dem entspricht genau IV, 19, wo Caesar, nachdem er das Gebiet der Sigambrer verwüstet hat, *se in fines Ubiorum recepit*, mit seiner Armee abzieht und die Brücke abbricht: er war eben an dem Ausgangspunkte wieder angelangt. Dass auch die erste Brücke vom Gebiet der Treveri aus geschlagen wurde, sagt Caesar nicht, ist aber sehr wahrscheinlich: die Herrschaft der Treveri reichte wohl am Rheinufer damals in nördlicher Richtung bis zum Eburonengau, vergl. unten II.

[3]) Wie dies v. Cohausen thut, indem er den ersten Rheinübergang nach Xanten verlegt, und dann, um Caesars Worten gerecht zu werden, genöthigt ist anzunehmen, Caesar sei nach der Verwüstung des sigambrischen Gaues südwärts zu den Ubiern gezogen und dann wieder in nördlicher Richtung zu der Brücke zurückgekehrt. Für dergleichen militärische Promenaden hatte Caesar keine Zeit.

[4]) Wie weit nördlich das Gebiet der Ubier sich erstreckte, wissen wir nicht, das Ufergelände zu beiden Seiten der Siegmündung gehörte ihnen jedenfalls. So konnte Caesar den Brückenbau gleichzeitig auf beiden Seiten beginnen und das nöthige Material vom rechten wie vom linken Ufer herbeischaffen. Caesar erwähnt dies allerdings nicht bei der Schilderung des Baues der ersten Pfahlbrücke, aber da die zweite binnen wenigen Tagen hergestellt wurde, mag zur Beschleunigung der Bau gleichzeitig auf beiden Ufern begonnen worden sein.

hülfreiche Hand zu bieten bereit waren, das Werk ausführen konnte.

Beide Uebergangspunkte lagen ganz nahe bei einander: das *paulum supra* ist wörtlich zu verstehen. Unmittelbar oberhalb der Siegmündung wird Caesar, als er im J. 53 v. Chr. nach der Unterwerfung der Menapier am Rheinufer aufwärts zog, um die Sueven zu züchtigen, den Rhein zum zweitenmale überbrückt haben: das Siegthal war der relativ bequemste Zugang zu dem Suevenlande[1]): am linken Ufer der Sieg zog Caesar aufwärts, weit ist er offenbar nicht vorgedrungen; wenn er auch das Gebiet der Sueven betrat, so war dies doch ganz gefahrlos, da die Sueven diesen Landstrich verlassen und sich ins Innere zurückgezogen hatten, wie auch Caesar sich in seinem Lager (VI, 10) hielt, bis er auf das andere Ufer zurückkehrte, um das Eburonenland mit Feuer und Schwert heimzusuchen. Die Brücke ward jedoch nur theilweise abgebrochen, und zum Schutz derselben, wie zur Bewachung der Rheingrenze, blieb in dem wohlbefestigten Lager eine starke Besatzung von 12 Cohorten während des ganzen Sommers zurück. Diese Brücke mit dem dazu gehörigen Lager befand sich unzweifelhaft bei Bonn; die erste, welche Caesar zwei Jahre vorher schlug, unterhalb der Siegmündung etwa halbwegs zwischen Bonn und Cöln[2]). Auch diesmal zog Caesar die Sieg aufwärts, aber am rechten Ufer, um die Sigambrer zu züchtigen, weil sie die flüchtigen Usipeter und Tencterer auszuliefern sich geweigert hatten. Das Thal der Agger, wie Napoléon a. a. O. II, 142 annimmt, wird Caesar schwerlich hinauf marschiert sein. Er hatte sich also nach der Vernichtung der Germanen von dem Schlachtfelde bei Heinsberg direct auf dem kürzesten Wege nach dem Rheine gewandt, dessen Ufer er zwischen Cöln und Bonn erreichte. Die Abgeordneten der Ubier, die ihn auf seinem Marsche begleiteten, werden ihm als ortskundige Führer die besten Dienste geleistet haben.

Die Einwanderung der beiden germanischen Völkerschaften in Gallien war für Caesar eine ernste Verlegenheit: was sollte er mit dieser zahlreichen Schaar anfangen? Die hervorragende militärische Tüchtigkeit der Germanen konnte seinem Scharfblick nicht entgehen, und er hat mit bestem Erfolge alsbald sich ger-

---

[1]) v. Cohausen meint Neuwied.
[2]) Ich muss es Männern vom Fach überlassen, den geeignetsten Punkt genauer zu ermitteln.

manischer Söldner bedient[1]): aber die Rheingrenze gegen die Angriffe der Germanen durch germanische Ansiedlungen zu sichern hat erst Augustus versucht. Caesar war sofort entschlossen, diese Einwanderung der Usipeter und Tencterer so wenig, wie früher die der Helvetier zu dulden. Es galt die Eindringlinge entweder über den Rhein zurückzutreiben[2]) oder vollständig zu vernichten. Ob Caesar diese letztere Eventualität gleich anfangs bestimmt ins Auge gefasst hatte, oder ob mehr die Umstände zu dieser Katastrophe hindrängten, mag unentschieden bleiben, aber der Herzenshärte und Menschenverachtung, die den vielgepriesenen Imperator kennzeichnet, kann man wohl eine solche Absicht zutrauen. Wenn er die Helvetier mit einer gewissen Schonung behandelte, so waren politische Rücksichten massgebend: denn nach der vollständigen Vernichtung der Helvetier würden die Germanen von dem verödeten, herrenlosen Lande Besitz ergriffen haben, und diese Nachbarschaft war für die Römer weit gefährlicher, als die schwachen Ueberreste der Celten am Fusse der Alpen.

Wenn wir Caesars Darstellung Glauben schenken, hatten bereits einzelne gallische Cantone Verbindungen mit den Germanen angeknüpft und sie eingeladen mit ihnen gemeinsame

---

[1]) Da Caesar die Ueberlegenheit der Gallier in Reitergefechten wiederholt zu seinem Schaden erprobt hatte, liess er sich Germanen anwerben, B. G. VII, 65: *trans Rhenum in Germaniam mittit ad eas civitates, quas superioribus annis pacaverat, equitesque ab his arcessit et levis armaturae pedites, qui inter eos proeliari consuerant.* Dabei kann man wohl nur an die Ubier denken, und diese werden in der Nachbarschaft für Caesar geworben haben: vergl. VII, 13 und VIII, 13. Wie treffliche Dienste sie leisteten in den letzten Jahren des gallischen Krieges, zeigen die Commentare. In den Bürgerkriegen werden Germanen und Gallier in grosser Zahl nicht nur von Caesar (z. B. in der Schlacht bei Pharsalus, Flor. II, 13), sondern auch von der Gegenpartei verwendet. Lucan erwähnt namentlich Vampionen und Bataver (I, 431, wo man jedoch *quos aere recurvo stridentes acuere tubae* vielmehr auf die Gallier beziehen muss, indem *quosque* zu verbessern ist), sowie Chauken (I, 463).

[2]) Appian Celt. 18 sagt: τοὺς Οὐσιπέτας καὶ Ταγχρέας κελευομένους ἐκπηδᾶν ἐς τὰ ἀρχαῖα σφῶν mit ausdrücklicher Berufung auf Caesars Commentare, die jedoch dies nicht bezeugen. Entschieden irrig ist es, wenn Dio Cassius XXXIX, 47 erzählt, die Germanen hätten, als Caesar ihr Begehren abwies, erklärt, freiwillig in die Heimath zurückkehren zu wollen (ἐθέλονταί οἴκαδε ἐπανήξειν) und nur um einen Waffenstillstand gebeten: dies wird auf Missverständniss der Darstellung bei Livius beruhen.

Sache zu machen¹). Dieser Verdacht lag nahe, ist jedoch nicht erwiesen und dürfte grundlos sein. Die eiserne Nothwendigkeit ihr Leben zu fristen, trieb die Germanen vorwärts. Nicht nur bei den Menapiern, die sie mit Gewalt vertrieben, sondern überall wo sie auftraten, bei den Eburonen und Condrusen, ihren Stammverwandten, waren sie unwillkommene Gäste²): durch den Einmarsch in den Condrusengau hatten sie die Treverer sich zu Feinden gemacht, und selbst die abseits liegenden Landstriche rechts und links der Maas wurden durch Raubzüge der Germanen heimgesucht. In Belgien hatten sie, wie aus allem hervorgeht, nicht den mindesten Anhang. Als daher nach der Niederlage Caesar die gefangenen Führer freilassen will, bitten sie inständig beim römischen Heere bleiben zu dürfen, weil sie von der Rache der Gallier, deren Länder sie verwüstet hatten, das Aeusserste fürchten mussten³).

Die Sprache, welche die Germanen den Römern gegenüber führen, ist nicht so hochfahrend, wie die des Ariovistus, aber selbstbewusst und männlich. Der alternden keltischen Nation gegenüber, welche im Niedergang begriffen war, ist sich der Germane, dessen Welttag eben begann, seiner Ueberlegenheit vollkommen bewusst, und das Gefühl frischer, ungebrochener Kraft giebt sich auch hier kund. Aber eingedenk ihrer hülflosen Lage, bieten sie ihre Dienste den Römern an: von einer feindseligen Absicht ist nichts wahrzunehmen. Caesar antwortet ablehnend, erklärt offen, in Gallien könne er sie nicht dulden, bietet jedoch seine Vermittelung an, wenn sie auf dem rechten Rheinufer bei den Ubiern sich niederlassen wollten. Dieser Vorschlag war ganz unausführbar: denn die Ubier waren völlig ausser

---

¹) Caesar B. G. IV, 6: *missas legationes ab nonnullis civitatibus ad Germanos invitatosque eos, uti ab Rheno discederent, omniaque quae postulassent, ab se fore parata.* Caesar nennt keine Namen, eine solche schonende Rücksicht pflegt er sonst nicht zu nehmen, auch erfahren wir nicht, dass er später die gallischen Häuptlinge, welche hier des Einverständnisses mit den Germanen beschuldigt werden, dies entgelten liess, wie dies sonst Caesars Art war. Dio Cassius XXXIX, 47 lässt sie in Folge einer Aufforderung der Gallier über den Rhein ziehen (τὸ μέν τι καὶ πρὸς Σουήβων ἐκβιασθέντες, τὸ δὲ καὶ πρὸς τῶν Γαλατῶν ἐπικληθέντες), davon sagt Caesar nichts, wenn man nicht etwa in III, 11 eine Andeutung finden will.

²) Caesar B. G. IV, 7 tragen die Germanen die Bitte vor: *vel sibi agros attribuant (Romani) vel patiantur eos tenere, quos armis possederint.* Dadurch wird das Verhalten unzweideutig gekennzeichnet.

³) Caesar B. G. IV, 15.

Stande in ihrem beschränktem Gebiete einer Bevölkerung von 430,000 Köpfen bleibende Wohnsitze anzuweisen[1]). Caesar weiss recht wohl, dass sein Vorschlag unausführbar ist, er macht ihn nur, um die Germanen mit einer trügerischen Hoffnung hinzuhalten und Zeit zu gewinnen, bis er das Wild so umstellt hat, dass es ihm nicht entrinnen kann. Zu dieser Unredlichkeit fügt er noch die Perfidie hinzu, die Germanen anzuklagen, sie suchten die Sache hinzuziehen, bis ihre Reiter, die sie über die Maas entsendet hatten, zurückgekehrt wären[2]).

Arglos kommen andern Tages die Germanen abermals in die Höhle des Löwen: zahlreich wie Caesar es verlangt hatte[3]) stellten sich die Führer und Aeltesten ein, um sich wegen des unangenehmen Zwischenfalles am vorigen Tage zu entschuldigen und die Unterhandlungen fortzusetzen. Es war äusserst unvorsichtig, dass die Abgeordneten im festen Vertrauen auf Caesars Redlichkeit und den Schutz des Völkerrechts nicht nur ihre persönliche Freiheit aufs Spiel setzten, sondern auch die Masse der Ihrigen, welche sie führer- und rathlos zurückliessen, den Römern preisgaben: aber es ist äusserst perfid, wenn Caesar hinter dieser Einfalt und Ehrlichkeit Trug und Verstellung sucht[4]). Caesar, der offenbar erwartete, sie würden ausbleiben, war über ihr Erscheinen hoch erfreut und liess sie augenblicklich festnehmen[5]). Wenn Caesar Tages zuvor die Abgeordneten, statt ihnen eine kategorisch abweisende Antwort zu geben, wieder-

---

[1]) Wenn v. Cohausen Bonner Jahrb. 47/48 S. 8 meint, Caesars Absicht sei gewesen, die heimathlosen Germanen auf den Landstrichen anzusiedeln, welche die Sueven den Ubiern entrissen hatten, so würde darin ein offenbarer Hohn liegen; denn die Usipeter und Tencterer waren ja eben von denselben Sueven aus ihren eigenen Sitzen verdrängt worden. Ausserdem geht nicht einmal aus Caesars Darstellung IV, 3 hervor, dass die Ubier durch die Uebergriffe der Sueven einen Theil ihres Gebietes eingebüsst hatten.

[2]) Caesar B. G. IV, 9 und 11. Caesar legt hier den Germanen die Schlauheit unter, welche er selbst Anderen gegenüber anwendet, vergl. I, 9.

[3]) Caesar B. G. IV, 13: *frequentes omnibus principibus maioribusque natu adhibitis*. Caesar hatte verlangt IV, 11 *huc postero die quam frequentissimi convenirent*.

[4]) Caesar B. G. IV, 13: *eadem et perfidia et simulatione usi Germani . . . . ad eum in castra venerunt — simul ut si quid possent de induciis fallendo impetrarent*.

[5]) Caesar B. G. IV, 13: *Quos sibi Caesar oblatos gavisus illos* (lies *illico*) *retineri iussit*.

kehren hiess, so setzt er nur seine Täuschung fort. Die Forderung einer dreitägigen Frist, um mit den Ubiern zu unterhandeln, war ganz billig, aber Caesar würde sie auch, wenn der Zusammenstoss der Reiter nicht erfolgt wäre, nimmer gewährt haben: er war jetzt in unmittelbarer Nähe des germanischen Lagers angelangt, und dachte nicht daran, den Angriff länger als irgend nöthig aufzuschieben. Seine Absicht war wohl bei den Verhandlungen mit den Abgeordneten die Sache irgendwie zum Bruch zu bringen und sofort die Feindseligkeiten zu eröffnen[1]). Der Zusammenstoss der römischen und germanischen Reiter konnte Caesar nur erwünscht sein, so wenig ehrenvoll auch für die Römer der Ausgang des Gefechtes war[2]).

Dass Caesar die Schuld des Friedensbruches den Germanen zuschreibt, ist erklärlich. Dass die Abgeordneten der Germanen den Angriff nicht befohlen hatten, beweist ihr ganzes Verhalten zur Genüge. Es ist möglich, dass der Kapitain der germanischen Reiter, welche offenbar zum Recognosciren ausgesandt waren, auf eigene Verantwortlichkeit die Attake machte, doch kann man ihm kaum die Tollkühnheit zutrauen mit seinen 800 Reitern[3]) die überlegene römische Reiterei (5000 Mann), der das ganze Heer auf dem Fusse folgte, anzugreifen[4]). Wenn zwei feindliche Corps, noch bevor der Krieg förmlich erklärt ist, unterwegs auf einander stossen, kann sehr leicht irgend ein unvorgesehener Zufall ein Handgemenge herbeiführen.

---

[1]) Unwillkürlich drängt sich der Verdacht auf, dass Caesar schon vorher, als er den germanischen Abgesandten möglichst zahlreich (*quam frequentissimi*) sich einzufinden befahl, auf Verrath sann.

[2]) Die römische Reiterei hat nie viel getaugt, was sich daraus erklärt, dass Italien von dem Geiste des Ritterthums, welcher in einer bestimmten Periode bei den anderen Culturvölkern der alten Welt aufkam, völlig unberührt geblieben war. Caesars Reiterei bestand grösstentheils aus Galliern oder Spaniern, die allerdings tüchtiger als die Römer waren, aber ihre Inferiorität den Germanen gegenüber tritt hier deutlich hervor.

[3]) Diese Zahl 800 bei Caesar ist sicher (1300 oder 400 sind nur Schreibfehler), ebenso Appian Celt. 18 (in einem ganz confusen Excerpte), während Cap. 1 πεντακόσιοι Schreibfehler statt ὀκτακόσιοι ist und irrthümlich die Reiter als sigambrische bezeichnet werden. Plutarch Caesar c. 22 giebt die richtigen Ziffern.

[4]) Die Darstellung des Dio Cassius XXXIX, 47 ist unklar, danach wären die Germanen anfangs nur auf einen kleinen Trupp römischer Reiter gestossen und hätten im Vertrauen auf ihre Mehrzahl die Feindseligkeiten begonnen.

Mit tugendhafter Entrüstung pflegt Caesar jede Verletzung des Völkerrechts von Seiten der „Barbaren" zu rügen und unnachsichtlich zu ahnden[1]), wie er selbst sich über alle und jede Rücksicht hinwegsetzte, zeigt die Schilderung dieser Vorgänge aufs deutlichste: und doch kennen wir sie nur aus der einseitigen und parteiischen Darstellung Caesars[2]): in Rom mochten Thatsachen bekannt sein, welche sein Verhalten in noch ungünstigerem Lichte erscheinen liessen. Als gegen Ende des Jahres Caesars Bericht über seine Amtsthätigkeit im Senate verlesen und ein zwanzigtägiges Dankfest beantragt wurde, stellte Cato den Gegenantrag, Caesar wegen seiner Treulosigkeit und offenbaren Verletzung des Völkerrechtes den Germanen auszuliefern, um so den wohlverdienten Zorn der höheren Mächte zu sühnen[3]). Dieser Antrag,

---

[1]) So III, 9 von den Venetern: *legatos, quod nomen ad omnes nationes sanctum inviolatumque semper fuisset, retentos ab se et in vincla coniectos,* obwohl jene Officiere Caesars auf die Privilegien der *legati* gar keinen Anspruch machen konnten. Zur Strafe wurden sämmtliche Senatoren enthauptet, die übrigen als Sklaven verkauft, III, 16: *quo diligentius in reliquum tempus a barbaris ius legatorum conservaretur.* Selbst Napoléon I., der doch nicht minder erbarmungslos wie Caesar sein konnte, missbilligt diese unmenschliche Härte, welche der Neffe vergeblich zu rechtfertigen sucht.

[2]) Die Darstellung dieser Vorgänge in den Commentaren stimmte gewiss in allen wesentlichen Punkten mit dem Berichte, den Caesar seiner Zeit darüber nach Rom erstattet hatte, überein. Caesar hat die Commentare nicht etwa, als er im J. 51 an die Veröffentlichung ging, aus der Erinnerung niedergeschrieben oder auf Grund von Tagebüchern, die er immerhin führen mochte, ausgearbeitet, sondern die Berichte, welche der Statthalter alljährlich an den Senat eingesendet hatte, bilden die Grundlage, wie dies auch am Schlusse mehrerer Bücher (II, IV, VII) angedeutet ist. Diese Berichte hat Caesar zusammengestellt und Manches, was dort nur kurz berührt war, weiter ausgeführt, Anderes mit Rücksicht auf seine Leser hinzugefügt, während er andererseits Einzelnes verkürzt, modificirt oder ausgeschieden haben mag. Diese verschiedenen Bestandtheile zu suchen ist nicht schwierig, die wesentlichen Theile tragen entschieden den Charakter officieller Berichte an sich, welche gleichsam angesichts der Ereignisse abgefasst wurden, sie machen daher ebenso den Eindruck der Unmittelbarkeit wie der feinsten Berechnung, und eben deshalb sind sie als historische Quelle nur mit grosser Vorsicht zu benutzen, wie dies unter den Zeitgenossen auch Asinius Pollio andeutet. Nichts kann verfehlter sein, als wenn ein moderner Historiker diese Denkwürdigkeiten als den militärischen Rapport bezeichnet, den der demokratische General an das Volk erstattete, von dem er seinen Auftrag erhalten.

[3]) Darauf bezieht sich Sueton Caes. 24: *nec deinde ulla belli occasione, ne iniusti quidem ac periculosi abstinuit, tam foederatis quam*

obwohl durch die Sitte der Väter gerechtfertigt, ward natürlich verworfen. Gegenüber den glänzenden Erfolgen Caesars, der Vernichtung der Germanen, des Zuges über den Rhein und der Fahrt nach Britannien, konnte Catos Opposition nicht aufkommen[1]). Neuere Historiker haben die perfide Arglist und rücksichtslose Unbarmherzigkeit, mit welcher Caesar die beiden germanischen Völkerschaften nebst Weib und Kind vertilgte, möglichst zu beschönigen versucht.

Die Gebeine der Usipeter und Tencterer bleichten auf der Haide zwischen Maas und Roer, aber bald sollte ihnen ein Rächer erstehen. Ambiorix, der Eburonenfürst, an Arglist mit Caesar wetteifernd, übte blutige Vergeltung an den römischen Cohorten.

Aber auch für die Söhne der gefallenen Germanen kam der Tag der Rache. Das Werk der vollständigen Vernichtung, dessen Caesar sich rühmt, war nicht gelungen. Ausser den zweitausend Reitern, welche sich über den Rhein zurückzogen und bei den Sigambrern Schutz fanden, müssen noch viele der Niederlage entronnen sein; manche waren vielleicht bei dem Auszuge über den Rhein zurückgeblieben und hatten das Gastrecht verwandter Stämme genossen: denn zur Zeit des Augustus sind aus diesen Ueberresten bereits wieder lebensfähige Völkerschaften erwachsen, dank dem Schutze der mächtigen Sigambrer, denen sie sich eng anschlossen. Der Vorsatz, den Untergang der Väter zu rächen, stand unerschütterlich fest, und es bedurfte nur eines neuen Anlasses, um dies Verlangen zu befriedigen. Als im J. 17 römische Centurionen im Auftrage des damaligen Statthalters Lollius das Gebiet der Sigambrer betraten, um Tribut zu fordern, wurden sie hingerichtet, und sofort gingen die Sigambrer, Usipeter und Tencterer über den Rhein und verheerten die römische Provinz[2]):

---

infestis ac feris gentibus ultro lacessitis, adeo ut senatus quondam legatos ad explorandum Galliarum statum mittendos decreverit, ac nonnulli dedendum eum hostibus censuerint. Dass der Antrag von Cato ausging, bezeugt Plutarch Caes. 22, Cato 51, compar. Nic. et Crass. 4.

[1]) Caesar empfand die Kränkung tief, dies führte zu einer lebhaften Polemik zwischen beiden: Cato bekannte unverhohlen, dass politische Motive seinem Antrage zu Grunde lagen, indem er aussprach, nicht von Kelten und Britanniern, sondern von Caesar drohe der Republik Gefahr.

[2]) Dio LIV, 20: τήν τε Γερμανίαν καὶ τὴν Γαλατίαν ἐλεηλάτησαν. Dios Bericht wird durch andere Zeugnisse bestätigt und vervollständigt. Das Jahr 17 und die Vorzeichen, welche den Römern diesen Unfall verkündeten, giebt auch Obsequens C. 71 an. Ueber den ersten Anlass

als Lollius anrückte, schlugen sie die römische Reiterei, welche sie in einen Hinterhalt gelockt hatten, in die Flucht, und brachten dann dem Lollius selbst eine schimpfliche Niederlage bei. Der Ort dieses Kampfes, wobei die Germanen den Adler der V. Legion erbeuteten, wird nicht genauer angegeben; wenn ein Epigramm des griechischen Dichters Krinagoras sich auf diese Vorgänge bezieht, ist die Wahlstatt in unmittelbarer Nähe des Rheins zu suchen.[1])

Um für die Zukunft das Rheinufer gegen ähnliche Uebergriffe der Sigambrer und ihrer Verbündeten zu sichern, legte Augustus, der sich im folgenden Jahre 16 selbst nach Gallien begab, angesichts des Landstriches, den damals diese Völkerschaften inne hatten, die *castra Vetera* an[²]).

berichtet genauer der Scholiast zu Horaz Od. IV, 2, 34: *quia antea centuriones Romanos, qui ad stipendia missi erant, tentos* (l. *circumventos*) *cruci affixere*. Ob die Sigambrer sich früher zu einem Tribut verstanden hatten, oder ob dies eine neue Forderung war, ist ungewiss. Dass damals der Adler der V. Legion von den Germanen erbeutet ward, sagt Vell. II, 97. Aus dieser Stelle folgt jedoch nicht, dass Lollius nur mit einer Legion den Germanen entgegenzog. Nach Mommsens Vermuthung hätte damals auch die I. Legion ihre Feldzeichen eingebüsst; dies ist jedoch wenig wahrscheinlich. Den Adler wird Augustus später wieder gewonnen haben, s. meine Bemerkung zum Mon. Ancyr. S. 105. Eusebius stellt aus Unkunde die Niederlage der Römer als einen Sieg dar, aber auch Horaz Od. IV, 9 ist bemüht, seinen Freund Lollius möglichst in Schutz zu nehmen.

[1]) Krinagoras Anthol. Pal. VII, 741 schildert die Heldenthat des Arrius, der παρὰ χεύμασι 'Ρήνου den Adler seiner Legion, obwohl tödlich verwundet, rettete.

[²]) *Vetera*, gleich geeignet zur Abwehr wie zum Angriff, hat für den Niederrhein dieselbe Bedeutung wie Mainz für den Oberrhein. Dass Augustus diesen Waffenplatz anlegte, bezeugt Tacitus Hist. IV, 23: *quippe illis hibernis obsideri premique Germanias Augustus crediderat*. Den Namen *Vetera* erhielt übrigens das Lager wohl erst seit dem J. 4 n. Chr., wo Tiberius zum erstenmale die Winterlager mitten im feindlichen Lande errichtete (Velleius II, 105: *in (Germaniae) mediis finibus ad caput Lupiae fluminis hiberna digrediens princeps locaverat*, ebenso auch wohl im nächsten Jahre (Vell. II, 107), und so war bis zum J. 9, wo Varus fiel, ein erheblicher Theil des niederrheinischen Heeres während des Winters regelmässig an der Lippe, daher nannte man das frühere Winterlager, weil es auf dem linken Rheinufer (der *ripa Gallica* oder *victa*) in der alten Provinz (*in vetere provincia* Tac. Ann. I, 58) lag, *Vetera castra*, oder auch *inferiora* (Vell. I, 120). Nach der Niederlage des Varus gewinnt *Vetera* wieder seine volle Bedeutung: an der Lippe ward nur das Castell *Aliso* von Drusus im J. 11 v. Chr. (Dio Cassius LIV, 33) errichtet, und von dem Winterlager des Tiberius im J. 5 n. Chr. wohl zu unterscheiden, nachdem es im

Drusus und später Germanicus führten mit den Usipetern und Tencterern Krieg, die wohl auch in der Schlacht im Teutoburger Walde sich an dem Kampfe gegen die Legionen des Varus betheiligt haben[1]). Damals waren sie an der Lippe sesshaft, später verliessen sie diese Gegenden[2]). Einzelne verschmähten auch nicht in römischen Söldnerdienst zu treten, wie eine kürzlich am schottischen Grenzwall gefundene Inschrift beweist, die von einem Grotus Utiber d. h. Usiper herrührt[3]).

J. 9 n. Chr. verlassen war (Vell. II, 120), von Germanicus schon aus Pietät für das Andenken seines Vaters behauptet (Tac. Ann. II, 7: *castellum Lupiae flumini adpositum*, nachher ausdrücklich Aliso benannt); vielleicht hatte schon Tiberius, der in den J. 10 und 11 das Commando am Rhein führte, nach Aliso wieder eine ständige Besatzung gelegt, denn dies Castell war für den *limes*, den Tiberius wieder herstellte (*aperit limites* Vell. II, 120), von besonderer Wichtigkeit.

[1]) Die Tencterer unterstützen auch noch im J. 69 den Bataver Civilis in seinem Kampfe gegen die Römer: s. Tac. Hist. IV, 21.

[2]) Vergl. Zeuss, die Deutschen S. 88 ff.

[3]) Der Name *Grotus* findet sich auch auf einem anderen am Hadrianswall entdeckten und gleichfalls der *Dea Covetua* (*Conventina*) gewidmeten Denksteine: *Aurelius Grotus German(us)*.

II.

Caesars Krieg gegen Ambiorix und die Eburonen.

Die Eburonen hatten im J. 54 fünfzehn römische Cohorten nebst zwei Legaten, welche in ihrem Gebiete ein Winterlager aufgeschlagen, vollständig vernichtet: Ambiorix, der König der Eburonen, verdankte diesen überraschenden Erfolg ebenso seiner überlegenen Schlauheit, wie der Kopf- und Muthlosigkeit des römischen Führers Titurius Sabinus. Es war dies die ärgste Schmach, welche während des ganzen gallischen Krieges der römischen Waffenehre zugefügt wurde[1]), und Caesar durfte nicht säumen, dieselbe blutig zu rächen[2]): die kriegerischen Unternehmungen des folgenden Jahres 53 dienen lediglich diesem Zwecke. Hatten doch ausser den Eburonen auch die Nervier, Aduatuker und Trevirer die römischen Winterlager angegriffen, und wenn schon vergeblich versucht das Joch der verhassten Fremdherrschaft abzuschütteln.

Dass die belgischen Gaue, denen dieses Strafgericht bevorstand, nicht müssig waren, sondern in Erwartung eines Angriffes rüsteten, ist natürlich[3]), aber von einem einträchtigen Zusammenwirken, von einem gemeinsamen Plane, der drohenden Gefahr zu begegnen, ist auch diesmal nichts wahrzunehmen. Caesar griff seine Gegner einzeln an, und so ward es ihm leicht mit seinen überlegenen Streitkräften jeden Widerstand niederzuwerfen.

---

[1]) Sueton Caesar 25 verzeichnet drei Unfälle: *per tot successus ter nec amplius adversum casum expertus: in Britannia classe vi tempestatis prope absumpta, et in Gallia ad Gergoviam legione fusa, et in Germanorum finibus Titurio et Aurunculeio legatis per insidias caesis.*

[2]) Wie tief Caesar die Schmach empfand, und wie ihn nur der Gedanke an Rache beschäftigte, zeigt die Anekdote bei Polyaen. VIII, 23, 24: Καῖσαρ, πυθόμενος ἐν Γαλατίᾳ κατακοπῆναι φάλαγγας στρατιωτῶν, ὤμοσε μὴ πρότερον ἀποκείρασθαι, πρὶν ἐπελθὼν τιμωρῆσαι τοῖς ἀνῃρημένοις· τούτῳ πλείστην εὔνοιαν αὐτῷ παρὰ πάντων ἐπεσπάσατο. Tacitus berichtet Hist. IV, 61 Aehnliches vom Bataver Civilis und nennt es barbarische Sitte, vergl. auch Germ. 31.

[3]) Caesar B. G. VI, 2.

Schon gegen Ende des Winters mussten die Nervier, welche Caesar mit vier Legionen unerwartet überfiel, für ihren Angriff auf das Lager des Q. Cicero schwer büssen. Beim Beginn der besseren Jahreszeit, als Caesar seine Rüstungen vollendet hatte, wandte er sich nicht direct gegen die Eburonen, denn er wusste sehr wohl, dass er von dieser verhältnissmässig unbedeutenden Völkerschaft keinen Angriff zu gewärtigen hatte, sondern suchte sie zu isoliren und um so sicherer zu verderben. Caesar legt selbst seinen Kriegsplan dar[1]) und führt denselben genau so, wie er ihn festgestellt hatte, mit sicherer Hand aus, während seine Gegner, die den rechten Moment über ihre Bedränger herzufallen, versäumt hatten, unthätig und ohne rechtes Vertrauen auf die eigene Kraft den Angriff abwarteten.

Zunächst wandte sich Caesar mit fünf Legionen gegen die Menapier, die sich gar keiner feindseligen Handlung schuldig gemacht, aber auch bisher niemals die römische Herrschaft anerkannt hatten[2]). Das Gebiet der Menapier begrenzte den Eburonengau im Norden. Die Menapier mussten unterworfen werden, damit Ambiorix weder thätigen Beistand von dort erhalten, noch auch im Nothfalle sich in die unwegsamen Sümpfe und Wälder jener Landschaft zurückziehen könne. Die Menapier, gezwungen, sich der Uebermacht zu beugen, stellten für ihr künftiges Wohlverhalten Geiseln; eine römische Besatzung, die im Lande zurückblieb, bürgte für die Ruhe.

---

[1]) Caesar B. G. VI, 5.

[2]) Von offenen Feindseligkeiten der Menapier weiss Caesar nichts zu berichten, er führt sie allerdings als Theilnehmer der belgischen Conföderation im J. 57 mit einem Contingente von 7000 (vielleicht richtiger 9000) Mann auf (II, 4), dann wieder das Jahr darauf im venetischen Kriege (III, 10), aber von activer Betheiligung ist auch hier nichts wahrzunehmen: nichtsdestoweniger überzieht er ihr und der Moriner Gebiet mit Krieg, weil sie bisher noch nicht die römische Oberherrschaft anerkannt hatten (III, 28 *qui in armis essent neque ad cum unquam legatos de pace misissent*), und aus demselben Grunde verwüstet er im J. 55 abermals diesen Landstrich (IV, 22: *reliquum exercitum ... legatis in Menapios et eos pagos Morinorum, ab quibus ad eum legati non venerant, ducendum dedit*). Jetzt sucht er das arme Volk, dessen bester Schutz seine dichten Wälder und unzugänglichen Sümpfe waren, zum drittenmale heim: denn die Menapier waren noch nicht entwaffnet (VI, 5), hatten auch diesmal allein von allen Galliern keine Gesandten geschickt (VI, 4), und Ambiorix war ihr Gastfreund; Gründe genug, um sie von neuem mit Krieg zu überziehen. Mommsen freilich lässt die Menapier das Jahr vorher an den Feindseligkeiten gegen Q. Cicero theilnehmen, allein davon weiss Caesar nichts zu berichten.

Die Treverer waren im Süden Grenznachbarn der Eburonen: für Ambiorix war das Bündniss mit diesem mächtigen Gaue von grosser Bedeutung, zumal ihm auch durch Vermittelung der Treveri Aussicht auf Zuzug aus dem rechtsrheinischen Germanien eröffnet ward. Daher musste Labienus, der an der Grenze des treverischen Gebietes seine Winterquartiere gehabt hatte, gleichzeitig mit drei Legionen die Feindseligkeiten eröffnen: Die Treverer warteten seinen Angriff nicht ab, sondern warfen sich unverweilt, noch ehe ihre überrheinischen Bundesgenossen zur Stelle waren, mit Todesverachtung in ungünstigster Stellung auf die Römer und erlitten eine vollständige Niederlage; die ganze Landschaft unterwarf sich, die römisch gesinnte Partei gelangte wieder zur Herrschaft, während die Häupter der Patrioten mit den Germanen über den Rhein flüchteten.

Nachdem so die Menapier im Norden, die Treverer im Süden des Eburonengaues entwaffnet waren, zog Caesar an den Rhein, vereinigte sich hier verabredetermassen mit Labienus, und zog zum zweitenmale über den Grenzstrom, um, wie er selbst sagt[1]), die Germanen, welche den Treverern hülfreiche Hand geboten hatten, zu züchtigen, und zugleich dem Ambiorix jede Aussicht auf Unterstützung von Seiten der Germanen oder eine gesicherte Zuflucht jenseits des Rheines abzuschneiden. Weder der eine noch der andere Zweck ward erreicht: den Sueven konnte Caesar kein Leid zufügen, da sie sich in das Innere zurückzogen, wohin ihnen zu folgen nicht gerathen erschien; Ambiorix aber entging schliesslich allen Verfolgungen seiner Gegner, und fand jenseits des Rheines ein Asyl. Der zweite Rheinübergang Caesars verlief so resultatlos wie der erste[2]), es war eine Demonstration, um durch die imposante Entfaltung der römischen Macht die Germanen abzuschrecken, sich ferner in die gallischen Händel zu mischen, und um wenigstens für die nächste Zeit sich des beabsichtigten Erfolges zu versichern, brach Caesar die Rheinbrücke nicht vollständig ab, sondern liess zwölf Cohorten in einem wohlbefestigten Lager zum Schutze der Brücke zurück.

Nun erst trat Caesar seinen Rachezug gegen Ambiorix an,

---

[1]) Caesar B. G. VI, 9.
[2]) Da Caesar von Kriegsthaten nichts zu berichten hat, schaltet er einen langen Excurs (VI, 11—28), eine vergleichende Charakteristik der Gallier und Germanen ein, obwohl er schon früher (IV, 1—3) den Sueven eine kürzere Episode gewidmet hatte. Caesar versteht eben die Feder gleich geschickt wie das Schwert zu führen.

indem er mit seinem ganzen Heere[1]) durch die letzten Ausläufer des Ardennenwaldes vom Rheine nach der Maas marschierte. Ambiorix, von allen Bundesgenossen entblösst, verzichtete darauf den Kampf mit dieser Uebermacht aufzunehmen; statt die waffenfähige Mannschaft aufzurufen, gebot er, jeder möge so gut er könne für seine Sicherheit sorgen, und wer in den unzugänglichen Schluchten des Ardennenwaldes, auf den Inseln der Nordsee oder auch trotz der Furcht vor den fremden Zwingherrn bei mitleidigen Nachbarn eine Zuflucht fand, konnte sich glücklich preisen; denn alsbald kam ein unbarmherziges Strafgericht über den Gau, der sich von einem Ende bis zum andern mit Kampf und Blut, mit Brand und Verwüstung erfüllte: es war der schonungsloseste Vertilgungskrieg, den Caesar führte. Da die, welche den heimischen Boden nicht verlassen wollten oder nicht rechtzeitig sich flüchten konnten, verzweifelten Widerstand leisteten, erklärte Caesar, um das Leben seiner Soldaten möglichst zu schonen[2]), die Eburonen insgesammt in die Acht, und von allen Seiten strömte beutelustiges Raubgesindel herbei, um der willkommenen Aufforderung Folge zu leisten.

Caesar schickte, als er die Ufer des Rheines verliess, die gesammte Reiterei unter Minucius Basilus voraus; den Eburonen, obwohl sie die bevorstehende Gefahr kannten, kam dieser Einfall unerwartet: Ambiorix entging nur mit genauer Noth der Gefangenschaft, der andere König, der greise Catuvolcus, machte seinem Leben freiwillig ein Ende, um nicht in die Hände der Römer zu fallen. Caesar folgte seiner Reiterei in Eilmärschen, und traf dann seine Dispositionen zur vollständigen Verwüstung der Landschaft und Vernichtung der Eburonen. Das Gepäck der ganzen Armee und die XIV. Legion unter Q. Cicero entsandte er nach dem noch wohl erhaltenen früheren Lager des Titurius Sabinus, nach Aduatuca, und theilte dann sein Heer in drei Colonnen, jede aus drei Legionen bestehend. Labienus sollte mit seiner Abtheilung den nördlichen Theil des Eburonenlandes auf dem linken Maasufer bis zu den Grenzen der Menapier, Trebonius den westlichen Theil, der an den Gau der Aduatuker stiess[3]), mit Feuer und Schwert

---

[1]) Es waren 10 Legionen, jedoch nicht vollzählig, da 12 Cohorten im Lager bei Bonn zurückblieben.

[2]) *Ut potius in silvis Gallorum vita quam legionarius miles periclitetur*, wie Caesar VI, 34 mit löblicher Offenheit sich ausdrückt.

[3]) Wahrscheinlich sollte Trebonius zugleich auch die Aduatuker züchtigen, denn sicherlich gingen sie wegen ihrer Theilnahme an dem Aufstande im vergangenen Herbste nicht straflos aus.

verwüsten. Den südlichen Theil der Landschaft auf dem rechten Maasufer und die Verfolgung des Ambiorix übernahm Caesar selbst.

Die Eburonen wohnten auf beiden Ufern der Maas, ihr Gebiet zerfiel daher in zwei gewissermassen selbständige Theile, daher standen auch zwei Könige an der Spitze der Völkerschaft; Ambiorix gebot über den nördlichen Theil, denn er war der unmittelbare Nachbar der Aduatuker und eine Zeit lang von diesem mächtigen Stamme abhängig[1]); Catuvolcus über den Landstrich auf dem rechten Maasufer. Die Grenzen des nördlichen Theiles lassen sich wenigstens annähernd ermitteln, da die Menapier im Norden, die Aduatuker im Westen Nachbarn der Eburonen waren. Auffallend ist, dass Caesar sagt, das Castell Aduatuca liege fast in der Mitte des Eburonengaues[2]), während der Name selbst anzudeuten scheint, dass die Grenze ziemlich nahe war. Vielleicht hatte Ambiorix, nachdem im J. 57 der grösste Theil der Aduatuker im Kampfe gefallen oder auf den Sklavenmarkt gebracht worden war, mit Genehmigung Caesars seine Grenzen nach dieser Richtung hin erweitert[3]). Die andere Hälfte des Eburonengaues zwischen Rhein und Maas gelegen, war offenbar die grössere[4]), welche im Westen wahrscheinlich durch die Roer von den Condrusen und Segnern, deren Gebiete Caesar auf seinem Marsche nach Aduatuca berührte, getrennt ward[5]); im

---

[1]) Caesar B. G. V, 27. 38: Ueber die Eburonen rechts der Maas wird sich die Oberherrschaft der Aduatuker nicht erstreckt haben.

[2]) Caesar B. G. VI, 32.

[3]) Dass Ambiorix dem Caesar zum Danke verpflichtet war, wird in den Commentaren hervorgehoben: vergl. Dio Cass. XL, 6 εὐηργέτητο πολλὰ ὑπὸ τοῦ Καίσαρος. Zweifelhaft ist, was ebend. Cap. 7 von der Kenntniss der römischen Kriegskunst erzählt wird, welche sich Ambiorix erworben habe (ἐκ τῆς συστρατείας ἣν μετὰ τῶν Ῥωμαίων ἐπεποίητο), denn Caesar schreibt diese Vertrautheit mit der römischen Taktik nicht dem Ambiorix, sondern den Nerviern zu.

[4]) Caesar sagt ausdrücklich B. G. V, 24: *in Eburones, quorum pars maxima est inter Mosam ac Rhenum*. Dass den Eburonen eine Strecke des Rheinufers gehörte, ist sicher, nördlich waren auch hier die Menapier ihre Nachbarn; welcher Stamm südwärts folgte, lässt sich nicht sagen. Wenn die sigambrischen Reiter 30 r. M. unterhalb Caesars zweiter Rheinbrücke über den Strom setzen, also von Bonn aus gerechnet etwa bei Woringen, so scheint dieser Punkt nicht mehr zum Eburonengebiet gehört zu haben, welches jene Reiter erst auf ihrem Marsche landeinwärts erreichten, Caesar B. G. VI, 35: *primos Eburonum fines adeunt*.

[5]) Vergl. oben S. 3.

Süden wird der Eburonengau mit dem trevirischen Gebiete zusammengestossen sein.

Dass der Landstrich auf dem rechten Maasufer, den die Armee bei ihrem Marsche zur Maas berührt hatte, von der Execution nicht verschont blieb, ist selbstverständlich: Caesar übernahm hier persönlich das Commando, weil er erfahren, dass der flüchtige Ambiorix sich hier oder vielmehr in einem der benachbarten Gaue aufhielt: denn die Worte VI, 33: *ad flumen Scaldem, quod influit in Mosam, extremasque Arduennae partis*, die in engster Beziehung auf einander stehen, führen unzweifelhaft über die Grenze des Eburonengebietes hinaus. Aber man ist überrascht, wenn Caesar plötzlich uns von den Ufern der Maas an die Schelde versetzt, und unsere Verwunderung steigert sich, wenn wir hören, dass die Schelde in die Maas mündet und zugleich in das Gebiet des Ardennenwaldes verlegt wird.

Diese Schwierigkeiten sind den Erklärern nicht entgangen, und man sucht sich, so gut es geht, aus der Verlegenheit zu ziehen: Napoléon, Leben Caesars II, 224 lässt Caesar nach der unteren Schelde zwischen Brüssel und Antwerpen ziehen, dann würde seine Marschroute mit der des Trebonius zum guten Theil zusammenfallen; Caesar würde, wenn Ambiorix sich in jener Gegend, im Gebiete der Nervier aufgehalten hätte, seinen Legaten eine andere Aufgabe zugetheilt haben, da es galt, gleichzeitig in allen Theilen des Eburonenlandes die Execution vorzunehmen.

Auf den ersten Anblick hat die Weise, wie hier die Mündung der Schelde und die letzten Ausläufer des Ardennenwaldes combinirt werden, etwas Bestechendes. Der Name Ardennen wird in alter wie in neuerer Zeit bald in weiterem, bald engerem Sinne gebraucht, allein dass man diese Benennung jemals auf die Wälder an der unteren Schelde ausgedehnt habe, ist nicht zu erweisen[1]). Napoléon beruft sich zur Unterstützung seiner Ansicht auf Caesars eigene Worte VI, 29: *per Arduennam silvam, quae est totius Galliae maxima atque ab ripis Rheni finibusque Trevirorum ad Nervios pertinet, milibusque amplius quingentis in longitudinem patet*. Die Stelle steht aber in directem Widerspruch mit einer früheren V, 3: *in silvam Arduennam, quae ingenti magnitudine per medios fines Treverorum a flumine Rheno ad initium Remorum pertinet*, und dies

---

[1]) Strabos Worte IV, 194, welche man in diesem Sinne deuten könnte, werden unten S. 31 berücksichtigt werden.

trifft genau zu, der nördlichste District der Landschaft der Remi umfasste den südwestlichen Theil des Ardennengebirges und man muss, um die Angaben Caesars sowohl unter sich als auch mit den thatsächlichen Verhältnissen in Einklang zu bringen, an der zweiten Stelle *ad Remos pertinet* statt *ad Nervios p.* verbessern [1]).

---

[1]) Wahrscheinlich war nach einem ganz gewöhnlichen Schreibfehler der Name der Treverer wiederholt; dass *ad Treveros pertinet* unstatthaft sei, erkannten die alten Correctoren, und veränderten dies, indem sie der andern Stelle V, 3 sich nicht erinnerten, willkürlich in *Nervios* (bei Livius Epit. CVI *castra eius, qui in Treveris praeerat, Q. Ciceronis* ist für *in Nerviis* verschrieben). Die Weise, wie Napoléon II, 16 den Widerspruch auszugleichen sucht, der Ardennenwald habe sich einerseits quer durch das Land der Treverer bis zur Grenze der Römer, andererseits bis zur Schelde durch das Land der Nervier hingezogen, ist unzulässig. Dagegen muss ich eine andere Aenderung des Textes ablehnen. Caesar berechnet die Ausdehnung der Ardennen der Länge nach (d. h. in der Richtung von Ost nach West) auf 500 r. M., Napoléon will diese Zahl auf 200, v. Goeler auf 150 reduciren; und jene Zahl überschreitet, selbst wenn man den Ardennen die denkbar weiteste Ausdehnung giebt, entschieden das richtige Mass, aber sie wird geschützt durch Strabo IV, 194: ὕλη γάρ ἐστιν οὐχ ὑψηλῶν δένδρων πολλή μέν, οὐ τοσαύτη δέ, ὅσην οἱ συγγραφεῖς εἰρήκασι, τετρακισχιλίων σταδίων, καλοῦσι δ' αὐτὴν Ἀρδουένναν, denn 4000 Stadien sind genau 500 r. M. (= 100 deutsche Meilen) und dies ist nicht die Schätzung Strabos, sondern früherer Gewährsmänner (συγγραφεῖς), die der Geograph mit Recht für übertrieben hält; man muss also die Interpunction hinter εἰρήκασιν entfernen. Die συγγραφεῖς, denen Strabo diese Angabe entnimmt, sind entweder eben Caesar, oder griechische Schriftsteller, denen Caesar hier folgte. Die Angabe lässt sich übrigens rechtfertigen, wenn der, welcher sie aufstellte, den Umfang des Waldgebirges darunter verstand, nicht die Ausdehnung in die Länge: dann hätte Caesar, indem er *in longitudinem* statt *in circuitu* schrieb, seinen Gewährsmann missverstanden, und Strabo, obwohl er sich nicht deutlich ausspricht, folgt der gleichen Auffassung. — Wie weit Strabo selbst den Ardennenwald ausdehnte, ist nicht mit voller Sicherheit zu bestimmen: Strabo hatte kurz vorher die eigenthümliche Beschaffenheit der Waldungen im Menapierlande geschildert, und bemerkt hier, die Waldungen der Moriner, Atrebaten und Eburonen seien ganz ähnlicher Art, und wie er diese mit dem gemeinsamen Namen Arduenna bezeichnet, so könnte man denselben mit gewissem Schein auch auf die Wälder im Lande der Nervier ausdehnen. Dass nach Strabo die Bevölkerung jener Landstriche sich gegen feindliche Angriffe durch eine Art Verhau zu schützen pflegte, gilt allerdings auch von den Nerviern (Caesar II, 17), ist jedoch für die Entscheidung dieser Frage ohne Belang. Das Gebiet der Eburonen, soweit es auf dem rechten Maasufer lag, wird allerdings von den Ardennen durchzogen, aber es ist nicht gerechtfertigt, wenn Strabo diesen Namen auch auf die Waldungen

Aber wie man auch immer darüber urtheilen mag, eine Flucht des Ambiorix zu den Nerviern, welche Caesar eben erst unterworfen, deren Geiseln er als Unterpfand der Treue in seiner Hand hatte, ist im höchsten Grade unwahrscheinlich. Dass Ambiorix auch, wenn er augenblicklich ausserhalb des Eburonengaues sich befand, doch von dem heimathlichen Boden sich nicht weit entfernt hatte, sieht man daraus, dass er, als Caesar von diesem Zuge nach Aduatuca zurückgekehrt ist, wieder im eigenen Gebiete sich aufhält[1]). Gegen die obere Schelde, wie z. B. die Gegend von Cambray sprechen ganz die gleichen Bedenken, ausserdem ist die Entfernung (von Tongern bis Cambray ungefähr 110 r. M.) viel zu gross, als dass Caesar in der kurzen Frist, die er sich gesetzt hatte, diesen Weg mit seinen Legionen zurücklegen konnte.

Nicht minder befremdlich ist, dass Caesar sagt, die Schelde ergiesse sich in die Maas. Die Verbindung des östlichen Armes der Scheldemündung mit dem westlichen Arme der Maas, selbst wenn man mit Napoléon annimmt, dass dieser die Mündung beider Ströme vereinigende Wasserlauf in alter Zeit entwickelter war als heutzutage, berechtigt nicht zu diesem schiefen Ausdrucke; denn die Thatsache, dass sich die Schelde ins Meer ergiesst, konnte Caesar nicht unbekannt sein, der die geographischen Verhältnisse der gallischen Landschaften sehr wohl kannte, und hier als Augenzeuge über einen Feldzug berichtet, den er selbst ausführte. Caesar, der zuerst diese entlegenen Landstriche erschloss, hat bei solchen geographischen Bemerkungen stets das Bedürfniss seiner Leser im Auge, denen meist die Namen und Oertlichkeiten völlig unbekannt waren. Jene Bemerkung war entschieden irreführend; wer dies las, musste glauben, die Schelde sei ein Nebenfluss der Maas, der in der unmittelbaren Nähe des Kriegsschauplatzes, also am mittlern Laufe der Maas, in diesen Strom einmünde. Einem buchgelehrten Historiker mag man einen solchen Missgriff zu Gute halten, für Caesar wäre er geradezu unverzeihlich.

---

der Atrebaten, Moriner und Menapier ausdehnt: Arduenna bezeichnet allezeit ein Waldgebirge, nicht jeden Wald schlechthin, auch wenn er Flachland bedeckte.

[1]) Caesar B. G. VI, 43. Es wäre gar seltsam, wenn Ambiorix, nachdem er an der Schelde den Verfolgern glücklich entgangen, thörichter Weise ihren Spuren folgte, um an der Maas sich von Neuem jeder Gefahr preiszugeben.

Auch hier haben wir es mit einer fehlerhaften Ueberlieferung des Textes zu thun, für die nicht der Verfasser, sondern die Abschreiber verantwortlich sind. Man darf aber nicht etwa *Scaldem* mit *Sabim* vertauschen[1]); denn gegen die Sambre sprechen ganz die gleichen Gründe, wie gegen die Schelde. Ist der Name der Maas an unserer Stelle richtig überliefert, dann kann man nur an einen Nebenfluss in der Nähe des Kriegsschauplatzes denken, der auf dem rechten Ufer in die Maas mündet. Hier bieten sich die Roer und die Ourthe dar. Allein die Gegend der Roer und die letzten Ausläufer der Ardennen, welche eben erst Caesar mit seiner gesammten Armee durchzogen hatte, waren kein geeigneter Zufluchtsort für Ambiorix, so wenig wie die Ourthe; denn der untere Lauf dieses Flusses gehörte zum Gebiet der Condrusen, die sich eben erst bereit erklärt hatten, alle flüchtigen Eburonen an die Römer auszuliefern. Ueber die Anwohner der obern Ourthe wissen wir nichts verlässiges; wenn Napoléon Recht hat, indem er das frühere Lager des Labienus hierher (nach Lavacherie) verlegt, so gehörte dieser Landstrich den Remi, bekanntlich den ergebensten Bundesgenossen der Römer.

Ausserdem kommen die Roer und die Ourthe schon deshalb nicht in Betracht, weil die Namen von *Scaldis* weit abliegen[2]); denn nur dann, wenn der hier von Caesar genannte Fluss durch die Aehnlichkeit des Klanges an die Schelde erinnerte, lässt sich die Entstehung eines solchen Fehlers erklären. Somit sind wir in die Nothwendigkeit versetzt, eine zwiefache Verderbniss in der Ueberlieferung des Textes anzunehmen. Caesar hat weder *Scaldis* noch *Mosa* geschrieben, sondern:

ad flumen Calbem, quod influit in Mosellam, extremasque Arduennae partis ire constituit[3]).

Diese Aenderung dürfte allen Anforderungen genügen, *Calbis* ist die *Kyll*, von Ausonius *Gelbis* genannt, aber die *Calva dea*, deren Tempel an einer Felswand der Kyll zu Pelm bei Gerolstein

---

[1]) v. Goeler hat diese Aenderung empfohlen.

[2]) Die Roer wird wohl *Rura* geheissen haben wie der Nebenfluss des Rheines: der Name ward von diesem Flusse auf den in die Maas einmündenden Fluss durch die hier angesiedelten Stämme übertragen, welche früher auf dem rechten Rheinufer an der Rubr gewohnt hatten.

[3]) Für *Calbem* kann man auch *Calbim* schreiben, da die Handschriften Caesars zwischen *Scaldem*, *Scaldim*, *Scaldin* schwanken.

errichtet war¹), stimmt sehr gut mit der bei Caesar vorausgesetzten Namensform *Calbis*²), und der Name der Göttin weist deutlich auf den Namen des Flusses hin, an dessen Ufer ihr Heiligthum stand. Wenn man die Kyll, welche oberhalb Trier in die Mosel mündet, verfolgt, gelangt man in der That zu den südlichsten Ausläufern der Ardennen. Für einen geächteten heimathlosen Flüchtling konnte es kein geeigneteres Versteck geben als die Waldberge der Eifel, durch welche die Kyll sich hindurchwindet. Hier in den kleinen germanischen Waldkantonen der Caruces, Baetasii u. s. w. war Ambiorix, der Fürst der stammverwandten Eburonen vor Verrath sicher.

Allerdings ist die Kyll von Tongern ziemlich weit entfernt, aber Caesar wird die Maas gar nicht überschritten haben, sondern als er an den Ufern des Stromes mit seinem Heere anlangte, traf er seine Dispositionen zur systematischen Verwüstung der Landschaft und brach sofort in südöstlicher Richtung auf: die Kyll (bei Kronenburg oder Stadt Kyll) konnte er in Eilmärschen bald erreichen. Weit wird er im Kyllthal nicht vorgedrungen sein, vielleicht nur einen Tagemarsch; er musste umkehren, um rechtzeitig in Aduatuca einzutreffen, ausserdem mochte ihn die Schwierigkeit des weiteren Vordringens in dieser Richtung zur Umkehr bewegen. Man darf jedoch nicht glauben, dass Caesar, als er diesen Marsch antrat, mit der Oertlichkeit völlig unbekannt war: hatte doch Labienus kurz vorher, als er mit seinen Legionen von Trier nach Bonn zog, diesen Landstrich kennen zu lernen Gelegenheit gehabt. Ausserdem wird es Caesar nicht an ortskundigen einheimischen Führern gefehlt haben.

Die zwiefache Aenderung, welche ich in dem überlieferten Texte Caesars vorgenommen habe, dürfte wohl Manchem zu gewagt erscheinen: allein, wer den Zustand, in welchem Caesars Schriften auf uns gekommen sind, genauer prüft, wird nicht ohne Weiteres in dies Bedenken einstimmen. Die acht Bücher vom

---

¹) S. die Inschrift, welche vom J. 124 n. Chr. datiert, CIR. 853. Es war ein entschiedener Missgriff, wenn gelehrte Alterthumsforscher diese einheimische Göttin mit der *Venus Calva* zu Tibur, deren Cultus ein rein localer war, für identisch erklären.

²) *Calbis* verhält sich zu *Gelbis* ungefähr wie Γαλάται zu Κέλται, doch hat Ausonius wohl *Celbis*, nicht *Gelbis* geschrieben. In mittelalterlichen Urkunden heisst der Fluss *Kila, Kyla, Chile, Chyla*, der Kyllwald *Kilivvald, Kilevvalt, Kilvvalt*, die Stadt Kyll *Kila villa*, Kyllburg *Kiliburg, Kileburgk*.

gallischen Kriege liegen im Ganzen und Grossen in lesbarer Gestalt vor, während die übrigen Schriften arg verwahrlost sind. Allein wir dürfen uns nicht durch den äusseren Schein täuschen lassen: den Handschriften des gallischen Krieges liegt eine alte Redaction zu Grunde[1]), deren Urheber eine äusserst fehlerhafte Vorlage, zum Theil sehr willkürlich und ohne sonderliches Geschick durchcorrigirt haben, um einen verständlichen Text herzustellen, den man ohne sonderlichen Anstoss liest, wo aber alte Schäden oft nur übertüncht, nicht wirklich geheilt sind, während andererseits durch diese kritische Thätigkeit neue Fehler eindrangen und zu allgemeiner Geltung gelangten. Im vorliegenden Falle wird *Mosa* ein alter Schreibfehler für *Mosella* sein[2]), der Irrthum lag nahe, da die Maasgegend der Schauplatz der hier erzählten Begebenheiten ist und Caesar die Maas wiederholt, die Mosel sonst nirgends erwähnt. Der Corrector nahm an *Mosa* keinen Anstoss wohl aber an dem ihm unbekannten Flussnamen *Calbis*, und er glaubte seine Sache gut zu machen, indem er diesen Namen, der ihm fehlerhaft erschien, in *Scaldis* veränderte, da ja die Schelde einer der bedeutendsten Ströme der belgischen Landschaft ist und in der That mit der Maas durch einen Arm in Verbindung steht.

Caesars Zug nach der Kyll war erfolglos: Ambiorix entschlüpfte auch diesmal seinen Verfolgern. Am achten Tage traf Caesar in Aduatuca ein, Labienus und Trebonius waren noch nicht zurück. Die gründliche Erledigung des ihnen ertheilten Auftrages nahm sie offenbar länger in Anspruch. Dagegen stand dem Heerführer eine unwillkommene Ueberraschung bevor. Caesars Sendboten hatten in den benachbarten Gauen Jedermann aufgefordert, sich an der Ausraubung des Eburonenlandes zu betheiligen; bereitwillig kam man dieser Aufforderung nach, aber es fanden sich auch ungebetene Gäste ein. Zweitausend sigambrische Reiter zogen über den Rhein, und da ihnen das römische Lager zu Aduatuca reichere Beute verhiess, als die armselige Habe der Eburonen, suchten sie durch einen Handstreich des Lagers sich zu

---

[1]) Die Namen dieser Correctoren sind nur in den Handschriften überliefert, Julius Celsus und Flavius Lupianus, von denen der letztere wahrscheinlich dem Anfange des 6. Jahrh. n. Chr. angehört, und zwar scheint diese Redaction in Gallien veranstaltet worden zu sein; doch darüber Genaueres an einem anderen Orte.

[2]) Bei Florus I, 45, 14 ist in ähnlicher Weise *Mosella* statt *Mosa* geschrieben.

bemächtigen, welches augenblicklich nur schwach besetzt war, da die Hälfte der Legion zum Fouragiren ausgezogen war. Die im Lager Zurückgebliebenen hatten nichts weniger als einen feindlichen Ueberfall erwartet, und die Bestürzung war so allgemein, dass die Sigambrer ihren Zweck sicherlich erreicht hätten, wenn nicht rechtzeitig die zum Fouragiren ausgesandten Cohorten heimgekehrt wären; aber der unerwartete Anblick der germanischen Reiter erfüllte auch hier Alles mit Furcht und Verwirrung, so dass sie nur mit grosser Noth sich hinter die Mauern des Castells zurückziehen konnten: zwei Cohorten wurden von den Sigambrern vollständig niedergehauen. Aduatuca war für die Römer eine verhängnissvolle Stätte.

Kaum war Caesar in Aduatuca eingetroffen, als die systematische Verwüstung und Ausraubung des unglücklichen Landes von neuem begann, während die Reiterei den Gau nach allen Richtungen hin durchstreifte und die Jagd auf Ambiorix fortsetzte, der wie ein gehetztes Wild ruhelos von Ort zu Ort irrte, aber stets seinen Verfolgern entkam, obwohl Caesar auf jede Weise den Eifer derselben anspornte[2]. Nicht eher zogen die Römer ab, als bis die vorgerückte Jahreszeit die Winterquartire aufzusuchen nöthigte.

---

[1] Wie empfindlich dieser Unfall für Caesar war, erkennt man deutlich aus seiner Darstellung. Schon in dem wiederholt von den Sigambrern gebrauchten Ausdruck *barbari* (VI, 39. 40. 42) giebt sich der Unmuth kund, wie er auch die Eburonen (VI, 34) und anderwärts öfter die Germanen und Britannier, die Gallier dagegen nur ganz ausnahmsweise (vergl. III, 14 und 15) mit diesem geringschätzigen Namen bezeichnet, während Caesars Fortsetzer Hirtius ganz ungenirt die Gallier insgesammt ohne Weiteres so zu benennen pflegt. Caesar begnügt sich übrigens (VI, 42) den Q. Cicero zu tadeln, dass er gegen sein ausdrückliches Verbot Soldaten zum Fouragiren ausgeschickt habe: in ähnlichem Sinne sprach er sich dem Bruder seines Legaten gegenüber aus: *neque pro cauto ac diligente se castris continuit.* (Charis.) Dieser Vorwurf ist wohl nicht gerechtfertigt, denn die Frist, welche Caesar für seine Abwesenheit festgesetzt hatte, war fast abgelaufen, Q. Cicero ohne jede Nachricht von Caesar, und die Vorräthe waren aufgebraucht. Dagegen fehlte es sowohl im Lager als auch bei den Cohorten draussen in dieser kritischen Situation an jeder obersten Leitung; wo eigentlich der Commandeur der Legion sich befand, erfährt man nicht. Caesar unterlässt es aus Schonung, diese groben Fehler Ciceros zu rügen.

[2] Offenbar war ein hoher Preis auf den Kopf des geächteten Königs gesetzt, VI, 43: *qui se summam ab Caesare gratiam inituros putarent.*

Es war auf die vollständige Vertilgung der Eburonen abgesehen, wie dies Caesar selbst ganz unumwunden in seiner herzlosen Art ausspricht[1]): er hatte gehofft, dass die wenigen, die etwa dem Strafgericht entgangen waren, bei der vollständigen Verödung des Landes Hungers sterben würden[2]). Diese Hoffnung erfüllte sich nicht; die, welche in den Wäldern, auf den Inseln der Nordsee oder bei den Nachbarn eine Zuflucht gefunden hatten, kehrten wieder in die alte Heimath zurück und bauten von neuem ihre Aecker, ein kleines Häuflein, was der römischen Herrschaft nimmer gefährlich werden konnte: der geächtete Ambiorix hatte sich über den Rhein zu den Germanen gerettet[3]). Aber Caesars Groll ruhte auch jetzt nicht: zwei Jahre später (51 v. Chr.), ehe er Gallien für immer verliess, zog er noch einmal an der Spitze seiner Legionen in das unglückliche Land, um es mit Feuer und Schwert zu verwüsten: Ambiorix war ihm entgangen, an ihm konnte er seine Rache nicht befriedigen, so sollte der Rest der Eburonen dafür büssen: Ambiorix sollte, wenn er jemals den Versuch wagte, heimzukehren, keinen seiner Stammgenossen mehr lebend vorfinden; oder wenn wenige der Katastrophe entronnen, so würden sie, dachte Caesar, den Urheber ihres Unglückes mit Abscheu von sich stossen[4]). Der Name der Eburonen ist, wie es Caesar beabsichtigt hatte, ausgelöscht[5]), aber dafür haftet an Caesars Namen ein unvertilgbarer Makel: seine Lobredner

---

[1]) Caesar B. G. VI, 34: *si negotium confici stirpemque hominum sceleratorum interfici vellet* u. s. w. und gleich nachher *ut magna multitudine circumfusa pro tali facinore stirps ac nomen civitatis tollatur.*

[2]) Caesar B. G. VI, 43: *ut si qui etiam in praesentia se occultassent, tamen his deducto exercitu rerum omnium inopia pereundum videretur.*

[3]) Florus I, 45: *nec ulla de rege mox ultio: quippe perpetua trans Rhenum fuga latuit.*

[4]) Hirtius B. G. VIII, 24 giebt sicherlich ganz getreu die Intentionen seines Imperators wieder: *ut odio suorum Ambiorix, si quos fortuna reliquos fecisset, nullum reditum propter tantas calamitates haberet in civitatem.*

[5]) Wenn der Geograph Strabo in der Zeit des Augustus der Eburonen gedenkt, so ist dies nur eine historische Reminiscenz; ebenso ist es nur dichterische Freiheit, wenn Lucan I, 429 Eburonen unter den Hülfstruppen Caesars im Bürgerkriege aufführt: *nimiumque rebellis Nervius, et caesi pollutus sanguine Cottae.* Der Name der Völkerschaft wird verschwiegen, wie öfter bei dem gelehrten Dichter, da die Beziehung dem Kundigen wohl verständlich war: denn es ist irrig, wenn man diese Worte mit *Nervius* verbinden will.

und Bewunderer haben nicht einmal den Versuch gemacht, ihn rein zu waschen, Napoléon begnügt sich mit der Bemerkung, Ambiorix sei entkommen, aber die Vernichtung der Legion des Sabinus durch die Verwüstung des Eburonenlandes grausam gerächt, Mommsen meint, die Zeit der Milde sei jetzt vorüber gewesen [1]).

---

[1]) Wenn Caesar wiederholt behauptet, Grausamkeit liege nicht in seiner Natur (Cicero ad Att. IX, 7 und 16), so gilt dies nur von der Zeit der Bürgerkriege, wo die Klugheit ihm eine gewisse Mässigung auferlegte, um nicht die Gemüther sich vollständig zu entfremden: im gallischen Kriege kennt Caesar keine Schonung, keine Rücksichten.

III.
Bemerkungen über römische Statthalter am Niederrhein.

Prof. J. Roulez hat in einer Abhandlung in den Schriften der königlichen Akademie zu Brüssel (Bd. XLI 1875) ein Verzeichniss der Statthalter von Belgien und Untergermanien, so wie der Procuratoren dieser Provinzen zusammengestellt[1]), wobei man nur bedauert, dass diese sorgfältige und gelehrte Arbeit nicht auf Obergermanien ausgedehnt worden ist, da die Geschichte der beiden Germanien ein untrennbares Ganze bildet. Doch auch so sind wir für das, was uns hier geboten wird, dem belgischen Akademiker zum wärmsten Dank verpflichtet[2]).

Das Verzeichniss zählt 29 Statthalter am Niederrhein von Tiberius bis zu Septimius Severus auf; denn glücklicherweise lässt sich die Zeit dieser Legaten meist mehr oder minder bestimmt feststellen. Natürlich ist diese Liste, welche einen Zeitraum von etwa zwei Jahrhunderten umfasst, nichts weniger als vollständig; rechnen wir durchschnittlich drei Jahre Amtsdauer für den Einzelnen, so mussten während jener Epoche 60—70 Legaten dieser Provinz vorgestanden haben[3]). Hoffen wir, dass neue inschriftliche Funde unsere Kenntniss allmählich erweitern werden. Indess lässt sich auch aus dem vorhandenen Material Manches zur Ergänzung beibringen.

Ueber die Statthalter von Belgien will ich nur ein paar Bemerkungen vorausschicken.

Nach einer unsichern Vermuthung lässt man den Historiker Tacitus in den J. 89—93 die Provinz Belgien verwaltet.

---

[1]) *Les légats propréteurs et les procurateurs des provinces de Belgique et de la Germanie inférieure* (vom 5. April 1875) 74 S. 4.

[2]) Eine chronologische Uebersicht am Schluss wäre eine wünschenswerthe Zugabe gewesen.

[3]) Manche Kaiser beliessen die Statthalter längere Zeit auf ihrem Posten, aber dann trat auch wieder ein sehr rascher Amtswechsel ein.

Roulez verwirft diese namentlich von Borghesi¹) vertretene Hypothese und meint, Tacitus habe in dieser Zeit eine andere und zwar eine Senatsprovinz verwaltet: allein Tacitus ist so genau vertraut mit den germanischen Verhältnissen, schildert Land und Leute so anschaulich, wie es nur ein Augenzeuge und mehrjähriger Beobachter vermochte²): Tacitus wird, nachdem er im J. 88 die Prätur bekleidet hatte, wie üblich zum Legaten einer Legion befördert worden sein³); und zwar wird diese Legion zum niederrheinischen Heere gehört haben: vielleicht hatte er früher als *tribunus militum* in einer Legion am Oberrheine gedient und so Gelegenheit gehabt, sich allseitig über Deutschland und seine Bewohner zu unterrichten. Wäre uns die Einleitung der Germania erhalten, welche bei einer derartigen Schrift sicher nicht fehlte, dann würden wir über diesen Lebensabschnitt des Tacitus nicht im Dunkeln sein⁴).

---

¹) Neuerdings hat sie an L. Urlichs, de vita et honoribus Taciti S. 7 ff., wie mir scheint mit Recht, einen Vertheidiger gefunden. J. A.

²) Für vertraute Bekanntschaft mit Deutschland spricht besonders Germ. 37, wo Tacitus von den Cimbern bemerkt: *veterisque famae lata vestigia manent, utraque ripa castra ac spatia, quorum ambitu nunc quoque metiaris molem manusque gentis et tam magni exitus fidem.* So drückt sich nur aus, wer als Augenzeuge schildert, während Tacitus, wo er fremde Berichte wiederholt, dies ausdrücklich andeutet, wie c. 3. Alte Lagerplätze, die man den Cimbern zuschrieb, gleichviel mit welchem Rechte, wurden auf beiden Seiten des Rheines dem Tacitus gezeigt; dies kann ebenso gut auf den Ober- wie auf den Niederrhein gehen: aber sehr bestimmt weist er auf den Niederrhein hin c. 32: *proximi Chattis certum iam alveo Rhenum quique terminus esse sufficiat, Usipi ac Tencteri colunt:* denn *certum iam* ist mit Bezug auf den unteren Lauf des Stromes gesagt: nur wer sich an die Anschauung der örtlichen Verhältnisse des Niederrheines gewöhnt hatte, konnte in diesem Zusammenhange sich so ausdrücken.

³) Agricola commandirt mehrere Jahre, von 70—73, die XX. Legion in Britanien.

⁴) In dem Vorworte (die Schrift war wohl an eine bestimmte Persönlichkeit gerichtet) wird sich Tacitus über den Zweck seiner Schrift und über seinen Beruf zu dieser Arbeit genauer ausgesprochen haben. [Vergl. meine im Bonner Jahrb. LXIX, 1 ff. vorgetragene Ansicht über die Entstehung der Germania. J. A.] Mit dem Vorworte mag auch der ursprüngliche Titel der Schrift verloren gegangen sein: wenigstens die jetzt herkömmliche Bezeichnung kann nicht von Tacitus herrühren; angemessen wäre *de situ ac populis Germaniae*, vergl. Agric. 10: *Britanniae situm populosque referam*, Plinius Paneg. 15: *cognovisti per stipendia decem mores gentium, regionum situs.*

A. Junius Pastor war unter Antoninus Pius, ehe er Belgien verwaltete, Commandant der XXII. Legion und Legat des Proconsuls in Asien, wie die Inschrift bei Kellermann, Vig. 245, beweist. Roulez S. 17 verweist für seine Thätigkeit in Asien auf die griechisch-lateinische Inschrift von Ephesus (Hermes IV, S. 216). Aber auch für seinen Aufenthalt in Mainz liegt ein Zeugniss vor CIR. n. 1052:

>Aram
>D. M. de innocen
>tiae Hipponici ser.
>Dignillae Jun. Pastoris
>Leg. Leg. XXII Pr. P. F.
>Hedycpes et Genesia
>parentes.

Diese griechischen Sklaven hatte Dignilla, die Frau des Junius Pastor offenbar aus Asien mitgebracht, und die Grabschrift, welche der Sklave seinem früh verstorbenen Kinde setzte, zeigt mit ihrer zwischen Vers und ungebundener Rede schwankenden Fassung, dass er nicht mit Unrecht den Namen Ἡδυεπής führte. Somit ist auch für die Zeit dieser Mainzer Inschrift eine genauere Bestimmung gewonnen.

Unter den Statthaltern der *Germania inferior*[1]) ist L. Apronius ein wohl bekannter Name. Apronius, der schon unter Germanicus als Legat neben A. Caecina und C. Silius am Rhein ein Commando geführt, dann in den J. 18—20 Africa verwaltet hatte[2]), wird im J. 28 als *legatus pr. pr.* der niederrheinischen Provinz von Tacitus, Ann. IV, 73, erwähnt[3]); wahrscheinlich ist

---

[1]) Roulez hätte auf Spartian Did. Julian. c. 2, wodurch der *cursus honorum* der germanischen Legaten veranschaulicht wird, hinweisen können. Didius Julianus war nach einander Aedilis, Prätor, Legat der XXII. Legion, Statthalter von Belgica, zur Belohnung Consul, Statthalter von *Germ. inferior.* — Auch vermisst man eine nähere Bestimmung des Zwischenraumes zwischen Consulat und Legation, vergl. Borghesi op. IV, 536. Wilm. 1143.

[2]) Die chronologische Bestimmung ist schwierig, aus Tacitus erhellt nur, dass Apronius im J. 20 in Africa war, die Münzen beweisen, dass ihm das Proconsulat wiederholt verlängert ward (*procons.* III). Bei Tacitus III, 20 ist vielleicht eine Umstellung und leichte Correctur vorzunehmen: *Eodem anno Tacfarinas, quem pulsum a Camillo memoravi, primore aestate bellum in Africa renovat.*

[3]) Mit Recht verwirft Roulez die Ansicht Nipperdeys, L. Apronius Caesianus, der Sohn des älteren Apronius, habe damals das Amt des

seine Ernennung im J. 27 erfolgt, als sich Tiberius nach Capreae zurückzog, und Apronius bis zum Tode des Kaisers im J. 37 in Function geblieben, wie das von seinem Schwiegersohne, Lentulus Gaetulicus, dem Statthalter am Oberrhein, ausdrücklich bezeugt ist[1]). Denn Tiberius, der überhaupt den häufigen Wechsel der höheren Beamten in den Provinzen scheute[2]), liess seitdem er sich in die Einsamkeit zurückgezogen hatte, Alles beim Alten[3]). Daraus entsprangen natürlich grosse Missstände: Apronius war ein tüchtiger Soldat, aber den Weisungen des Tiberius gemäss musste er sich auf die Defensive beschränken; auch hatte wohl das Alter seine frühere Energie gelähmt, wie sich dies bei dem Aufstande der Friesen im J. 28 (Tacit. Ann. IV, 72 ff.) zeigte, die siegreich blieben, obwohl Apronius auch die Streitkräfte der oberen Provinz zum Theil herangezogen hatte. In den nächstfolgenden Jahren müssen die Germanen durch diesen Erfolg ermuthigt aggressiv vorgegangen und nach einer Andeutung Suetons Tiber. c. 41 selbst in Gallien eingedrungen sein. Im J. 34 war Apronius nachweislich noch in seiner Provinz[4]) und ward wohl erst von Caligula abberufen[5]). Vielleicht hat Apronius eine Zeit

---

Statthalters in Germanien bekleidet, da der jüngere Apronius erst im J. 39 das Consulat erhielt. Die Altersverhältnisse sind überhaupt mit jener Hypothese ganz unvereinbar, denn der Statthalter vom Niederrhein ist nach Tac. Ann. VI, 30 der Schwiegervater des damaligen Statthalters vom Oberrhein, Lentulus Gaetulicus, und dieser hat bereits eine erwachsene Tochter, welche er dem Sohne des Sejanus (gestürzt im J. 31) zur Gattin bestimmt hatte; der jüngere Apronius, der seinen Vater nach Africa begleitete, war damals, wie die Inschrift Ephem. Epigr. II, 269 ff. beweist, ein ganz junger Mann.

[1]) Dio Cassius LIX, 22: Γαιτούλικον Λέντουλον τά τε ἄλλα εὐδόκιμον ὄντα καὶ τῆς Γερμανίας δέκα ἔτεσιν ἄρξαντα ἀπέκτεινεν, ὅτι τοῖς στρατιώταις ᾠκείωτο.

[2]) Tacit. Ann. I, 80. IV, 6.

[3]) Sueton Tib. 41: *Regressus in insulam rei publicae quidem curam usque adeo abiecit, ut postea — non provinciarum praesides ullos mutaverit, Hispaniam et Syriam per aliquot annos sine consularibus legatis tenuerit.*

[4]) Tacitus Ann. VI, 30; Mommsen Eph. Epigr. II, 268 hält dies für zweifelhaft.

[5]) Lentulus wurde im J. 39 wegen seiner Betheiligung an der Verschwörung des Lepidus von dem Kaiser, der sich damals in Gallien und Germanien aufhielt (Claudius wird vom Senat nach Germanien gesandt, um den Kaiser wegen der Entdeckung des Complottes zu beglückwünschen, Suet. Claud. 9) seines Amtes entsetzt und zum Tode verurtheilt (Dio a. a. O.): sein Nachfolger war Galba (Suet. Galba 6).

lang daneben auch Belgien administrirt; wenigstens heisst auf einer Mainzer Grabschrift eine Frau *natione Nervia inmunis beneficio) Aproni* (CIR. 937), auf einer anderen von Daun (CIR. 852) erscheint ein *L. Apronius Secco*. Ebenso findet sich dieser nicht gerade landläufige Name nicht selten in Africa.

Auf Domitius Corbulo unter Claudius ist vielleicht der Ziegelstempel der *Legio V Macedonica* zu Xanten DOM. (CIR. 223, b, 16) zu beziehen[1]). Wenigstens ist der Name eines anderen Statthalters, des Didius Julianus auf Legionsziegeln gesichert; ebenso kommen vielleicht anderwärts Namen von Legions-Legaten auf Stempeln vor.

Unter Nero haben zwei Brüder Scribonius Rufus und Scribonius Proculus gleichzeitig und zwar längere Zeit die beiden Germanien verwaltet, wie Dio C. LXIII, 17 bezeugt. Roulez S. 26 versetzt den Proculus nach Untergermanien; er scheint diesen für den älteren Bruder zu halten[2]), indem er aus Tacitus nachzuweisen sucht, dass die *Germania inferior* in der Rangordnung der *G. superior* voranstehe[3]). Allerdings nennt Tacitus Ann. XIII, 53, wo er den Zustand der beiden Germanien schildert, an erster Stelle den Statthalter der unteren Provinz; indess dies ist nicht massgebend. Auf der Inschrift von Saepinum I. R. Neap. 4932 findet sich LEG. AVG. PR. PR. (in Pannonia) INFERIORE · ET · PANNONIA *(superiore)* nach der unzweifelhaften Ergänzung Borghesis, während die *Pannonia inferior* doch in jeder Hinsicht der *P. superior* nachstand. Die beiden Germanien nehmen seit Augustus während des ganzen ersten Jahrhunderts unter den Grenzprovinzen unbedingt die erste Stelle ein, weil

---

Wenn also, wie Dio berichtet, Gaetulicus 10 Jahre Statthalter der oberen Provinz war, würden wir dafür 29—39 anzusetzen haben, vielleicht aber ist δέκα verschrieben für δώδεκα, so dass die Provinz von 27—39 seiner Verwaltung anvertraut war.

[1]) An den späteren Statthalter L. Domitius Gallicanus Papinianus aus der Zeit des Septimius Severus (s. u.) ist nicht zu denken, denn damals war jene Legion schon längst vom Rheine versetzt.

[2]) Da Dio Cassius den Rufus zuerst nennt, könnte man vielmehr diesen für den älteren halten. Nur wenn die Zeit des Consulates der beiden Brüder bekannt wäre, liesse sich eine sichere Entscheidung treffen.

[3]) Dass unter Tiberius Apronius die niederrheinische, sein Schwiegersohn die oberrheinische Provinz verwaltete, möchte ich ebensowenig geltend machen, bei der Vertheilung der Provinzen mochten mancherlei Rücksichten massgebend sein.

eben am Rheinstrome der Kern des römischen Heeres aufgestellt war; von einer eigentlichen Rangverschiedenheit kann nicht die Rede sein, da am Ober- wie am Unterrheine 4 Legionen standen; will man jedoch unter Gleichgestellten eine Unterscheidung machen, dann dürfte allerdings der niederrheinischen Provinz die erste Stelle zuerkannt worden sein; denn es ist wohl nicht zufällig, dass gerade die erste Legion hier allezeit stationirt war[1]).

Norbanus war nach Roulez, S. 28 ff., unter Domitian in den J. 88 89 Gouverneur am Niederrhein; dieses beruht aber auf einer ganz unsicheren Vermuthung; Norbanus verwaltete vielmehr damals Raetien, s. Nr. IV: der Aufstand des Antonius.

Trajan war bekanntlich, ehe er den Thron bestieg, kaiserlicher Legat am Rhein: da er die erste Nachricht von dem Tode des Nerva zu Cöln erhielt, lässt man ihn gewöhnlich Niedergermanien verwalten; Henzen entscheidet sich dagegen für den Oberrhein[2]), und ihm sind Andere, wie Mommsen (Hermes III, 40) und Dierauer (Trajan S. 16 und 29) beigetreten, während Roulez schon früher Henzens Ansicht bestritten hat und auch jetzt an Untergermanien festhält.

Die Gründe, welche Henzen für seine Auffassung geltend macht, sind nicht recht überzeugend. Trajan wurde kaiserlicher Statthalter in Germanien erst unter Nerva, und da dieser im Spätjahr 96 zur Herrschaft berufen wurde, wird er wohl erst im nächsten Jahre die Aemter in den Provinzen neu besetzt haben. So wird auch Trajan erst gegen den Sommer d. J. 97 nach Germanien gegangen sein; im October desselben Jahres ward er vom Kaiser adoptirt, und nach ein paar Monaten starb Nerva, d. 27. Jan. 98. Trajan wurde alsbald durch einen Courier aus Mainz von diesem Ereignisse in Kenntniss gesetzt und der junge Hadrian beeilte sich gleichfalls, seinem Verwandten seinen Glückwunsch zur Thronbesteigung darzubringen. Die anderen Details berichtet Spartian[3]), allerdings ohne den Ausgangspunkt und das Ziel

---

[1]) Auf dem bekannten Verzeichniss der Legionen (Orelli 3369) steht Obergermanien voran, und so durchgehends in ähnlichem Falle, aber dort ist der geographische Gesichtspunkt massgebend.

[2]) Henzen in den annali des Arch. Inst. 1862 S. 146 ff.

[3]) Spartian Hadr. 2: *inde tribunus secundae adiutricis legionis creatus: post haec in inferiorem Moesiam translatus . . . . Traiano a Nerva adoptato ad gratulationem exercitus missus in Germaniam superiorem translatus est.* Durch die zu Athen gefundene Inschrift zu Ehren Hadrians CIL. III, 550, welche Henzen in den annali a. a. O. ausführlich

der Reise anzugeben. Allein, dass Trajan sich damals in Cöln aufhielt, steht anderweitig (Victor ep. 13) fest: Hadrian aber stand bei der XXII. Legion[1]), die zu Mainz in Garnison lag[2]): diese Versetzung von der Donauarmee zu der Mainzer Legion, in der zu dienen für eine besondere Auszeichnung galt, verdankt er offenbar der Empfehlung Trajans. Indess aus der Versetzung Hadrians nach Obergermanien folgt nicht nothwendig, dass Trajan Statthalter dieser Provinz war, und wenn Henzen wie alle Anderen Servianus Ursus gleichfalls als Statthalter dieser Provinz ansieht, so entsteht eine neue Schwierigkeit, die man nur sehr gewaltsam durch die Hypothese zu lösen vermag, Trajan habe nach der Adoption seine Statthalterschaft an Servianus abgetreten und sich nach Cöln begeben: dann wäre Trajan bei Nervas Tod ohne jede amtliche Stellung gewesen. Der Wechsel der Statthalter mitten im Winter ist etwas abnormes[3]), und wäre nur gerechtfertigt, wenn Trajan beabsichtigt hätte, nach Rom zurückzukehren. Allein wie nothwendig seine Anwesenheit am Rhein war, geht daraus hervor, dass er selbst nach Nervas Tode längere Zeit in diesen Gegenden verweilte. Die Adoption hatte in der äussern Stellung Trajans nichts geändert, er blieb Statthalter der Provinz, die ihm überwiesen war, bis der kaiserliche Thron erledigt war.

Wenn ich nun mich für *Germania superior* entscheide, so scheint mir dafür vor allen folgender Grund zu sprechen. Als

---

erläutert hat), wird die Darstellung des Spartian in erwünschter Weise zugleich bestätigt und ergänzt.

[1]) Nach der athenischen Inschrift war Hadrian *trib. leg. II adjutricis P. F. item legionis V Macedonicae, item legionis XXII Primigeniae P. F.* Hadrian dient zuerst in der II. Legion (welche nach Henzen damals in Britannien stand, allein als Hadrian *tribunus* war, wird sie wohl bereits nach Pannonien verlegt worden sein), dann in der V. Legion in Moesien (hier muss er, wie Spartian andeutet, längere Zeit gestanden haben), bis er im J. 97 zu der XXII. Legion nach Mainz versetzt wurde. Hadrian, ein Verwandter Trajans, wurde eben deshalb vom Donauheere abgesandt, um die Glückwünsche zur Adoption zu überbringen: er wird im November des J. 97 am Rheine angekommen sein.

[2]) Wenn Hadrian die Nachricht von Nervas Tode so zeitig erfährt, dass er dem nach Cöln gesandten Beneficiarius einen Vorsprung abgewinnen kann, so beweist dies, dass die XXII. Legion in jenem Winter in Mainz lag.

[3]) Dass Vitellius die Verwaltung von Niedergermanien am 1. December übernahm (Tac. Hist. I, 52), erklärt sich daraus, dass diese Provinz nach der Ermordung des Fontejus ohne Statthalter war und man nicht länger säumen durfte, die Stelle wieder zu besetzen (Tac. I, 9).

Nerva gestorben war, wird man selbstverständlich sich beeilt haben, dem designirten Nachfolger die Kunde dieses wichtigen Ereignisses mitzutheilen[1]) und zwar direct, nicht durch Vermittelung eines anderen Statthalters. War Trajan Legat am Niederrheine, dann würde man die Botschaft nach Cöln gesandt haben, aber sie langte in Mainz an, und erst durch den Eilboten des Servianus und durch Hadrian wird Trajan von dem Ableben Nervas unterrichtet.

Dass Trajan sich damals in Cöln aufhielt, hat nichts auffallendes: die beiden germanischen Provinzen sind eng mit einander verbunden: zwischen den Statthaltern fand fortwährend Verkehr statt; Trajan suchte seinen Collegen am Niederrhein auf, um persönlich wichtigere Dinge zu erledigen, sich über gemeinsames Zusammenwirken für das nahe Frühjahr zu verständigen[2]): während seiner Abwesenheit legte er die Leitung der Geschäfte in die Hand des Servianus, der ihm durch einen Eilboten[3]) jene

---

[1]) Der Senat wird natürlich eine Gesandtschaft an Trajan abgeordnet haben, um den neuen Imperator feierlich zu begrüssen; so schickte auch der Senat an Septimius Severus und seinen Sohn nach der Schlacht bei Lyon im J. 197 Gesandte, Orelli-Henzen 5494 *legati ab amplissimo s(enatu) ad eundem dominum imp. in Germaniam et (ad) Antoninum Caes. (im)p. destinatum in Pannoniam missi.* Vergl. auch Plutarch Galba c. 11.

[2]) [Vergl. Bonner Jahrb. LIX, 4.]

[3]) Spartian c. 2: *ex qua (Germania superiore) festinans (Hadrianus) ad Traianum, ut primus nuntiaret excessum Nervae, a Serviano diu detentus .... eiusdem Serviani beneficiarium antevenit.* Mommsen sagt a. a. O. S. 117: „Da ein Beneficiarius des Servianus erwähnt wird, muss dieser damals Statthalter gewesen sein." Allein dies Argument ist nicht entscheidend; freilich sind dem Statthalter eine Anzahl *beneficiarii* zugetheilt, so um bei der oberrheinischen Provinz zu bleiben, nach der Mainzer Inschrift CIR. 982, wo die BB. FF. COS. G. S ihrem *praeses*, dem LEG. AVG. PR. PR. G. S ein Denkmal setzen, vergl. die Inschrift von *Alta ripa*, die dem Genius BF. COS. G. S gewidmet ist; aber auch der Commandeur der Legion hat *beneficiarii* zu solchen Dienstleistungen; es genügt, ein paar Beispiele eben von dem Legaten der XXII. Legion anzuführen: CIR. 1060 *Aulus Mucatralis* BF. LEG. LEG. XXII, 999 vom J. 210 *Titianus* BF. LEG. LEG. XXII (weiht dem Mercur einen Altar in Mainz); bald nachher weihte derselbe Titianus zu Nasium (Nancy?) der Epona und dem Genius Leucornm einen Denkstein, Orelli 5239: *Titianus* (BF. LEG. L)EG XXII (P. F), *Antonin(ianae)*, denn so ist die Inschrift zu ergänzen (s. Robert, Epigraphie de la Moselle S. 16 ff.). Ebenso die Inschrift bei Kellermann 289 *benef. legat(i) leg. I Mincrvi(ae)*. Die *beneficiarii* der Statthalter waren Soldaten der am Orte garnisonirenden Legion, also in

Nachricht zukommen lässt. Servianus war offenbar Commandeur der XXII. Legion und somit der natürliche Stellvertreter des abwesenden Statthalters. Und wenn Trajan nach seinem Regierungsantritte den Servianus nach Pannonien versetzt, so übertrug er ihm auch dort nur ein militärisches Commando, wie Plinius[1]) deutlich aussagt. Allerdings ist es ungewöhnlich, dass ein tüchtiger Mann, wie Servianus, in einem Alter von ungefähr 50 Jahren[2]), es erst bis zum Legionscommandanten gebracht hat; denn diese Stellung erreichten damals Leute aus guten Familien weit früher; indess sein Zuname „Ursus" deutet nicht gerade auf vornehme Abkunft hin: auch mag Ursus während der Regierung Domitians (81—96) sich von öffentlichen Geschäften ferngehalten haben, so dass er erst nach langer Unterbrechung seiner militärischen Laufbahn von Nerva zum Legionslegaten befördert wurde und nun rasch die höchsten Stufen emporstieg[4]).

Mainz gewöhnlich der XXII., s. CIR. 1617. Die Bezeichnung BF · LEG. ist mehrdeutig (CIR. 462. 1059. Ephem. Epigr. II, 452), wird aber wohl in der Regel auf den Legionscommandeur gehen, da BF · COS der gewöhnliche Ausdruck von den Dienern des Statthalters ist. — Wenn übrigens Servianus damals die Stelle des Statthalters vertrat, konnte er auch über die BF · COS · verfügen.

[1]) Plin. Ep. VIII, 23 von Junius Avitus: *quod ille obsequium Serviano, exactissimo viro, praestitit; quem legatum tribunus ita et intellexit et cepit, ut ex Germania in Pannoniam transeuntem non ut commilito, sed ut comes adsectatorque sequeretur.* Mommsen nimmt an, Servianus sei zum Statthalter von Pannonien befördert worden, aber abgesehen davon, dass, wie Mommsen selbst bemerkt, nicht leicht zwei so wichtige Provinzen unmittelbar nach einander verwaltet wurden, war auch das Gouvernement der Donauprovinz gar nicht erledigt, denn eben in den Jahren 98/99 muss der bekannte Jurist Neratius Statthalter von Pannonien gewesen sein, wie Mommsen selbst (Hermes III, 39) annimmt. Als Trajan sich vom Rhein an die Donau begab (98/99), um auch dort die Verhältnisse zu ordnen, wird er dem Servianus den Befehl über eine der pannonischen Legionen übertragen haben; denn an ein höheres militärisches Commando ist nicht zu denken, da damals kein Krieg zu führen war. [Vergl. meine Erörterung über die Statthalterschaft des Neratius Pr. B. Jahrb. LXXII, S. 24 ff.]

[2]) Servianus stand, als er starb, im J. 136, in seinem 90. Jahre, Spartian Hadr. 15 und 25, Dio Cass. LXIX, 17.

[3]) Der Cornelius Ursus, an welchen Plinius einen Brief richtet (IV, 9), ist sonst nicht weiter bekannt.

[4]) Dass man damals auf ältere Männer zurückgriff, da die lange Missregierung demoralisirend gewirkt hatte, ist begreiflich; so verwaltet Vestricius Spurinna, der im J. 101 oder 102 das 77. Lebensjahr überschritten hatte (Plin. Ep. VII, 1), im J. 97/98 eine wichtige Provinz.

War Trajan Statthalter am Oberrhein, so erklärt sich auch zur Genüge die einflussreiche Stellung, welche Servianus bei dem neuen Kaiser alsbald einnimmt. Trajan hatte ihn in Mainz durch unmittelbaren persönlichen Verkehr näher kennen und schätzen gelernt. Nun versteht man auch, weshalb Hadrian zu der Legion in Mainz versetzt ward; denn die Ernennung der *tribuni militum* hängt vor allen von dem Statthalter der betreffenden Provinz ab[1]), und es wäre befremdlich, wenn Trajan als Statthalter am Niederrhein sich für seinen Verwandten bei dem Gouverneur der benachbarten Provinz verwendet hätte. Ohnehin scheint Servianus, obwohl Schwager des Hadrian, ihm damals nicht besonders freundlich gesinnt gewesen zu sein[2]).

Der College Trajans am Niederrhein war **Vestricius Spurinna**, dem wegen seines erfolgreichen, übrigens unblutigen Feldzuges nach Germanien die *ornamenta triumphalia* zuerkannt wurden[3]); der Beschluss des Senates wird gefasst sein, sobald der officielle Bericht über diese Vorgänge angelangt war, die in das J. 97 fallen, da Tacitus in seiner im J. 98 verfassten Schrift über Deutschland sich auf dies Ereigniss (c. 33) bezieht. Spurinna wird gleichzeitig mit Trajan im Frühjahr oder Sommer 97 sein Amt angetreten haben, bei ihm befand sich im Januar 98 Trajan[4]), als die Nachricht von Nervas Tode eintraf.

Mit Unrecht hat man den Q. Acutius als Statthalter am Niederrhein betrachtet[5]): seine Verwaltung würde, vorausgesetzt,

---

[1]) Plin. Ep. III, 8.

[2]) So ging wenigstens das Gerücht, das in der Regel übertreibt. Wenn Servianus seinen Schwager dem Trajan gegenüber als Schuldenmacher bezeichnete, wird er nur offen die Wahrheit gesagt haben. Was Spartian von den Bemühungen des Legaten, die Reise nach Cöln zu verzögern, erzählt, ist eine Anekdote, die an inneren Widersprüchen leidet. Die Strecke zwischen Mainz und Cöln liess sich von einem Courier in kurzer Frist zurücklegen, wie der bekannte Fall vom 1. Jan. des J. 69 beweist. Servianus brauchte also den Hadrian nur ein paar Stunden aufzuhalten, so konnte er den Beneficiarius nicht mehr erreichen; aber Hadrian überholt ihn sogar; folglich muss ihm sein Vorgesetzter nicht nur sofort Urlaub, sondern auch ein *diploma* gegeben haben. Der Wagen mag unterwegs zerbrochen sein, so dass Hadrian bis zur nächsten Station zu Fuss gehen musste, aber dies war Zufall, nicht hinterlistige Veranstaltung des Servianus.

[3]) Plin. Ep. II, 7.

[4]) Dass der jüngere Mann zumal mitten im Winter den älteren aufsucht, ist ganz in der Ordnung.

[5]) Nach Mommsen im Index zum Plinius d. A. von Keil. — Der Name *Acutius* kommt allerdings einigemal in den germanischen In-

dass er identisch ist mit dem von Plin. Ep. II, 12 erwähnten Acutius Nerva, designirtem Consul für d. J. 100, in die nächsten Jahre fallen, allein die Inschriften aus den Steinbrüchen im Brohlthal (CIR. 660. 662. 680) deuten mit der Formel *vexill(arii)* ... Q. S. Q. ACVT. SVNT vielmehr auf einen *praepositus vexill.* hin. Q. Acutius war damals mit dem Commando der vereinigten Abtheilungen der Legions- und Flottensoldaten betraut; dies Commando muss noch in die Regierungszeit des Domitian fallen; die *legio I Minervia* war, falls n. 680 richtig gelesen ist, bereits errichtet[1]), die XXII. Legion muss damals zum unteren Heere gehört haben; wahrscheinlich hatte Domitian sie nach dem Aufstande des Antonius im J. 89 in die andere Provinz verlegt, Nerva muss sie dann alsbald wieder an den Oberrhein zurückversetzt haben.

Vermisst wird in dem Verzeichnisse von Roulez P. Salvius Julianus, dessen Statthalterschaft am Niederrhein sich zwar durch kein directes Zeugniss erweisen lässt, aber sehr scharfsinnig hat Borghesi (Archaeol. Zeit. 1845, S. 110 ff.) erkannt, dass die Inschrift eines zu Wesseling[2]) gefundenen Denksteines CIR. 449 *O. Aelio ¦ A. Egrilio | Euareto | Philosopho Amico. Salvi | Juliani. Aelia | Timoclia · uxor | cum filis* sich nicht auf den berühmten Juristen Julianus, sondern auf den Consul d. J. 175 bezieht, der im J. 180 bei dem Tode des Marcus Aurelius nach Dio C. LXXII, 5 an der Spitze eines bedeutenden Heeres der Versuchung sich des Thrones zu bemächtigen, widerstand; Dio nennt die Provinz nicht, aber Salvius Julianus war offenbar Statthalter am Niederrhein, wie Borghesi eben mit Bezug auf diese Inschrift annimmt.

Die Römer sind allerdings sehr freigebig im Gebrauch des Wortes *amicus*, und wenn auf dem Denkmale *Euareto philosopho amico Salvius Julianus* stände, so wäre dies ohne sonderliche Bedeutung. Wenn aber ein dritter, wie eben hier die Gattin, den Euaretus einen Freund des Salvius nennt, so wird damit die äussere Lebensstellung des Philosophen bezeichnet: er gehörte zu den Begleitern, den *comites,* der *cohors amicorum* des kaiser-

---

schriften vor, er findet sich zu Mainz und Cöln, vergl. auch die Inschrift bei Kellermann Vig. 293: *C. Acutio Cl. Severo Ara Mil. FR. Leg. VII Gem. F. fratri pientissimo C. Acutius Romanus* h. f. c.

[1]) Einer der ersten Befehlshaber dieser Legion muss Licinius Sura gewesen sein, der noch unter Domitian, ehe er zum Proprätor der *Provincia Belgica* ernannt wurde, Legat dieser Legion war.

[2]) Der Stein wurde in der Nähe der Kirche gefunden, an der Stelle, wo sich noch deutliche Spuren eines römischen Castrums erhalten haben.

lichen Statthalters (vgl. Mommsen Hermes IV, 120 ff.). Einen griechischen Philosophen mit seiner Familie im Gefolge des Gouverneurs zu erblicken, hat zumal in dieser Zeit, wo ein Philosoph an der Spitze des römischen Reiches stand, nichts auffallendes[1]): zu eigentlichen Dienstleistungen wird Salvius den Griechen nicht verwendet haben, sondern nur zu Privatgeschäften: er war sein Hausgenosse und daher dem Gefolge des Legaten zugetheilt[2]). Denselben Euaretos scheint auch der Rhetor Aristides (XXVI) als seinen Freund zu erwähnen[3]); demnach stammte er aus Creta, hielt sich dann längere Zeit in Aegypten auf, wohin damals der Drang, das Geheimniss des Daseins zu ergründen, so Viele führte: hier in Aegypten machte Aristides die erste Bekanntschaft des Philosophen und traf später wieder mit ihm in Pergamus zusammen, wie Aristides in der Geschichte seiner langwierigen Krankheit berichtet: damals wird Euaretos bereits das römische Bürgerrecht erlangt haben, welches er der Fürsprache des Q. Egrilius Plarianus, Legaten von Afrika unter Antoninus Pius verdankte, wie Borghesi wahrscheinlich macht. P. Salvius Julianus war also in d. J. 179/180 Statthalter von Untergermanien.

Ueber Didius Julianus, der später nach Pertinax' Ermordung den von den Prätorianern an den Meistbietenden verkauften Thron bestieg, aber alsbald kläglich endete, sind wir durch seinen Biographen Spartian c. 1 und 2 genauer unterrichtet; leider sind wir bei der Mangelhaftigkeit unserer Quellen nicht im Stande, diese trockenen Notizen zu beleben. Nachdem Didius unter Mark Aurel die Aedilität und Prätur bekleidet hatte, ward er Legat der XXII. Legion in Obergermanien und übernahm darauf die Verwaltung der belgischen Provinz, der er längere Zeit vorstand. Hier fand er unerwartet Gelegenheit, sich kriegerischen Ruhm

---

[1]) Einen anderen Schützling des Salvius, den Damophilos, nennt Suidas gleichfalls einen Philosophen, seine schriftstellerische Thätigkeit scheint aber mehr der Litteraturgeschichte (sein $φιλόβιβλον$ war dem Lollius Maximus gewidmet) und den Alterthümern sich zugewandt zu haben.

[2]) Euaretos wird der letzten Classe der *comites* angehört haben, welche Tiberius sehr bezeichnend gar nicht *amici*, sondern *Graeci* zu nennen pflegte (Suet. Tib. 46), zu diesen gehörte der bekannte Platoniker Thrasyllos (Suet. Aug. 98).

[3]) Aristides T. I, S. 508: $Εὐάρετος\ Κρής,\ τῶν\ ἐν\ φιλοσοφίᾳ\ διατριβόντων,\ ἐλθὼν\ ἀπὸ\ Αἰγύπτου$. Die Abschreiber haben hier den ihnen geläufigeren Namen $Εὐάρεστον$ eingeführt statt $Εὐάρετον$, der für einen Philosophen vorzugsweise angemessen.

zu erwerben¹), indem er die Chauken, welche verheerend über den Rhein in Gallien eingefallen waren²), mit dem Aufgebot der Landschaft zurückschlug. Zur Belohnung für diese That erhielt Didius das Consulat, das er in der Mitte d. J. 179 antrat. Der Kampf mit den Chauken wird also in das J. 178 gehören; in demselben Jahre besiegte er auch die Chatten, welche gleichfalls einen Streifzug nach Gallien unternommen hatten³). Die Ufer des Rheines waren offenbar damals fast vollständig von regulären Truppen entblösst, da wegen des zweiten markomannischen Krieges alle irgendwie entbehrlichen Streitkräfte an der Donau zusammengezogen waren: dies benutzten die Chauken und Chatten zu einem Einfall in das wehrlose überrheinische Land⁴). Nachdem Didius im J. 179 das Consulat bekleidet hatte, übernahm er im J. 180 die Verwaltung Dalmatiens und fand auch in dieser, dem Kriegsschauplatze benachbarten Provinz, die ausserdem von Raubgesindel erfüllt war, ausreichende kriegerische Beschäftigung; aber im nächsten Jahre 181 wurde er von Commodus an den Niederrhein versetzt, wo er wohl den eben erwähnten Salvius Julianus ablöste⁵), kann aber auch hier nicht länger als ein Jahr geblieben sein, da er unmittelbar darauf *curator alimentorum*

---

¹) Spartian Did. Jul. 1: *inde Belgicam sancte ac diu rexit: ibi Cauchis, Germaniae populis, qui Albim fluvium accolebant, erumpentibus restitit, tumultuariis auxiliis provincialium, ob quae consulatum meruit testimonio imperatoris. Cattos etiam debellavit.*

²) Die Chauken waren ein abgehärtetes, tüchtiges, freiheitliebendes Geschlecht; der ältere Plinius schildert H. N. XVI, 2 ff. als Augenzeuge das armselige, mühevolle Leben dieser Bewohner der Nordseeküste: Plinius wird im J. 47 als Befehlshaber einer Reiterabtheilung unter Domitius Corbulo das Gebiet der Chauken betreten haben. Da die römischen Dichter diesen Namen dreisilbig gebrauchen, ohne dass ein metrischer Zwang vorlag, wird wohl *Chaŭci* die richtige Aussprache sein.

³) Die Darstellung des Spartian ist nicht recht deutlich; Didius wird alsbald, nachdem die Kunde von seiner ersten Waffenthat in Rom angelangt war, vom Kaiser für das nächste Jahr als Consul designirt worden sein, und wandte sich sofort gegen die Chatten.

⁴) Sonst ist nichts genaueres über diese Kämpfe bekannt; denn die Bemerkung des Capitol. M. Ant. Phil. 22: *gentes omnes ab Illyrici limite usque in Galliam conspiraverunt* bezieht sich auf den ersten markomannischen Krieg.

⁵) Das einzige urkundliche Zeugniss seiner Verwaltung in dieser Provinz sind zahlreiche Ziegelsteine zu Nymwegen mit der Aufschrift SVB DID. IVL. COS. CIR. 128 q. Wahrscheinlich hatten die Chauken die römischen Castelle grossentheils zerstört, und Didius trug für ihre Wiederherstellung Sorge.

ward; hier entging er nur mit Mühe demselben Schicksal, welches den Salvius Julianus und andere der Verschwörung gegen Commodus verdächtige traf; dies führt auf das Jahr 182/3, und darnach lässt sich die Chronologie der verschiedenen Aemter des Didius sicher bestimmen[1]).

Der Name des **Antistius Adventus** (der Vorname ist verlöscht) erscheint auf einem bei Utrecht gefundenen Altar, jetzt im Museum zu Leiden (CIR. 55). Identisch ist wohl der Statthalter von Britannien auf einem von der Coh. I Vardullorum geweihten Altare, gefunden bei Lanchester (CIL. VII, 440) *sub Antistio Advento leg. Aug. pr. p(r).*, da diese beiden Provinzen nicht selten von demselben Legaten successiv verwaltet werden. Wenn der erstere Altar dem *I. O. M. Summo Exsuperantissimo, Soli invicto* gewidmet ist, so führt dies auf die Zeit des Commodus und seiner Nachfolger: wahrscheinlich war Antistius Adventus eben von Commodus mit der Verwaltung des Niederrheines betraut[2]); auf Münzen dieses Kaisers erscheint der Juppiter exsuperantissimus in d. J. 186 und 189 (Cohen n. 558—61), der Kaiser selbst legte sich diesen Beinamen bei und benannte darnach einen Monat (Dio C. LXXII, 15 ὑπεραίρων), ebenso war er in die Mysterien des Mithras, des *Sol invictus* eingeweiht (Lamprid. Comm. 9) und nannte sich selbst *invictus* (Dio a. a. O.). Dann könnte dieser Antistius Adventus derselbe sein, welcher in den Sacerdotalfasten im J. 178 erwähnt wird[3]) (s. Marini Arv. 166.

---

[1]) Die späteren Schicksale des Didius übergehe ich. Auffallend ist, dass Commodus dem Didius, den er wieder zu Gnaden angenommen hatte, die Provinz Bithynien überwies: dies sollte wohl eine Degradation sein, denn die Anwesenheit einer grossen Militärmacht in jener Provinz ist nach den Umständen nicht wahrscheinlich; später werden die *hiberna* von Nicomedia öfter erwähnt, so unter Caracalla (Acta Fr. Arv. p. CC ed. Henzen) und unter Elagabalus (Lamprid. c. 5).

[2]) Auf dem anderen Altar heisst der die Cohorte commandirende Tribun *F. Titianus*, wohl nicht verschieden von *T. Fl. Titianus*, von dem ein Altar mit griechischer und römischer Inschrift ebenfalls zu Lanchester gefunden ward (CIL. VII, 431). Dieser Name ist nicht selten, ausser mehreren höheren Beamten (s. Franz CIGR. III, S. 312 und 313, Roulez S. 51, man füge noch den Consul des J. 301 *T. Flavius Postumius Titianus* Orelli 1194 hinzu) führen denselben auch ganz gewöhnliche Leute, so heisst ein *centurio exercitator* der kaiserlichen Leibgarde unter Septimius Severus *Fl. Titianus* (Wilmanns 985). Dieser Name ist daher für die Zeitbestimmung nicht zu verwerthen.

[3]) *L. Antistius Burrus Adventus*, wohl nicht verschieden von dem Consul des J. 181 *L. Antistius Burrus* (s. Consularfasten von J. Klein).

Borghesi Opp. IV, 510). Auf denselben Adventus kann sich auch die Inschrift aus Aequum in Dalmatien CIL. III, n. 2732 beziehen: *leg. A(ug.) pr. pr. provinc. Syriae leg. Aug. pr. pr. provinc. Britanniae leg. Aug. pr. pr. provinciae German. inferioris praef. aerari Saturni leg. leg. XXX Ulpiae praetor(i) tribuno plebis quaestori Aug. tribuno laticlavio leg. X Fretensis triumviro A. A. A. F. F. Aequenses municipes,* die man bisher ohne Erfolg (s. Roulez S. 33) bald auf diese bald auf jene Persönlichkeit bezogen hat, dann hätte Antistius nach der Verwaltung von Germ. Inf. und Britannien die Provinz Syrien erhalten: diese Inschrift fällt in die Zeit zwischen Trajan (wegen der leg. XXX) und Septimius Severus, der Syrien theilte. Quaestor mochte er unter Antoninus Pius sein, die Provinzen hat er unter Commodus verwaltet.

In die Regierungszeit des Commodus[1]) fällt auch die Verwaltung des **Fulvius Maximus**, welche durch ein von ihm selbst gestiftetes Denkmal (CIR. 484) bezeugt ist. Die in jambischen Versen abgefasste Aufschrift jenes Altars, der im J. 1862 zu Bonn gefunden wurde, ist von den Epigraphikern scharfsinnig und gelehrt erläutert. Allein die vorgeschlagene Restitution ist meines Erachtens sprachwidrig, und von einem so hohen Staatsbeamten, der aus der guten Schule des zweiten Jahrhunderts hervorgegangen ist, darf man erwarten, dass er wenigstens lateinisch schreiben kann, wenn es ihm auch nicht sonderlich gelingt seinen *cursus honorum* in Verse zu bringen. Man ergänzt den Anfang der Inschrift:

> Divum sodalis, consul (et) verno die,
> Et post Sicanos postque Picentis v(iro)s
> Ac mox Hiberos C(elta)s Venetos Delmatas
> (Tauri)na regna post feros Iapudas
> Germaniarum consularis Maximus . . . .
> Aram dicavit.

Nach Mommsen sollen die Worte *verno die* andeuten, dass Fulvius an den Kalenden des März sein Consulat angetreten habe; eine solche Zeitangabe ist ganz ungewöhnlich, und lässt sich nicht einmal als poetische Licenz rechtfertigen: die Partikel *et* ist nach dieser Auffassung ein blosser Nothbehelf, und noch dazu recht störend, denn jeder wird verbinden *consul et verno*

---

[1]) Unter Commodus scheinen die Statthalter der Provinzen, besonders der beiden Germanien, meist nur kurze Zeit ihr Amt verwaltet zu haben.

die et post, Sicanos etc. Da nun aber die zahlreichen Accusative *Sicanos, Picentis, Hiberos Celtas* etc. ganz in der Luft schweben würden, verbindet man *post Sicanos,* dies soll heissen nach der Verwaltung der Provinz Sicilien. Allein dieser Ausdruck ist ebenso unmöglich wie *post urbem* statt *post urbem conditam* oder *post homines* statt *post homines natos.* Wie man auch den Eingang restituiren und erklären mag, ein Zeitwort, von welchem jene Accus. abhängig sind, ist unentbehrlich, auch lässt sich dasselbe mit voller Sicherheit am Schlusse von V. 2 nachweisen, wo die Ergänzung *v(iro)s* ein völlig müssiges Flickwort einführt. Es ist zu schreiben: *verno die et post, Sicanos postque Picentis agens* und eben dies Wort ist noch deutlich in den Umrissen auf dem Steine ∧ ≣ ⁻ N S zu erkennen. *Agens* statt des gewählteren *regens* gebraucht in gleicher Weise Aurelius Vict. Caes. 39: *cum Venetos correctura ageret* (c. 29 *Macedonas praesidatu regebat,* c. 33: *praesidatu Aquitanos tuebatur*), ebenso von militärischen Führern Capitol. Clod. Alb. 6: *egit tribunus equites Dalmatas, egit et legionem Quartanorum et Primanorum. Vernus dies* bezeichnet nicht die *Kalendae Martiae,* sondern die Jugendzeit (vergl. Catull 68, 16: *iucundum quom aetas florida ver ageret*). Fulvius will sagen: in meiner Jugend und später, als ich in den verschiedensten Provinzen des Reiches mich den öffentlichen Geschäften widmete, habe ich immer die Götter verehrt, denen ich hier diesen Altar weihe: diese Götter sind Apollo, die Musen und Minerva, denn wenn Fulvius von dem Schutzgeiste des Krieges und Friedens[1]) (*Martis et Pacis lari*) spricht, kann er darunter nur Minerva verstehen: eben weil diese Mächte eng verbunden durch die Gemeinsamkeit des Strebens wirken, nennt dies der Dichter *sospes concordia,* denn man darf hier nicht an die personificirte *Concordia* denken, noch weniger politische Beziehungen hereintragen. Nur der arge Druck despotischen Regimentes konnte den wohlmeinenden und gebildeten Mann, der bessere Zeiten gesehen hatte, bestimmen, am Schlusse des regierenden Kaisers zu gedenken *Quin et deorum stirpe genito Caesari.* Im Eingange könnte man sich bei der Lesart *Divum sodalis, consul* beruhigen, wenn sie nur genügend beglaubigt wäre: allein in den Schriftzügen liegt vielmehr

Divum sodalis *consilis,* verno die.

---

[1]) In einer freilich sehr späten Inschrift Orelli-Henzen 6041 heisst es: *Deo magno Mithrae pollenti consenti Lari santo suo.*

Der Steinmetz hat den Fehler *consulis*, der so nahe lag, selbst verbessert: Fulvius war unter der früheren Regierung Mitglied des geheimen Rathes gewesen, unter den verstorbenen Kaisern sind offenbar *divi fratres* zu verstehen; die politische Thätigkeit des Fulvius fällt also in die Zeit von 161—180, die Statthalterschaft Germaniens hat er erst unter Commodus, wahrscheinlich in den ersten Jahren der neuen Regierung übernommen. Commodus entledigte sich sofort der verständigen und bewährten Rathgeber seines Vaters (Lamprid. Comm. 3, Dio Cass. LXXII, 1); so mag er auch den Fulvius als Statthalter nach Germanien gesandt haben, denn später wurden diese Aemter meist nur unwürdigen übertragen (Lampr. 3: *misit homines ad provincias regendas vel criminum socios vel a criminosis commendatos*). Den Commodus bezeichnet Fulvius so deutlich als möglich mit den Worten *deorum stirpe genito Caesari*: denn dieser wahnsinnige nahm nicht nur die Tracht des Hercules an, sondern liess sich auch Hercules nennen und beanspruchte göttliche Ehren (Herodian I, 14, 8: ἀντὶ δὲ Κομμόδου καὶ Μάρκου υἱοῦ Ἡρακλέα τε καὶ Διὸς υἱὸν αὐτὸν κελεύσας καλεῖσθαι, vor allen Dio C. LXXII, 15. Athen. XII, 537. Lamprid. 9: *accepit statuas in Herculis habitu, eique immolatum est ut deo*). Fulvius war wohl nur Statthalter von Untergermanien; wenn er sich selbst *Germaniarum consularis* nennt, so ist dies poetische Freiheit.

Man könnte vermuthen, dass eben diesem Fulvius der Denkstein von Hersel CIR. n. 453 gewidmet sei; denn dieser ungenannte Statthalter, welchen Roulez S. 40 der Epoche der Antoninen zuweist, hat gerade wie Fulvius früher *Hispania citerior*, nachher *Germania inferior* verwaltet: allein da der Name ausgemeisselt ist, hat es damit offenbar eine besondere Bewandtniss: dieser Legat muss sich irgendwie die kaiserliche Ungnade zugezogen haben, daher ward sein Andenken getilgt. Als Septimius Severus im Frühjahr 197 in der Schlacht bei Lyon seinen Rivalen Clodius Albinus besiegt hatte, übte er an allen, welche irgendwie mit seinem Gegner in Verbindung gestanden hatten, grausame Rache: Capitol. Clod. Alb. 12: *statim litteras inquiri iussit (Septimius), ita ut inveniret, vel ad quos ipse scripsisset, vel qui ad eum rescripsissent; omnesque illos, quorum epistolas reperit, hostes iudicari a Senatu fecit: nec his pepercit, sed et ipsos interemit et bona eorum proscripsit, atque in aerarium publicum retulit.* Spartian Sever. 10: *Albinum statim hostem iudicavit, et eos, qui ad illum mollius vel scripserunt vel rescripserunt.* So mochte auch der damalige Statthalter vom Niederrhein, selbst wenn er nicht direct in jene Wirren verflochten war[1]), durch Briefe compromittirt sein, und ward geächtet. Wie der Name des Albinus in der Inschrift von Lyon (Orelli-Henzen 6032) gelöscht ist, ebenso wird man mit seinen Anhängern und Freunden verfahren sein. Vielleicht lässt sich auch der Name des Statthalters wiederherstellen. Aus einer spanischen Inschrift CIL. II, 4115 lernen wir einen Statthalter von *Hispania citerior L. Domitius Gallicanus Papinianus* kennen, dem einer seiner Clienten, offenbar als er Spanien verliess, um die Verwaltung in der niederrheinischen Provinz zu übernehmen, einen Denkstein setzt, auf welchem Domitius als *Leg. Aug. pr. pr. provinciae Germaniae inferioris, leg. Aug. pr. pr. p. H. c.* bezeichnet wird[2]). Der Name des Domitius füllt aber vollständig die drei Zeilen aus, welche auf dem Steine von Hersel ausgemeisselt sind:

(L · DOMITIO · GALLI)
(CANO · PAPINIANO)
(LEG · AVG · PR · PR · P)
GerMANIAE · INFER
iTEM · HISPANIAE CITER.

Das auf beiden Denkmälern dem betreffenden das Lob eines rechtlichen Mannes gespendet wird, auf dem rheinischen Steine *praesidi sanctissimo*, auf dem spanischen *cos(ulari) devotissimo et innocentissimo, patrono incomparabili* hat selbstverständlich nicht viel zu bedeuten.

Wenn der Name das einemal getilgt, das anderemal erhalten ist, so darf man dies nicht gegen die Identität geltend machen; am Rhein wurde das Interdict mit ängstlicher Gewissenhaftigkeit vollzogen, in Corduba konnte man leichter das Gedächtniss des ehemaligen Statthalters schonen. Demnach hätte L. Domitius in den Jahren 196/197 Untergermanien verwaltet, und Valerius

---

[1]) Die Bemerkung des Capitolinus Cl. Alb. 1: *nec Galli ferre possent aut Germaniani exercitus, quod et ipsi suum specialem haberent principem* gewährt keinen näheren Aufschluss.

[2]) Aehnlich auf einer afrikanischen Inschrift CIL. VIII, 2751: *M. Valerio Senecioni leg. Aug. pr. pr. praesidi provinc. German. infer. cos.* Dieser Senecio, Statthalter von Numidien, war im Begriff, in die ihm übertragene niederrheinische Provinz abzugehen: vergl. Roulez S. 49.

Prudens¹), der uns nur aus der Inschrift CIR. 6 bekannt ist, wäre von Severus zu seinem Nachfolger ernannt worden; auf Prudens folgte dann L. Marius Maximus Perpetuus Aurelianus, wohl schon im J. 199, wie auch Roulez annimmt²), so dass die Verwaltung des Prudens nur von kurzer Dauer war. Wenn es in der Inschrift (Wilmanns 1203, 2 = CIL. VI, 1450) heisst:

LEG · AVGG · PR · PR · PROVINC · GERMANIAE · INF
ERIORIS ITEM PROVINC · BELGICAE

so nimmt Roulez an, dass Marius gleichzeitig beide Provinzen verwaltet habe; freilich erwartet man dann nach strengem Sprachgebrauch PROVINCIAR · G · INF. *et* BELGICAE, indess auf Inschriften wird zuweilen dieser Unterschied zwischen *et* und *item* nicht beachtet; vielleicht ward dem Marius zunächst Germanien, und nach einiger Zeit zugleich auch die Nachbarprovinz übertragen; alsdann ist der Ausdruck *item* vollkommen angemessen. Denn dass Marius von Germanien nach Belgien versetzt worden sei, ist undenkbar, es wäre dies eine Degradation gewesen, aber auch vorher kann er nicht Belgien administrirt haben, einem so hervorragenden General würde man diese Provinz nicht zugetheilt haben³).

Ungewiss ist, ob Pollio, den Elagabalus im J. 218 nach Germanien sandte, Statthalter der obern oder untern Provinz war⁴): er ist wohl eine Person mit Claudius Pollio, der bei dem Thronwechsel gute Dienste geleistet hatte⁵) und eben dafür mit jener Statthalterschaft belohnt wurde. Da der Oberrhein wegen der Nachbarschaft der Alamannen damals einen energischen Mann erforderte, ist wohl an diese Provinz zu denken, und vielleicht

---

¹) Vor *Prudens* setzt Roulez den *Venidius Rufus*, über diesen (CIR. 516) gedachte Prof. Bergk an anderer Stelle genauer zu handeln.

²) Dass Marius Maximus nicht vor 198 Statthalter wurde, beweist schon LEG · AVGG, also nachdem Septimius Severus seinen Sohn zum Mitregenten ernannt hatte.

³) Roulez hält nach dem Vorgange Anderer diesen Marius für identisch mit dem bekannten Geschichtschreiber: diese schwierige Frage ist auch durch die Forschungen von J. J. Müller bei Büdinger, Untersuchungen zur röm. Kaisergeschichte III, S. 17 ff. keineswegs entschieden.

⁴) Dio Cass. LXXIX, 3: ὁ δὲ Ἰούνιος τὸν Πολλίωνα τῆς Γερμανίας ἄρξαι προσέταξεν, ἐπεὶ καὶ Βιθυνίας ῥᾷστα ἐκείνος περιγεγόνει.

⁵) Dio Cass. LXXVIII, 40: Κλαύδιος Πολλίων ὁ τοῦ στρατοπέδου ἑκατόνταρχος.

bezieht sich auf diesen Claudius Pollio die Inschrift zu Mainz CIR. 982¹).

Nach einer Vermuthung von Brambach, CIR. Add. n. 2032, wäre L. P... inus unter Commodus Statthalter am Niederrhein und zugleich Befehlshaber der I. Legion²) gewesen, wie Q. Venidius Rufus beide Aemter vereinigt; allein die Restitution (le)g. *Augusti* (*et l*)*eg. eiusdem* ist in jeder Hinsicht unzulässig, es müsste heissen (*lc*)*g Augusti* (*PR. PR. ET LEG. L*)*eg. eiusdem*, aber für diese Ergänzung ist kein Raum vorhanden. Es ist zu lesen:

    (lc)G · I MIN P F
    (et)L · P   INVS
    (le)G AVGVSTI
    (l)EG EIVSDEM.

Der Name lässt sich natürlich nicht herstellen, der beschränkte Raum deutet auf eine Abkürzung hin, wie *L · P*(*omp. Sab*)*inus*.

Wenn auf Inschriften LEG. oder LEG · AVG ohne genauere Bezeichnung vorkommt, kann dies ebenso auf den Statthalter der Provinz wie auf den Befehlshaber einer in der Provinz stationirten Legion gehen: denn obwohl der Statthalter gewöhnlich LEG · AVG, der Commandant einer Legion einfach LEG. heisst, so wird doch die kürzere Titulatur auch vom Statthalter³), andererseits die vollständigere vom Führer der Legion gebraucht⁴). Eine sichere

---

¹) *Cl. Aelio Pollioni Leg. Aug.* PR · PR · G · S *praesidi integerrimo* BB · FF · COS · G · S, welche man gewöhnlich auf den *Cl. Pollio Iulianus Aelius Gallicanus* (Inschrift von Nola Orelli-Henzen 6461) bezieht.

²) Ein Verzeichniss der Befehlshaber dieser Legion giebt Freudenberg, Jahrb. 50/51, S. 190 (er führt 10 auf, in den *Inscriptions de Vienne* I, 446 werden 9 namhaft gemacht), doch ist dasselbe nicht vollständig, so fehlt Hadrian, der nach der athenischen Inschrift (S. 47) im zweiten dakischen Kriege im J. 105 diese Legion commandirte, vergl. auch Spartian Hadr. 2; ein ungenannter (Orelli 3186, wo zwei verschiedene Inschriften zu sondern sind). Er war früher *tribunus* der Leg VI victrix und wurde unter Hadrian mit dieser Legion von Xanten nach Britannien versetzt; Calpurnius Proclus ἡγεμὼν λεγιῶνος ά Ἀθηνᾶς ἐν Γερμανίᾳ (Inschrift von Ancyra CIG. v. III, 4011) wohl unter Antoninus Pius. M. Marius Titius Rufinus (die Inschrift von Benevent ist vollkommen unverdächtig, s. Inscr. R. Neap. 1426), war nicht nur Commandeur der I. Legion, sondern auch *cur*(*ator*) *col. Claud. Aug. Agrippinensium*. Clodius Albinus (s. Capitolin. c. 6) commandirt die *legio primanorum*, aber ob diese die Minervia war, ist ungewiss.

³) So z. B. Inscr. R. Neap. 4931 *L. Neratio ... leg. pr. pr. in prov. Pannonia.*

⁴) S. Inscr. R. N. 3537. Orelli-Henzen 6911 *leg. Aug. leg.* X *geminae.*

Entscheidung ist nur zu gewinnen, wenn andere bestimmte Zeugnisse hinzutreten. Die Cölner Inschrift CIR. 334:

I · O · M
L · AEMILIVS
CARVS LEG
AVG.

könnte man, weil sie in der Hauptstadt der Provinz gefunden ist, geneigt sein auf einen Statthalter zu beziehen, allein der Altar ist von dem Commandeur der XXX. Legion geweiht, wie die römische Inschrift Orelli-Henzen 6049 zeigt: *L. Aemilio L. F. Cam. Karo leg. Aug. Pr. Pr. Provinciae Cappadociae . . . leg. leg. XXX. V. V.* Früher hat derselbe als *tribunus militum* bei der leg. VIII Aug., welche in Obergermanien stand, und bei der leg. VIIII Hisp. gedient, welche nach Trajan nicht mehr vorkommt; die Cölner Inschrift wird also in die Zeit Hadrians fallen. — Ob der LEG · AVG. Q. Tarquitius Catulus, der zu Cöln das verfallene *praetorium* wiederherstellen liess (CIR. 331), Statthalter oder Legionscommandeur war, ist fraglich; doch hat die erstere Annahme mehr für sich. Ueber die Inschrift in den Steinbrüchen von Brohl (CIR. 663) lässt sich nach der mangelhaften Copie nicht urtheilen[1]). Mit der fragmentirten Cölner Inschrift (CIR. 420 h.) *Fronto (con)sularis* kann man nichts anfangen.

Schliesslich bemerke ich, dass die Behauptung von Wilmanns exempla I, n. 1213, dass die Bezeichnung *legatus legionis* seit Alexander Severus nicht mehr nachweisbar sei, unbegründet ist[2]):

---

[1]) Der Legat auf der Mainzer Inschrift CIR. 974 ist wohl Führer einer Legion, die Inschrift von Grosskrotzenburg CIR. 1432 (wahrscheinlich vom J. 209 *pro salute victoria et reditu* des Septimius Severus und seiner Söhne, nämlich aus Britannien) liegt in einer ungenügenden Abschrift vor: bei einer neuen Vergleichung wird sich wohl ergeben, ob *Q. Aiacius Modestus Crescentianus* Statthalter oder Befehlshaber einer Legion war.

[2]) Wilmanns sagt dies mit Bezug auf Q. Petronius Melior, Legat der XXX. und der VIII. Legion, Tribun der Leg. I Minervia, den Borghesi für identisch erklärt mit *Q. Petr. Mel. Optatus*, der im J. 230 in ein Priestercollegium aufgenommen ward, während Wilmanns den *Optatus* als Sohn des ersteren betrachtet, mit Berufung auf Mommsen, der allerdings gleicher Ansicht ist, aber dies anders begründet, indem er röm. Staatsr. I, 449 bemerkt, nach Caracalla sei es abgekommen, dass junge Leute senatorischen Standes ein Legionstribunat bekleidet hätten. Die Inschrift von Tarquinii zu Ehren des Petronius Melior weist übrigens schon Dureau de Lamalle (Annal. dell'Inst. Arch. 1832 S. 154) mit Recht dem zweiten Jahrhunderte zu.

ich verweise nur auf die Bonner Inschr. n. 464 vom J. 222 bald nach dem Regierungsantritte des Alexander Severus LEG · LEG · EIVSDEM, d. i. der I. Minervia, ferner auf die Inschrift von Xanten n. 151 vom J. 223 CANNVT · MODEST · LEG · LEG, d. h. der XXX. Legion, sowie von Mainz n. 1060 vom J. 227 LEG · LEG · XXII. Aus der Zeit Gordianus III. (238—244) wird Petronius Potianus CIL. III, n. 1017 als LEG · LEG · XIII (G.) GORD · bezeichnet, desgl. Orelli 3143 LEG · LEG · X GEM · GORDIAN. Dann die englische Inschrift unter Valerianus und Gallienus (253 ff.) CIL. VII, 107 *per Desticium Jubam V. C. legatum Augg. pr. pr. et Vitulasium Laetinianum leg. leg. II Aug. curante Domit. Potentino praef. leg. eiusdem.*

IV.

Der Aufstand des Antonius am Oberrhein im J. 89.

Ueber den Aufstand des Antonius ist die Ueberlieferung äusserst dürftig, nicht einmal die Chronologie steht fest; die Neueren haben daher nach unsicheren Vermuthungen bald auf dieses, bald auf jenes Jahr gerathen[1]). Diese Streitfrage lässt sich jetzt endgültig durch eine gleichzeitige und vollkommen glaubwürdige Urkunde entscheiden. Die zahlreichen Ueberreste des Archives einer römischen Priesterschaft, der Fratres Arvales, enthalten neben einem ermüdenden, sich immer wiederholenden Detail über die nichtssagende Thätigkeit dieses uralten, von Augustus wiederhergestellten Collegiums doch auch manchen werthvollen Beitrag zur Zeitgeschichte, indem die Brüderschaft verpflichtet war bei besonderen den Kaiser oder das kaiserliche Haus betreffenden Vorfällen Opfer und Gebete den Göttern darzubringen; nur gilt es dieses historische Material richtig zu verwenden. Unter den verschiedenen Jahresberichten, die uns aus der Zeit des Domitian vorliegen, findet sich im J. 87 am 22. September (S. CXX. Henzen) die Bemerkung: *isdem cos. X K. Okt. in Capitolio ob detecta scelera nefariorum mag(isterio) C. Juli Silani immolavit in Capitolio b(ovem) m(arem) C. Venuleius Apronianus.* Dies bezieht der neueste Herausgeber Henzen eben auf den Aufstand des Antonius. Ich verzichte darauf die Gründe zu entwickeln, welche verbieten dies Ereigniss in das J. 87 zu verlegen, da der Wortlaut der Urkunde selbst gegen diese Auffassung spricht. Wenn in Rom eine geheime Verschwörung gegen den Kaiser entdeckt und die Theilnehmer ohne Verzug unschädlich gemacht wurden, konnte man alsbald den Göttern ein Dankopfer darbringen: allein wenn ein Statthalter an der Spitze eines bedeutenden Heeres in einem

---

[1]) Die Ansätze schwanken zwischen den Jahren 87 bis 93; für 87 entscheidet sich Henzen, für 88 Tillemont, für 89 Stobbe, für 91 Reimarus, für 92 Crevier, für 93 Imhof. Vergl. Eichhorst, Jahrb. f. Philol. 1869 S. 354 ff., der Tillemonts Annahme beitritt.

entfernten Grenzlande dem Kaiser den Gehorsam aufkündigt und von seinen Soldaten zum Imperator ausgerufen wird, so musste die Nachricht von diesen Vorgängen ernste Besorgnisse hervorrufen, wie dies auch ausdrücklich bezeugt ist: es galt rasch und energisch zu handeln; erst wenn die Empörung niedergeworfen, war die Zeit gekommen, den Göttern zu danken. Damit ist aber das Datum, der 22. September, unvereinbar. Man kann dies nicht auf die erste Entdeckung der Verschwörung beziehen[1]). Es wäre äusserst unbesonnen gewesen, wenn Saturninus schon im Spätjahr die Maske abgeworfen hätte: die Entscheidung des Kampfes erfolgt mitten im Winter, und eben diese relativ günstige Zeit wird der Statthalter gewählt haben, um sein gefahrvolles Unternehmen auszuführen. Ebenso wenig kann das Opfer dargebracht sein, nachdem die Hochverräther bestraft waren: Saturninus fand seinen Tod noch vor Ausgang des Winters, also wenn wir mit Henzen jene Urkunde auf ihn beziehen, im Anfang des J. 87; dann wäre aber das Arvalopfer des 22. September eine entschieden verspätete Huldigung gewesen[2]).

---

[1]) So Henzen und Hirschfeld (Gött. gel. Anz. 1869, S. 1508), der dann die Unterdrückung in den Frühling des J. 88 verlegt.

[2]) Es ist ein Dankopfer, dem gar kein Gelöbniss vorausging; denn die Acten des J. 87 sind vollständig erhalten und erwähnen solcher *vota* nicht, sie müssten also in das J. 86 fallen (aus diesem Jahre reicht der Bericht nur bis zum Februar). Dies Opfer im J. 87 wird auf eine wirkliche oder erdichtete Verschwörung gegen Domitian in Rom gehen; näheres ist uns nicht bekannt; aber an Anlass zu einem solchen Dankfeste konnte es nicht fehlen, wenn man sich der zahlreichen Opfer der Tyrannei dieses Kaisers erinnert (s. Sueton Domit. 10). Aehnliche Bemerkungen finden sich noch zweimal in den Verhandlungen der Arvalen; den 27. Oct. des J. 39 bringen sie ein Opfer dar *ob detecta nefaria cons(ilia in C. Caes. Aug. German)icum Cn. Lentuli Gaet(ulici)*, dies geht auf die Verschwörung des Lepidus und Gaetulicus gegen Caligula; Lepidus ward wohl in Rom, Gaetulicus in seiner Provinz am Oberrhein (s. Dio Cass. LIX, 22) ermordet. Dann im Sommer des J. 66 (S. LXXXIV): *reddito sacrificio (quod . . . . fratres Arvales voverant ob detecta nefaria con)silia*, diese *vota* im Anfang des Jahres (S. LXXXI) dargebracht, werden von Henzen wohl richtig auf die Verschwörung des Vinicius zu Benevent gegen Nero gedeutet. — Bemerkenswerth ist, dass im Jahresbericht des J. 15 (S. XXX) der Name des Arvalen, der an Augustus Stelle cooptirt wurde, ausgemeisselt ist; war es vielleicht *Scribonius Libo*, ein Verwandter des kaiserlichen Hauses, der zwei Jahre später den Verfolgungen des Tiberius unterlag? Für den Namen *Scribonius* ist zwar der Raum zu beschränkt, aber dieser Name konnte hier übergangen sein.

Der nächste Jahresbericht (vom J. 88) ist nicht erhalten, wohl aber der Anfang des folgenden, welcher über die Thätigkeit der Priesterschaft, namentlich während des Januar 89, genaue Rechenschaft giebt. Hier werden wiederholt Gebete und Opfer *pro salute et victoria et reditu* des Kaisers erwähnt: dies deutet auf eine grosse Staatsaction hin: offenbar zog damals der Kaiser selbst ins Feld, um einen Feind zu bekämpfen. Henzen dachte früher an den Krieg mit den Sueven und Sarmaten, jetzt nach dem Vorgange Hirschfelds an die letzten Kämpfe des Domitian mit den Daciern. Die Chronologie dieser Begebenheiten steht nichts weniger als fest; allein auch wenn man Henzen zugiebt, dass die Entscheidung an der Donau noch im Laufe des J. 89 erfolgte, so nimmt doch die Lösung dieser Verwickelungen nothwendig eine längere Zeit in Anspruch; dieser Krieg kann nicht durch einen glücklichen Handstreich mitten im Winter entschieden worden sein. Das Unternehmen, auf welches der Jahresbericht der Arvalen Bezug hat, spielt sich im Verlaufe des Monats Januar rasch ab; Domitian zieht ins Feld, aber kaum hat er Rom verlassen, so wird man durch die unerwartete Nachricht eines entscheidenden Sieges überrascht: der Kaiser hat gar keinen thätigen Antheil am Kampfe genommen; weder die Ufer des Rheines noch viel weniger der Donau konnte er in dieser kurzen Frist erreichen: er erhält offenbar auf dem Marsche die glückliche Botschaft und kehrt alsbald, da die Sache bereits vollständig entschieden war, nach Rom zurück. Nicht mit dem dakischen Feldzuge, wohl aber mit dem Aufstande des Antonius sind alle diese Momente vollkommen im Einklange; damit erhalten wir eine erwünschte Bestätigung des anderweitig gewonnenen Resultates, dass dieser Aufstand in den Winter 88/89 fällt (s. Stobbe, Philol. XXVI, S. 53 ff.), und da die Arvalen sorgfältig die einzelnen Tage verzeichnen, lässt sich der Verlauf der Begebenheiten genau verfolgen.

Am 12. Januar des J. 89 beten die Arvalen auf dem Capitol gemäss einem Senatsbeschlusse *pro salute et vict(oria et reditu) imp. Domitiani*, und am 17. Januar wiederholen sie diese Gelübde *ex edicto cos. et ex S. C.* Am 12. Januar war wohl die Abreise des Kaisers bereits beschlossen, am 17. Januar wird er an der Spitze seiner Garden ausgezogen sein. Neue bedenkliche Nachrichten vom Rheine mochten die Aufregung in Rom steigern, daher die Arvalen *ad vota adsuscipienda* sich von neuem aufs Capitol begeben. Wenige Tage später, am 23. Januar erhält man in Rom die Botschaft, dass bereits Norbanus den Saturninus und die meuterischen Soldaten niedergeworfen hat und der Eisgang auf dem Rheine den Zuzug der feindlichen Germanen unmöglich machte: die drohende Gefahr ist glücklich abgewendet[1]), am 24. Januar hält der Senat ein feierliches Dankfest (*supplicatio ture et vino*) auf dem Capitol ab, dem auch die Arvalen beiwohnen, welche Tages darauf, am 25. Jan., dem Capitolinischen Juppiter *ob laetitiam publicam* einen Stier opfern[2]): an diesem Tage wird man zur Feier des Sieges Lustbarkeiten für das Volk veranstaltet haben. Am 29. Januar erscheinen die Priester nochmals auf dem Capitol *ad vota solvenda et nuncupanda pro salute et re(ditu) imp. Caesaris Domitiani* (diese *vota* werden den drei Capitolinischen Gottheiten, dem Mars, der Salus, Fortuna, Victoria redux und dem Genius des römischen Volkes dargebracht). An diesem Tage trat also Domitian den Rückmarsch an, und befand sich demnach seit dem Anfang des Februar wieder in seiner Hauptstadt: hier ist nur noch von dem *reditus*, nicht mehr von der *victoria* die Rede; denn man hatte der Pflicht gegen die Götter, denen man diesen unerwarteten Sieg verdankte, bereits genügt. Damit ist erwiesen, dass der Aufstand des Antonius am Oberrheine in der Mitte des Januars im J. 89 niedergeschlagen ward[3]).

---

[1]) Wenn sich die Arvalen am 22. Jan. auf dem Capitol versammeln *ob vota reddita et nuncupata ex SC (pro salute) imp. Caesaris Domitiani*, so sind dies die regelmässigen Gelübde, welche das Collegium an diesem Tage für Domitian darbrachte; aber die uns in anderen Jahresberichten erhaltene Gebetsformel war gerade für die damaligen Zeitverhältnisse sehr angemessen, und wenn Tages darauf (am 23. Jan.) die Siegesbotschaft in Rom anlangte, ist es begreiflich, wie man durch dies ebenso unerwartete als unverdiente Glück des Domitian überrascht wurde.

[2]) Wohl nicht *in templo* (*Iovis O. M.*), wie man ergänzt, sondern eher *Iovis Custodis*.

[3]) Von den Münzen Domitians wird man die trauernde Germania, auf einem Schilde sitzend, daneben ein zerbrochener Speer (Cohen n. 50. Cos. XIV also aus den J. 88/89), mit Wahrscheinlichkeit auf dieses *bellum Germanicum* beziehen dürfen; vielleicht auch n. 457 (aus dendenselben Jahren) Löwe mit dem Schwert im Maule: dieser eigenthümliche Typus (ähnlich auf altitalischen Assen der Löwenkopf mit Schwert, s. Aes grave del Mus. Kirch. Cl. I. t. XI, 1. Mommsen, röm. Münzw. S. 238; dann auf Münzen des Triumvirs Antonius Löwe mit Schwert in der Pranke, s. Eckhel D. N. VI, 44, womit jedoch der Löwe auf den Münzen des Antonius von Lugdunum nichts gemein hat, s. Jahrb. LVII S. 235, dann das Siegel des Pompejus λέων ξιφήρης, Plutarch vit. Pomp. c. 80) ist offenbar als symbolischer Ausdruck eines

Die Kunde, dass Antonius von seinen Truppen zum Imperator ausgerufen[1]) sei, musste in Rom ernste Besorgnisse wecken, da man wusste, dass zahlreiche germanische Schaaren bereit waren, den Rhein zu überschreiten. In dieser Verbindung des Antonius mit den auswärtigen Feinden des Reiches erblickte man mit Recht eine drohende Gefahr, welche nur durch das rasche Einschreiten des Norbanus und das Zusammentreffen glücklicher Umstände abgewendet wurde.

Norbanus war nach Mommsens Vermuthung damals Statthalter von Pannonien, nach Roulez[2]) von Untergermanien. Am Niederrhein wie an der Donau waren ausreichende Streitkräfte vorhanden, um den Aufstand zu unterdrücken; gleichwohl ist es sehr zweifelhaft, ob man einen Statthalter dieser Provinzen auf den Kriegsschauplatz berief. Die niederrheinischen Legionen zum Kampfe gegen die Aufständigen des oberen Heeres zu verwenden, war nicht rathsam; den Statthalter von Pannonien mit seinen Truppen abzuberufen und so die Donaugegenden schutzlos zu lassen wäre äusserst unvorsichtig gewesen, da der Krieg mit den Daciern noch fortwährte[3]). Norbanus war, wie auch Martial andeutet, Statthalter von Raetien[4]), seine Provinz war dem Schauplatze der Empörung am allernächsten gelegen. Stand dem Procurator von Raetien auch keine Legion zur Verfügung, so war ihm doch immer eine ansehnliche Zahl Cohorten und Reiterge-

---

kriegerischen Erfolges zu fassen. IVPPITER CVSTOS (Cohen 374) ist dem Zeitpunkt angemessen, kommt aber auch schon früher vor; dasselbe gilt von FORTVNAE AVGVST (Cohen 343). Die Münze FIDES EXERCIT wäre man vor allen geneigt auf den Militäraufstand zu beziehen, allein sie ist nur aus Vaillant (I, 40) bekannt und die Zeit unbestimmt.

[1]) Spartian Pesc. N. 9: *aut a militibus imperatores appellati, ut sub Domitiano Antonius.* Aurel. Victor ep. 11: *his eius saevitiis ... accensus Antonius, curans Germaniam superiorem, imperium corripuit.* Vopiscus eröffnet seine Biographie des Firmus u. s. w. mit der Bemerkung, die Historiker pflegten Usurpatoren von untergeordneter Bedeutung zu übergehen: *nam et Suetonius Tranquillus .... Antonium et Vindicem tacuit, contentus eo, quod eos cursim perstrinxerat.*

[2]) Roulez, *les légats propréteurs de la Germanie inférieure* S. 28.

[3]) Vergl. Stobbe Philol. XXVI, 54.

[4]) Martial IX, 84, 5: *Me tibi Vindelicis Raetus narrabat in oris* L. Appius Maximus Norbanus stand wohl fortan bei Domitian in besonderer Gunst; er war Statthalter von Bithynien (Plin. ep. X, 58), zweimal Consul (Orelli 772, in welchen Jahren ist unbekannt), im J. 96 *Praefectus praetorio* und, wie es scheint, der Verschwörung, welche Domitians Ende herbeiführte, nicht fremd; Dio Cass. LXVII, 15.

schwader untergeben¹), welche sich leicht verdoppeln liess, wenn man die anerkanntermassen kriegstüchtigen Raeter und Vindelicier aufbot²). Natürlich sollte dem Procurator von Raetien nicht die ganze Last dieses Krieges zufallen: Domitian selbst verliess mit den prätorischen Cohorten die Hauptstadt, und rief den Trajan mit zwei Legionen aus Spanien herbei. Allein noch ehe diese Hülfe ankam, machte Norbanus mit einem Schlage dem Aufstande ein Ende; das plötzliche Aufbrechen des Eises auf dem Rheine³) machte die Vereinigung des Antonius mit den Germanen unmöglich, und Norbanus, den günstigen Moment rasch benutzend, warf sich auf die meuterischen Truppen; Antonius fiel und der Kampf war entschieden. Domitian empfing die Siegesbotschaft auf dem Marsche und kehrte unverzüglich nach Rom zurück. Als Trajan auf dem Kriegsschauplatze anlangte, war der Aufstand bereits unterdrückt; wenigstens weiss sein Lobredner Plinius nichts von rühmlichen Thaten zu melden. Mit Recht wird daher Norbanus in einer Inschrift (Orelli 772) *confector belli Germanici* genannt⁴).

---

¹) Tacitus Hist. I, 68 *Raeticae alae cohortesque*. Nach dem Militärdiplom vom J. 107 (CIL. III. n. XXIV, Wilm. 2867) standen damals in Raetien 4 *alae* und 11 *cohortes* (darunter 2 von je 1000 Mann), nach einem anderen vom J. 166 (Ephem. Epigr. II, 460 ff.) 3 *alae* und 13 *cohortes* (darunter 2 *milliariae*).

²) Vergl. Tac. Hist. I, 68: *et ipsorum Raetorum iuventus sueta armis et more militiae exercita*. In gefahrvoller Zeit pflegte man alle kriegstüchtigen Männer der Landschaft aufzubieten; so schlug der Statthalter von Belgien die Chauken *tumultuariis auxiliis provincialium* zurück (Spartian Did. Julian. 1).

³) Der Winter 88/89 wird ungewöhnlich hart gewesen sein; der Schneefall in Rom, den Martial IV, 2 und 3 erwähnt, mag etwa im December des J. 88 vorgekommen sein, wie auch das Epigramm IV, 11, worin der hochverrätherischen Unternehmung des Antonius gedacht wird, noch vor der Niederlage des Empörers verfasst sein muss, also Ende December 88 oder Anfang Januar 89.

⁴) *Bellum Germanicum* ist die officielle Bezeichnung dieses Krieges, da man in der Verbindung, welche Antonius mit den Germanen angeknüpft hatte, die hauptsächlichste Gefahr erblickte. Plutarch, der damals in Rom sich aufhielt, schreibt Aemil. Paul. 25: ὅτε Ἀντώνιος ἀπέστη Δομετιανοῦ καὶ πολὺς πόλεμος ἀπὸ Γερμανίας προσεδοκᾶτο. Plin. Paneg. 14: *qui te inter illa Germaniae bella ab Hispania usque ut validissimum praesidium exciverat*. In der Inschrift Renier Inscr. de l'Algérie 4062 wird ein Soldat der 13. städtischen Cohorte im dakischen, dann im germanischen und nachher nochmals im dakischen Kriege decorirt, wo die Erwähnung des *bellum Germ.* zwischen den beiden dakischen Kriegen so bestimmt als möglich auf diesen Kampf

Wenn Dio Cassius (LXVII, 11) den Erfolg lediglich der Tapferkeit der Soldaten zuschreibt, unterschätzt er das Verdienst des Norbanus. Da der Statthalter Raetiens mit den wenigen Truppen, die ihm zu Gebote standen, die Empörung niederzuwerfen vermochte, so kann Antonius nur über mässige Streitkräfte verfügt haben. Der Versuch, die Legionen am Oberrhein für seine Sache zu gewinnen, gelang ihm offenbar nur theilweise; er wird höchstens eine Legion und vielleicht ein paar Auxiliarcohorten, welche sich durch die Aussicht auf Befreiung von der römischen Herrschaft täuschen liessen, zum Abfall bestimmt haben: so war er vorzugsweise auf den Zuzug germanischer Schaaren angewiesen, und auch diese Hoffnung scheiterte. Soldatenaufstände waren damals etwas ganz gewöhnliches, und wurden nach den Umständen bald härter bald gelinder bestraft. Domitians Art war es nicht Nachsicht zu üben; gerade seit dieser Zeit überliess er sich mehr und mehr seinem Hange zur Grausamkeit[1]). Domitian wird die Empörer schonungslos bestraft haben; und wenn es sich nur um eine Legion, nicht um ein grösseres Heer handelte, brauchte er um so weniger Rücksichten zu nehmen. Nun ist aber der Bestand der Legionen unter Domitian im Wesentlichen unverändert; nur die XXI. Legion ist spurlos verschwunden, sie ist offenbar wegen der Betheiligung an jenem Aufstande aufgelöst worden[2]).

Die XXI. Legion hat, so lange sie bestand, wie es scheint,

---

hinweist. Mommsen bezieht auch mit Wahrscheinlichkeit eine dritte Inschrift (Ann. des Arch. Inst. 1830, S. 261 PRAEF · COH · II PR · DON · DON · BEL · GERM ·) hierher. Im gewöhnlichen Leben hiess der Krieg *bellum civile*; so nicht nur bei den höfischen Dichtern, wie Statius S. I, 1, 80 *civile nefas* (während derselbe Dichter anderwärts mit den Worten *Germanae acies* und *Rhenus rebellis* auf dieselben Vorgänge hinweist), oder Martial, der IV, 11 die Empörung des Antonius Saturninus mit den Kämpfen des Antonius und Octavian bei Actium vergleicht und IX, 84 den Norbanus rühmt: *cum tua sacrilegos contra, Norbane, furores Staret pro domino Caesare sancta fides*, sondern auch bei Sueton Dom. c. 6 und 10.

[1]) Sueton Dom. 10: *rerum aliquanto post civilis belli victoriam saevior* (der *tribunus laticlavius*, welcher begnadigt wurde, hiess *Iulius Calvaster*, s. Dio Cass. LXVII, 11). Aurel. Vict. ep. 11: *quo (Antonio) per Norbanum Appium acie strato Domitianus longe tetrior in omne hominum genus, etiam in suos, ferarum more grassabatur*.

[2]) Nicht immer verfuhr man so streng; so, um nur ein Beispiel anzuführen, liess Septimius Severus die *Legio III Cyrenaica*, obwohl sie sich für Clodius Albinus erklärt hatte, fortbestehen.

ohne Unterbrechung ihre Standquartiere am Rheine gehabt[1]). Nach der Niederlage des Varus im J. 9 n. Chr. erhielt die neu errichtete Legion Xanten angewiesen, vertauschte dann später Vetera mit Bonn; die erste Anlage des Bonner Winterlagers, welches eine Legion aufzunehmen bestimmt war, wird das Werk dieser Legion sein[2]). Abtheilungen waren in den Tufsteinbrüchen von Brohl beschäftigt, dies wird mit den Bauten in Bonn oder Xanten zusammen hängen. Unter Claudius ward die XXI. Legion vom Niederrhein nach der oberen Provinz versetzt; um das Jahr 50/51 stand sie in Vindonissa, wie der von dieser Legion dem damaligen Statthalter Obergermaniens Pomponius Secundus[3]) gewidmete Denkstein beweist (s. nachher). In der Schweiz muss sie längere Zeit geblieben sein, es finden sich hier zahlreiche Ziegelstempel nicht nur zu Vindonissa, sondern auch an andern Orten[4]). In Vindonissa stand die Legion noch beim Ausbruche des Bürgerkrieges nach Neros Tode im J. 68. Die wechselvollen Schicksale der Legion während der Anarchie sind aus Tacitus

---

[1]) Die Zahl der inschriftlichen Denkmäler dieser Legion ist nur mässig, aber sie kommen hier weniger in Betracht, als die Ziegelstempel, welche vollgültiges Zeugniss für bleibenden Aufenthalt ablegen.

[2]) Eine einzelne Cohorte oder Ala kann schon früher zu Bonn in einem kleineren Lager gestanden haben.

[3]) Tac. Ann. XII, 27. 28. Auf diese Zeit führt auch die zu Tibur gefundene Inschrift Orelli 1549: C · VIBIVS · C · F · VEL · PVBLILIANVS · SCR · Q · PRAEF · COH · IIII · THRACVM · EQVITATAE · TRIBVN(VS) MILITVM · · \S LEG · IIII MACEDONICAE ET LEG · XXI RAPACIS IN GERMANIA REVERSVS INDE HERCVLI INVICTO D. D. Vibius hat offenbar nur in Obergermanien gedient, dort stand seit Claudius die IV. wie die XXI. Legion, ebendaselbst findet sich auch die vierte Cohorte der Thraker.

[4]) S. die Züricher Mitth. XV, S. 217. Der öfter vorkommende Stempel LXXI 6 ist wohl durch *Germanica* aufzulösen, andere sind dunkel, wie LXXI SCVI, wo Mommsen C VI, d. h. *castra Vindoniss.* zu finden glaubte; allein dieser Stempel kommt auch in Winterthur, Grünichen und Ufikon (im Kanton Luzern) vor: ausserdem bleibt S unerklärt. Andere haben C als Abkürzung von *cohors* betrachtet, wie man auch auf Stempeln der XXII. Legion in Mainz CV, *cohors V* erklärt, aber diese Deutung ist ganz unsicher. Vielleicht bedeutet SCVI auf den Stempeln der XXI. Legion in der Schweiz s(ub) c(ura) Vi(bi) oder s(ub) C. Vi(bio), und dies könnte eben der in der Inschrift von Tibur genannte Tribun C. Vibius Publilianus sein: er mochte eine Abtheilung Soldaten commandiren, welche an verschiedenen Orten der Schweiz, natürlich nicht gleichzeitig, aber doch in demselben Sommer Bauten zu militärischen Zwecken ausführte.

bekannt; ob dieselbe, nachdem die Ordnung wieder hergestellt war, in ihre früheren Quartiere zurückkehrte, ist unbekannt; nur soviel ist gewiss, dass sie eine Zeitlang in Mainz cantonirte; denn nicht nur hier, sondern auch in der Umgegend, wie in Wiesbaden und Höchst kommen Ziegelstempel der Legion vor; eine vereinzelte Spur findet sich im oberen Elsass (CIR. 1919). Dass die Legion unter den Flaviern fortbestand, schliesst Borghesi aus einer Inschrift bei Muratori[1]). Eine Bestätigung dürfte die zu Friedberg in der Wetterau gefundene Bronzetafel bieten CIR. 1416:

   LEG XXI
   RAPACIS
   SOSI SENECI
  . . . .[2])

Sosius Senecio, der Freund des jüngeren Plinius und Plutarch, wird Tribun in der XXI. Legion gewesen sein, und zwar während des Krieges gegen die Chatten im J. 84; da Senecio im J. 99 und zum zweitenmale 107 das Consulat bekleidete, stimmt dies mit dem Militärtribunat des Jahres 84. Demnach bestand die XXI. Legion noch in den ersten Jahren der Regierung des Domitian. Ueber ihre damaligen Standquartiere giebt die Inschrift natürlich keinen Aufschluss; sie kann ebensowohl in Mainz wie in der Schweiz cantonirt haben, da man zum Chattenkriege das gesammte Heer der oberen Provinz aufgeboten haben wird.

Die XXI. Legion hatte sich immer vor anderen ausgezeichnet, Tacitus Hist. II, 42 nennt sie *vetere gloria insignis;* sie war aber auch verrufen wegen ihrer Habgier und Raubsucht (man vergl. Tacitus Hist. I, 67), daher sie den wohlverdienten Zunamen Rapax erhielt. Aus dem militärischen Selbstgefühl und dem Mangel an strenger Zucht entsprang das unbotmässige Wesen; bei der Meuterei nach Augustus Tode ging die XXI. Legion den

---

[1]) Muratori S. 820, 1 und 2032, 4; die Fassung der Inschrift bietet mehrfache Bedenken dar. Die Inschrift des Calpurnius Fabatus, des Grossvaters der dritten Frau des jüngeren Plinius (von Mommsen Hermes III, 114 nach einer neuen Copie mitgetheilt), gewährt keinen näheren Aufschluss: Fabatus hat allerdings in der XXI. Legion gedient, aber da er im J. 104 im hohen Alter stand, fällt sein Tribunat offenbar noch vor die Epoche der Flavier.

[2]) Auf der Platte soll stehen SoSIOSEVEKI SVhil · NOTI. Bei punktirten Inschriften, wie die vorliegende, ist es besonders schwierig, die Lesung festzustellen. Die Bronzetafel befindet sich im Museum zu Darmstadt, ich habe aber bisher noch nicht Gelegenheit gehabt, dieselbe in Augenschein zu nehmen.

anderen voran (Tacit. Ann. I, 45). Dem Antonius konnte es daher nicht schwer fallen, gerade diese Legion für seine Pläne zu gewinnen, während die anderen ihrem Eide treu blieben oder doch erst vorsichtig den Erfolg des gefahrvollen Unternehmens abwarten mochten.

Nach der Niederwerfung des Aufstandes ward die Legion cassirt, daher ist auf dem Denkmale, welches diese Legion dem Pomponius Secundus zu Vindonissa gesetzt hatte (Mommsen, Inscr. Helv. 248), die Zahl ausgemeisselt[1]), wie dies auch sonst bei Legionen, denen ein ähnlicher Schimpf zugefügt war, vorkommt[2]).

Dass diese Inschrift, von der sich offenbar nur ein kleines Bruchstück erhalten hat:

AVGVSTO ·
VNDO · LEG · AV
LEGIO ///

(sie ist zu Brugg gefunden, und zeichnet sich durch grosse schöne Schrift aus) dem Andenken jenes Statthalters gewidmet war, beweist ein anderer später[3]) zu Altenburg bei Windisch gefundener Stein mit einer Aufschrift von gleichem Schriftcharakter, denn hier ist der Name des Pomponius S. unversehrt erhalten[4]). Die Ergänzung der Inschriften ist schwierig: auf beiden geht der Name des Kaisers dem des Pomponius voran, aber diese Denkmäler sind nicht dem Kaiser zu Ehren errichtet, wie CAESARE auf dem zweiten deutlich zeigt; ein Fehler der Copie ist, da die Buchstaben fast einen Fuss gross und wohl erhalten sind, nicht anzunehmen. Der Name des Kaisers kann nur zur Zeitbestimmung gedient haben, steht aber ehrenhalber voran, wie auf einer anderen Inschrift von Vindonissa n. 245. Man wird also die erste Inschrift etwa folgendermassen zu ergänzen haben:

Ti. Claudio Caesare AVGVSTO · trib. p. XI cos. V
P. Pomponio SeCVNDO · LEG · AVg. pr. pr.
Germaniae Sup. LEGIO (XXI).

---

[1]) Drei Stellen sind radirt, LEG ///, dies passt nur auf die XXI, auf keine andere der in dieser Epoche in der Schweiz cantounirenden Legionen, wie Mommsen richtig erkannt hat.
[2]) So bei der *Legio III Gallica*, welche mit ihrem Legaten sich gegen Elagabalus empört hatte (Dio Cass. LXXIX, 7).
[3]) S. Mittheil. der Züricher Ges. XV, S. 211, n. 29.
[4]) Pomponius Secundus bekannt als Tragiker, Consul im J. 44, s. die Inschrift Orelli 6445, wodurch auch das Pränomen sicher gestellt wird, vergl. Tac. Ann. XI, 13.

die andere:

TI. Claudio Drusi filiO · CAESARE Augusto Germanico Pontifice maximo tribuniC · POTESTAT X(I cos. V imp. XX . .
PubliO · POMPONIO · Secundo legato Aug. pr. pr. Germaniae S. .prOLEGATO · AVGV(sti . . .

Man erwartet, dass in diesem Falle IMP. vorausgehe, allein Claudius macht von diesem Prädicate ebenso wenig wie Tiberius oder Caligula Gebrauch, und wenn IMP. ein oder das anderemal sich findet, ist es nachgestellt, wie in der Inschrift von Salona Orelli-Henzen 5276, oder einer anderen aus Moesien CIL. III, 1698, desgl. in der spanischen CIL. II, 172 *leg(ato) C. Caesaris Germanici imp.* Pomponius' Feldzug gegen die Chatten, der ihm die *ornamenta triumphalia* eintrug, fällt nach Tacitus Ann. XII, 23 in das Jahr 50, allein da in der Inschrift von Vindonissa der Strich über X hinausreicht, ist XI zu lesen, somit gehört die Inschrift in das J. 51, und die andere ist offenbar gleichzeitig. — Z. 4 ist die Ergänzung (*pr)o legato Augu(sti*) unzweifelhaft; Pomponius kann recht wohl früher eine andere Provinz als *prolegatus* verwaltet haben, aber in dieser Inschrift würde man nicht die früheren Aemter aufgezählt haben; vielleicht war dem Statthalter von Obergermanien damals interimistisch auch die Verwaltung von Raetien übertragen[1]). Diese Inschrift, sichtlich in die Länge gestreckt, um einen weiten Raum zu füllen[2]), war wohl an einem *arcus* angebracht, welchen die *vicani Vindonissenses* zu Ehren des Pomponius errichteten (vergl. die Inschr. n. 245), während auf dem Denkmale, welches die in Vindonissa stehende Legion dem Legaten weihte, die Aufschrift in einer Nische, welche ein Tropaeum mit Nebenfiguren oder dergl. umschloss, angebracht sein mochte.

---

[1]) Vergl. Orelli 488 *procur. Augustor. et proleg. provinciae Raitini et Vindelic. et vallis Poenin.*

[2]) Daher ist auch das Pränomen des Pomponius ausgeschrieben, gerade wie in der bekannten Grabschrift MARCEI VERGILEI EVRVSACIS PISTORIS, woraus man seltsamer Weise auf Verse geschlossen hat.

V.

Mainz und Vindonissa.

Eine richtig organisirte Natur sieht die Dinge an wie sie sind; Geistreiche gefallen sich in Paradoxien und lieben es, von der Lust am Widerspruche getrieben, Alles auf den Kopf zu stellen; der Geistlose, unfähig selbst den ergiebigsten Stoff nützlich zu verwenden, pflegt zu erfinden, um etwas neues, noch nicht dagewesenes vorzubringen; und es ist nicht gerade ein Zeichen geistiger Gesundheit, wenn man heutzutage mit wahrem Wetteifer willkürliche Hypothesen an die Stelle gesicherter Thatsachen setzt und jeder thörichte Einfall eine gläubige Gemeinde findet.

Mainz galt bisher allgemein als die Hauptstadt der römischen Provinz Obergermanien: diese Ansicht, welche sich auf eine Reihe glaubhafter Zeugnisse des Alterthums stützt und ebenso mit den natürlichen wie den geschichtlichen Verhältnissen übereinstimmt, ist in neuester Zeit angefochten worden, indem man einerseits Mainz der niederrheinischen Provinz zuweisen will, andererseits Vindonissa für die ursprüngliche Hauptstadt des Oberrheines erklärt. Die eine Hypothese wird von Mehlis, die andere von Mommsen vertreten: jeder ist von dem andern unabhängig, sie gehen von ganz verschiedenen Punkten aus und treffen nur zufällig zusammen; auch lassen ihre Aufstellungen sich nicht einmal chronologisch in Einklang bringen; denn nach Mehlis gehört Mainz noch im 2. Jahrhunderte zu Untergermanien, während nach Mommsen Mainz von Anfang an der oberen Provinz zugetheilt war, aber erst seit dem Ende des 1. Jahrhunderts soll der Sitz des Statthalters von Windisch nach Mogontiacum verlegt worden sein.

Mehlis[1]) stützt sich auf die bekannte Stelle in dem geographischen Werke des Ptolemäus II, 8, indem er alle anderen Zeug-

---

[1]) Mehlis, Studien zur ältesten Geschichte der Rheinlande. 1. Abth. L. 1875.

nisse des Alterthums und die gewichtigsten Thatsachen, welche einstimmig jener Anschauung widersprechen, vollständig missachtet. Ptolemäus ist ein achtbarer Gelehrter, aber er kennt diese Provinzen nicht aus eigner Anschauung, sondern nur aus Landkarten und Büchern, die ihm die Alexandrinische Bibliothek darbot. Wenn also seine Darstellung mit den Berichten wohl unterrichteter römischer Schriftsteller, die zum Theil durch längeren Aufenthalt in diesen Gegenden sich eine genaue Kenntniss aller Verhältnisse erworben hatten, streitet, dann ist es nicht zweifelhaft, welcher Führung wir zu folgen haben: entweder liegt hier ein Irrthum der Alexandrinischen Geographen vor, oder durch Schuld der Abschreiber ist der Text jener Stelle in Verwirrung gerathen.

Ptolemäus verzeichnet II, 8 die Lage der Mündungen des Rheins, dann die Quelle des Stromes sowie die Stelle, wo der Ὀβρίγκας mit dem Rheine sich vereinigt; und diesen Fluss, den sonst Niemand nennt, ausser Marcianus, der nur den Ptolemäus ausschreibt, bezeichnet er dann wiederholt als die Grenze zwischen *Germania inferior* und *superior*. Nach Zeuss, d. Deutschen, S. 14, ist der **Obrinca** des Ptolemäus die **Mosel**, nach Holtzmann, Germ. Alterth., S. 82, der **Vinxtbach**, nach Mehlis, S. 53, die **Pfrimm** bei Worms[1]).

Es ist ein verjährtes Vorurtheil, wenn man die Arbeiten des Ptolemäus und seines Vorgängers, des Marinus von Tyros als einen Fortschritt der wissenschaftlichen Erdkunde ansieht; die Willkür, mit der ebenso die Lage der Orte nach Längen- und Breitengraden bestimmt, wie das historische Material verwendet wird, übersteigt das Mass des Erlaubten, und die anspruchsvolle Sicherheit, mit der das geschlossene System auftritt und Unkundigen imponirt, hat grösseren Schaden gestiftet, als die vereinzelten Irrthümer anderer Geographen.

Die Stelle, wo der Obrinca einmündet, ist nach Ptolemäus ungefähr in der Mitte zwischen den Quellen und den Mündungen des Rheinstromes gelegen; denn für die Rheinquelle wird 46° n. Br., für die Mündungen 53°, 20—54', für die Mündung des Obrinca 50° angesetzt. Allein die Worte: τὸ δὲ κατὰ τὴν τοῦ Ὀβρίγκα

---

[1]) Mehlis beruft sich zur Unterstützung seiner Hypothese auf Holtzmann: „H. Germ. Alterth. S. 74 hält den Giessenbach bei Worms für den Grenzfluss, stimmt also in der Lage desselben mit uns überein"; davon steht kein Wort bei Holtzmann, man sieht daraus, wie Mehlis arbeitet und welchen Glauben seine Citate verdienen.

ποταμοῦ πρὸς δυσμὰς ἐκτροπὴν μοίρας (ἔχει) κη ν sind vollkommen unverständlich¹): dann würde dem Obrinca eine ἐκτροπὴ πρὸς δυσμὰς zugeschrieben; aber ein Fluss, der von Abend her sich in den Rhein ergiesst, kann keine westliche Richtung haben: auch ist die Erwähnung des Obrinca nur ein secundäres Moment, der Geograph will den Lauf des Rheinstromes beschreiben, und der nothwendige Gedanke lässt sich nur durch Einschaltung einiger Worte wiedergewinnen²):

τὸ δὲ κατὰ τὴν τῷ Ὀβρίγκᾳ ποταμῷ (συμβολὴν καὶ) πρὸς δυσμὰς ἐκτροπήν.

d. h. der Obrinca ergiesst sich in den Rhein da, wo dieser Strom nicht mehr streng nach Norden zu fliesst, sondern eine westliche Richtung einschlägt. Der Rhein verlässt bekanntlich die nördliche Richtung, die er von Basel an verfolgt, bei Mainz, fliesst bis Bingen in westlicher, von da in nordwestlicher Richtung. Bei Bingen mündet die Nahe, die natürliche Grenze von Ober- und Untergermanien, und nur dieser Fluss kann der Obrinca des Ptolemäus sein. Diesen Fluss kennt Ptolemäus nur aus der Beschreibung eines anderen Geographen oder Historikers, die nicht recht deutlich sein mochte; daher verlegt Ptolemäus die Mündung des Obrinca an den Anfang statt an das Ende der ἐκτροπὴ πρὸς δυσμάς³), und lässt daher diesen Nebenfluss oberhalb Mainz sich in den Rhein ergiessen. Der Breitengrad 50° stimmt zu der Position von Mainz 50° 15′, der Längengrad 28° zeigt eine auffallende Differenz mit Mainz 27° 20′, demnach würde die Mündung des Obrinca genau unter denselben Längengrad, wie Ἔλκηβος und Αὐγούστα Ῥαυρικῶν fallen: auf den Karten des Ptolemäus

---

¹) Die lateinische Uebersetzung *quaque parte Obrinca fluvius ab occasu in eum se effundit* ist ungenau und täuscht nur über den Fehler, statt ihn zu heben. Die Hypothese neuerer Geographen, Obrinca sei kein Nebenfluss, sondern der Oberrhein, ist zwar unzulässig, sucht aber wenigstens den Wortlaut mit den Thatsachen in Einklang zu bringen. Auf der Karte der Athoshandschrift (pl. LXVIII) erscheint der Obrinca als ein ansehnlicher Fluss, den man geneigt sein könnte eher für die Mosel als für die Nahe zu erklären.

²) Auch der folgende Satz καὶ ἔτι τῷ ἀπὸ τῆς πηγῆς ἐπὶ τὰς Ἄλπεις ὄρει, ὃ καλεῖται Ἀδούλας ὄρος ist fehlerhaft überliefert, es ist ἐπὶ τῆς πηγῆς ὑπὸ τὰς Ἄλπεις zu lesen. Die Handschrift vom Athos (herausg. Paris 1867) bietet weder hier noch an den übrigen Stellen Hülfe.

³) Auf den Karten, welche Ptolemäus benutzte, war die Nahe nicht verzeichnet, nur so erklärt sich dieses Missverständniss.

begann also die westliche Richtung des Rheines schon bedeutend oberhalb Mainz. Wenn Ptolemäus hier willkürlich die Nahe (Obrinca) oberhalb Mainz in den Rhein einmünden lässt und demgemäss Mogontiacum der unteren Provinz zutheilt, so ist dies Missverständniss nicht eben schlimmer, als wenn er die helvetischen Orte Colonia Equestris und Aventicum in das Gebiet der Sequaner verlegt, da seine Karten die Grenzen der Völkerschaften nicht angaben und er sich über diese Dinge nur sehr mangelhaft unterrichtet hatte.

Ich bin von der Voraussetzung ausgegangen, dass Obrinca ein wirklicher Eigenname sei: die Nahe konnte in einer früheren Periode diesen Namen führen: solche Mischung alter und neuer Namen begegnet uns auch sonst bei Ptolemäus. Aber vielleicht beruht der Obrinca lediglich auf einem Irrthume, und die Verwirrung ist complicirter Art, so dass den Ptolemäus nur ein Theil der Schuld trifft. Anlass zu Irrthum mochte der Name der Station Baudobrica geben, 18 r. M. von Trier entfernt, an der Grenze von Belgica und Germanien gelegen[1]). Indem auf einer Landkarte

BAVD
OBRICA

zu lesen war, glaubte ein schlecht unterrichteter Geograph zwei Namen zu finden, und bezog OBRICA nicht sowohl auf den nahen Fluss Drohn (Drahonus), der auf der Karte gar nicht verzeichnet sein mochte, sondern auf die entferntere Nahe (Nava), welche wohl namenlos auf der Karte eingetragen war, und bezeichnete diese als Grenze der beiden Provinzen, was thatsächlich correct ist. Diesem Geographen folgt Ptolemäus: indem er eine Landkarte einsah, glaubte er, getäuscht durch jenen irrigen Bericht, in dem Namen Baudobrica den Fluss Obrinca zu finden: die Nahe war auf dieser Karte nicht verzeichnet, Ptolemäus half sich, indem er von Baudobrica eine Linie in östlicher Richtung zog, welche den Rhein etwas oberhalb Mainz berührte: diese Linie war ihm die Grenze der beiden Germanien, und so weist er ganz auf eigene Gefahr Mogontiacum der unteren Provinz zu.

Wie man auch immer über die Entstehung des Irrthums denken mag, für den offenbaren Missgriff, Mainz nach Nieder-

---

[1]) *Baudobrica* gehört der letzteren Provinz an, während das benachbarte *Noviomagum* an der Mosel bereits Belgica zugetheilt war.

Mehlis spricht in der Einleitung über die Quellen der ältesten Geschichte der Rheinlande; ob dieser Abschnitt nur zum eigenen Gebrauch oder zur Orientirung für Andere bestimmt ist, erfahren wir nicht; für letzteren Zweck ist die Arbeit nicht eben geeignet, denn während Wesentliches übergangen, Unwichtiges erwähnt wird,

---

[1]) So z. B. wenn *Traiana* zwischen Bonn und Mainz verzeichnet wird und als Standquartier einer Legion erscheint. Vergeblich hat man sich bemüht, diese Darstellung zu rechtfertigen; der überlieferte Text, von dem die Handschrift vom Athos und die Landkarte nicht abweichen:

$$\begin{array}{l}Βαταυνόδουρον\\ \quad ὑφ' ἥν\\ Οὐέτερα\\ \quad λεγίων λ' Οὐλπία\\ εἶτα Ἀγριππίνησίς\\ εἶτα Βόννα\\ \quad λεγίων ά Ἀθαναϊκή\\ εἶτα Τραιανή λεγίων\\ εἶτα Μοκοντιακόν\end{array}$$

lässt sich mit voller Sicherheit herstellen:

$$\begin{array}{l}Βαταυνόδουρον\\ εἶτα Τραιανή\\ \quad ὑφ' ἥν\\ Οὐέτερα\\ \quad λεγίων λ' Οὐλπία\\ εἶτα Ἀγριππίνησίς\\ εἶτα Βόννα\\ \quad λεγίων ά Ἀθηναϊκή\\ εἶτα Μογοντιακόν\\ \quad λεγίων (κβ' πρωτόγονος),\end{array}$$

denn man darf dem Ptolemäus doch wohl zutrauen, dass er wenigstens das ihm vorliegende Itinerar richtig abschrieb. Freilich müsste man dann auch die Bestimmung der Längen- und Breitegrade abändern, die nicht von Ptolemäus, sondern von der Hand eines Correctors herrühren würden. Will man sich nicht dazu entschliessen, dann muss man annehmen, dass in der Handschrift des Itinerars, welches der Geograph benutzte, durch Nachlässigkeit des Abschreibers die Worte *εἶτα Τραιανή* an eine falsche Stelle gerathen waren (denn die von mir vorgeschlagene Correctur ist unbedingt nothwendig) und Ptolemaeus sich durch diesen Schreibfehler irre führen liess. Den anderen Fehler, indem das zu Mainz gehörende *λεγίων* an eine falsche Stelle gerathen ist, mögen erst die Abschreiber des Geographen verschuldet haben.

begegnet man hier nicht wenigen irrthümlichen Ansichten[1]). Hätte Mehlis nur einiges Studium den historischen Schriften des Tacitus gewidmet, dann würde er nicht so zuversichtlich eine Reihe völlig grundloser Behauptungen aufgestellt haben, wie eben S. 56, Mainz könne im 1. und 2. Jahrhundert nicht der Sitz des Statthalters von Obergermanien gewesen sein, sondern sei es erst seit dem 3. Jahrhundert geworden, als die Einfälle der Alemannen „es nothwendig machten, von diesem strategisch am günstigsten gelegenen Punkte aus die Grenzmarken am Rhein zu überwachen". Wo soll nun bis zur Regierung des Caracalla (denn damals tritt der Name der Alemannen zuerst in der Geschichte auf), die Residenz des Gouverneurs der oberen Provinz gewesen sein? Mehlis entscheidet sich für Strassburg, weil dies ungefähr der geographische Mittelpunkt sei; mit gleichem Rechte liesse sich behaupten, Durocortorum könne nicht die Hauptstadt von Belgien gewesen sein, weil es vom Mittelpunkt der Provinz zu weit abliegt. Mehlis führt weiter an, im Itinerarium des Antoninus werde Strassburg *caput Germaniae* genannt. Nun, diese Quelle, welche nach dem letzten Herausgeber eben der Zeit des Caracalla oder vielmehr des Diocletian (s. Abh. VIII, I) angehört, kann doch nicht ohne Weiteres Zeugniss ablegen für das 1. und 2. Jahrhundert; freilich will diese Notiz auch auf das 3. Jahrhundert nicht passen, denn damals wurde ja nach Mehlis der Sitz der Statthalter von Strassburg nach Mainz verlegt:

---

[1]) Wenn Strabo IV, 194 der Rheinbrücke erwähnt, welche die Römer kürzlich (*νυνί*) im germanischen Kriege geschlagen hatten, so will dies Mehlis auf den Aufstand der Treverer und Aeduer im J. 21 beziehen, und bestimmt danach die Zeit, in welcher Strabo das vierte Buch abfasste. Allein dies war kein Γερμανικὸς πόλεμος, sondern *bellum Sacrovirianum* (Tac. Ann. IV, 18), und hier war überhaupt kein Anlass, eine Rheinbrücke zu schlagen. Strabo spricht von der Rheinbrücke bei Xanten in den J. 14 und 15, s. Tac. Ann. I, 49 und 69, nur bedürfen die Worte des Geographen einer Berichtigung; es ist zu schreiben: παροικοῦσι τὸν Ῥῆνον Τρήουιροι, πέραν δὲ ᾤκουν Οὔβιοι κατὰ τοῦτον τὸν τόπον, οὓς μετήγαγεν Ἀγρίππας ἑκόντας εἰς τὴν ἐντὸς τοῦ Ῥήνου· καθ' οὓς πεποίηται τὸ ζεῦγμα ὑπὸ τῶν Ῥωμαίων νυνὶ τῶν στρατηγούντων τὸν Γερμανικὸν πόλεμον, während jetzt irriger Weise die Worte καθ' οὓς ... πόλεμον auf Τρήουιροι folgen. Mit dieser Zeitbestimmung ist die andere Stelle Strabos IV, 406 (nicht 416, wie Mehlis schreibt) wohl vereinbar. Was Mehlis S. 55 über die römischen Statthalter bemerkt, ist vielfach incorrect; L. Apronius war nicht Schwiegersohn, wie Mehlis S. 56 angiebt, sondern Schwiegervater (*socer*) des Gaetulicus.

Strassburg ist zu keiner Zeit Hauptstadt der germanischen Provinzen gewesen: und jene Bemerkung geht gar nicht auf Argentoratum, wie jeder, der die Mühe nicht scheut, das Itin. Ant. 175 (368) einzusehen, sofort erkennen wird[1]). Dass diese sogenannte Metropole der Provinz von keinem römischen Schriftsteller des 1. und 2. Jahrhunderts genannt wird (der Name Argentoratum erscheint zum erstenmale bei Ptolemäus, der diese Station aus einem Itinerarium entnahm), weil eben der Ort erst seit dem 3. Jahrhundert mehr Bedeutung gewinnt; dass in Strassburg nur dürftige Spuren der Römerzeit sich finden, scheint Mehlis nicht zu wissen.

Auf die Vertheilung der Legionen und ihre Standquartiere hat Mehlis gar nicht geachtet. Die acht Legionen, welche die Rheinarmee bildeten, waren gleichmässig von Anfang an vertheilt: schon unter Augustus standen vier Legionen am Oberrhein, ebenso viele am Niederrhein (Tacit. Ann. I, 31), und zwar zwei in Cöln, zwei in Xanten: hätte Mainz damals zu Untergermanien gehört, dann wäre dieser wichtige Punkt ohne alle Besatzung oder höchstens Auxiliartruppen anvertraut gewesen. Man beachte ferner: von hier aus zieht Germanicus im J. 15 mit den vier Legionen des Oberrheines gegen die Chatten (Tac. Ann. I, 56), ebenso im folgenden Jahre Silius (Tac. II, 7 u. 25). Im Winter 68/69 liegen die IV. u. XXII. Legion, beide der oberrheinischen Armee angehörend,

---

[1]) Es gehört in der That ein hoher Grad von Leichtfertigkeit dazu, um die Notiz *caput Germaniarum* (denn so lautet die Ueberlieferung, nicht, wie Mehlis angiebt, *caput Germaniae*) auf Argentoratum zu beziehen, aber allerdings bedarf die befremdliche Notiz der Aufklärung. Die Route von Leiden nach Strassburg wird in den Ausgaben des Itinerars und 2 Handschriften (IN) eingeführt mit den Worten:
Caput Germaniarum.
A Lugduno Argentorato supra CCCXXV sic.
Diese ganz abnorme und unzutreffende Ueberschrift ist aus einer alten Interlinearglosse entstanden. Ein Schreiber, der bei Lugdunum, ohne auf den Zusammenhang zu achten, an Welsch-Leiden dachte, fügte über Lugdunum *caput Galliarum* hinzu, für Lyon an der Rhone zutreffend. Sein Nachfolger, der erkannte, dass vielmehr von Leiden in Holland die Rede sei, meinte seiner Pflicht vollkommen zu genügen, wenn er *Galliarum* in *Germaniarum* verwandelte, und diese ungeschickte Correctur ist dann in sämmtliche Handschriften übergegangen: in zwei Handschriften erscheint *caput Germ.* als Ueberschrift, in den übrigen sind die Worte in den Text hinter *Lugduno* eingeschaltet, und um dann den Regeln der Grammatik zu genügen, ist in FGR *caput* in *capite* corrigirt, wühtend Mehlis, um die Wortstellung unbekümmert, diese Notiz mit *Argentoratum* verbindet.

zu Mainz im Quartier, Tacitus Hist. I, 55: *in superiore exercitu quarta et duo et vicensima legiones isdem hibernis tendentes*, ebendaselbst verweilt auch der Statthalter, *Hordeonius Flaccus consularis legatus* I, 56. Mainz wird nicht genannt; aber wenn am 1. Januar 69 die Soldaten dieser beiden Legionen sich weigern dem Galba aufs neue den Eid der Treue zu leisten und ein Eilbote noch im Verlaufe der folgenden Nacht in Cöln anlangt und dem Statthalter von Niedergermanien Bericht über das, was am Vormittage sich bei dem oberen Heer zugetragen hatte, erstattet, so ist damit jeder Gedanke an Strassburg ausgeschlossen und so bestimmt als möglich Mainz bezeichnet[1]). Auch so erscheint die Leistung des Couriers als eine aussergewöhnliche, denn er muss die grosse Entfernung (ungefähr 24 deutsche Meilen) in höchstens 14 Stunden zurückgelegt haben[2]).

Doch genug über dieses Phantasiebild. Ich weiss recht wohl, dass dergleichen zu widerlegen wenig Dank bringt; aber um deren willen, welche gewohnt sind nur mit fremden Augen zu sehen und jede eigene Forschung scheuen, ist es nothwendig selbst den

---

[1]) Plutarch Galba 22 legt den Meuterern die Worte in den Mund: Φλάκκον μὲν οὖν Ὀρδεώνιον .. ἰατέον, ἡμέρας δὲ μιᾶς ὁδὸν ἀφέστηκεν ἡμῶν Οὐιτέλλιος, ὁ τῆς ἑτέρας Γερμανίας ἡγούμενος. Hier wird mit deutlichen Worten die Entfernung zwischen den Hauptquartieren des oberen und unteren Heeres als ἡμέρας μιᾶς ὁδός, d. h. für einen Eilboten bezeichnet.

[2]) Allerdings wird er erst nach Mitternacht angelangt sein. Dass der Bote den Vitellius noch bei Tafel antraf, darf bei diesem Schwelger nicht auffallen. Natürlich war der *aquilifer* mit einem *diploma* versehen. Schon am 2. Januar ward Vitellius von dem Commandeur der I. Legion als Kaiser begrüsst; die anderen niederrheinischen Legionen folgten, und ihnen schloss sich schon am 3. Januar die Armee des Oberrheines an. Wie vortrefflich die Verkehrseinrichtungen waren, mit welcher Schnelligkeit officielle Depeschen und selbst Privatbriefe besorgt wurden, sieht man daraus, dass man in Rom schon wenige Tage nachher durch den Statthalter von Belgien die erste Nachricht über diese Vorgänge erhielt (Tacit. I, 12); am 10. Januar war die Sache allgemein bekannt (Tacit. I, 18). Man darf also nicht mit Ritter (Jahrb. 39, 40 S. 45 ff.) das Winterlager der beiden Legionen in die Gegend von Neuwied verlegen, was auch sonst aus mehr als einem Grunde unstatthaft ist. Dass Tacitus Mainz hier nicht ausdrücklich nennt, hat nichts auffälliges: jede Legion hat in der Regel ihr ständiges Winterquartier; es war also nicht nöthig, den Ort anzugeben: so sind die *hiberna legionis primae* Tac. I, 57 Bonn. Diese gleichsam officielle Bezeichnung war den Römern vollkommen verständlich, während sie uns oft Schwierigkeiten bereitet, da wir über die Dislocirung der Legionen nur mangelhaft unterrichtet sind.

thörichtsten Einfällen entgegenzutreten. Ich wende mich jetzt zu Mommsen: je grösseres Ansehen dieser Historiker in den weitesten Kreisen geniesst, desto schädlicher sind seine Irrthümer.

Mommsen in einer gehaltreichen Abhandlung über die Lebensgeschichte des jüngeren Plinius behauptet[1]) „bis auf die Zeit der Flavier hinab sei Vindonissa nachweislich das Hauptquartier der obergermanischen Truppen gewesen"; aber den Nachweis bleibt er schuldig; denn die Verweisung auf seine frühere Abhandlung über die Schweiz in römischer Zeit[2]) ist unzutreffend, da hier Mommsen (s. S. 10) gemäss der hergebrachten und wohlbegründeten Auffassung Mainz und Cöln als Hauptquartiere und Residenzen der Statthalter ansieht. Dem Localpatriotismus eines Dilettanten mag man eine so luftige Hypothese zu gute halten; wie aber der Berliner Historiker dazu kommt zuversichtlich etwas zu behaupten, wovon notorisch das Gegentheil richtig ist, begreift man nicht recht. Nur wenn man Schritt für Schritt den Gang seiner Combination verfolgt, wird man inne, wie er in dieses falsche Raisonnement gerieth.

Mommsen berührt einen Punkt aus der Lebensgeschichte des Trajan, und dies giebt ihm Anlass, die Empörung des Statthalters von Obergermanien Antonius zu besprechen. Was Mommsen über den Antheil des Trajan an der Unterdrückung des Aufstandes sagt, ist wohl begründet, aber den weiteren Ausführungen muss ich meine Zustimmung versagen.

Plinius Paneg. 14 erwähnt, dass Trajan mit seinen Legionen aus Spanien über die Pyrenäen und Alpen nach dem Rhein marschiert sei; man bezieht dies gewöhnlich auf den Krieg gegen die Chatten[3]) unter Domitian im J. 84; aber Mommsen bemerkt

---

[1]) Hermes III, S. 119. Wenn Marquardt nicht, wie er sonst pflegt, sich an Mommsen anschliesst, ja nicht einmal diese Hypothese erwähnt, darf man wohl annehmen, dass ihm dieselbe entgangen ist.

[2]) S. 11. Mommsen selbst bemerkt jetzt dazu: „Wo übrigens nach dem hier gesagten Manches zu berichtigen ist". Allein auch wenn Mommsen schon früher Vindonissa genannt hätte, wäre dies immer nur eine subjective Ansicht, keine erwiesene Thatsache. Mommsen kennt die Erfordernisse eines wissenschaftlichen Beweises recht gut, aber eben weil er diesen nicht führen kann, schickt er uns von Pontius zu Pilatus.

[3]) Diese Annahme ist auch mit der Chronologie der amtlichen Laufbahn des Trajan nicht zu vereinigen. Hadrian, geb. im J. 76, kam in seinem 10. Jahre, also im J. 86, unter die Vormundschaft des Trajan, der von Spartian Hadr. 1 *vir praetorius* genannt wird: also wird er

sehr richtig, dass unter dieser Voraussetzung Mainz das Ziel des
Marsches gewesen wäre, wobei die Alpen nicht berührt wurden.
Die Erwähnung der Alpen hat nur dann Sinn, wenn Trajan aus
Spanien nach dem oberen Rhein zog. Daher verlegt Mommsen
diesen Zug des Trajan in den Anfang des J. 89, wo Antonius
Saturninus sich gegen Domitians Regiment erhob; dass man
damals zur Unterdrückung des gefährlichen Aufstandes die spa-
nischen Legionen heranzog, ist sehr wahrscheinlich[1]). Als
Trajan ankam, hatte Norbanus bereits den Aufstand nieder-
geschlagen: da die kaiserlichen Truppen von Vindelicien und
Rhaetien aus den Empörern entgegenziehen, ist es wahrschein-

im J. 85 Prätor gewesen sein; folglich konnte er nicht im J. 84 als
Legat mehrere Legionen commandiren.

[1]) Wenn Plinius sagt: *qui te inter illa Germaniae bella ab
Hispania usque exciverat*, so ist diese Bezeichnung für den Aufstand
des Antonius ganz angemessen, denn officiell (s. oben S. 66) hiess
dieser Krieg *bellum Germanicum*. Auf diesen Feldzug zielen offenbar
auch die Worte im Eingange des Capitels: *cum puer admodum Parthica
lauro gloriam patris augeres, nonneque Germanici iam tum mererere,
cum ferociam superbiamque Parthorum ex proximo auditus magno terrore
cohiberes Rhenumque et Euphratem admirationis societate coniungeres.*
Der Name der Parther ist hier, wo von Kämpfen am Rhein die Rede ist,
ganz ungehörig; die Aenderung *barbarorum* ist unzulässig, da man hier
Bestimmtheit des Ausdrucks verlangt; Plinius wird *Chattorum* geschrieben
haben, indem er nicht ohne rednerische Uebertreibung sagt, der Name
Trajans, die Nachricht von seiner bevorstehenden Ankunft, habe die
Germanen bewogen, sich zurückzuziehen. Habe ich den Volksnamen
richtig errathen, dann hatte Antonius mit den Chatten sich in hoch-
verrätherische Verhandlungen eingelassen, was auch an sich sehr wahrscheinlich ist. An den Chattenkrieg Domitians im J. 84, so dass
Trajan als Militärtribun diesem Feldzuge beigewohnt hätte, ist hier
auf keinen Fall zu denken. Trajan kann früher auch im germanischen
Heere eine Zeit lang als Tribunus gedient haben; allein die Worte des
Plinius deuten auf eine höhere Stellung hin; es ist eben von der Berufung des Trajan aus Spanien zur Unterdrückung der Militärrevolte
am Oberrhein die Rede, welche den Inhalt des ganzen Abschnittes
bildet. Nur vermisst man die nothwendige Verbindung; es sind einige
Worte ausgefallen: *et necdum imperator, necdum dei filius eras* (*cum
ex Hispania properares in*) *Germaniam, quas cum plurimae gentes
et infinita vastitas interiacentis soli, tum Pyrenaeus, Alpes immensique
alii montes, nisi cum his comparentur munimentis, dirimunt.* In
der Ueberlieferung *muniunt dirimuntque* ist *muniunt* geradezu sinnwidrig. Auffallend ist übrigens, dass Plinius, der die Schnelligkeit
rühmt, mit welcher Trajan die Truppen an den Rhein führte, die Be-
schwerden eines Marsches mitten im Winter mit keinem Worte andeutet.

lich, dass der Kampf in der Schweiz ausgefochten ward¹). Allein wenn Mommsen daraus weiter folgert, Vindonissa müsse damals das Hauptquartier und Sitz des Statthalters gewesen sein, so ist dies ein Fehlschluss: der Kriegsschauplatz braucht ja nicht nothwendig in der unmittelbaren Nähe der Hauptstadt der Provinz zu liegen. Mit gleichem Rechte könnte man, wenn ein Usurpator sich von Rom nach Oberitalien begiebt, um Verstärkungen an sich zu ziehen und den anrückenden Gegner zurückzuschlagen, den Schluss ziehen, Mailand sei die Hauptstadt des römischen Reiches gewesen. Antonius, der überall Verbindungen hatte²), wusste sicherlich, von welcher Seite her der erste Angriff drohte; er wird dem Norbanus entgegengezogen sein und begab sich in die Ostschweiz. Zudem durfte er bei den Helvetiern, die das keltische Naturell niemals verleugnet haben³), weit eher auf thätige Unterstützung seines gewagten Unternehmens rechnen, als bei der germanischen Bevölkerung seiner Provinz, deren Treue gegen den Herrscher, den man einmal anerkannt hatte, unwandelbar war, ausser wo bereits römische Sitte oder vielmehr Unsitte die Deutschen ihrer angeborenen Art entfremdet hatte. Endlich mochten auch die Verabredungen, welche Antonius mit den rechtsrheinischen Germanen getroffen hatte, ihn bestimmen, sich in jenen Landstrich zu wenden.

Mommsen versichert, aus Sueton gehe hervor, der Sitz des Aufstandes sei das Standquartier der beiden Legionen Obergermaniens und zwar ein Standquartier diesseits des Rheines gewesen⁴), und setzt hinzu: „damit ist für jeden der Verhältnisse Kundigen auf das Deutlichste Vindonissa bezeichnet".

Ich meine, nur einer, dem diese Verhältnisse fremd sind, kann auf diese Vorstellung verfallen. Wenn am 1. Januar des J. 69 die Soldaten der IV. und XXII. Legion, welche dasselbe Winterquartier haben, unter den Augen des Statthalters die Bild-

---

¹) Nach Mommsen in der Gegend von Bregenz oder von Chur.
²) Dio Cassius LXVII, 11.
³) Tac. Hist. I, 67. 68.
⁴) In Obergermanien lagen nicht zwei, sondern während des ganzen ersten Jahrhunderts vier Legionen. Dass das Hauptquartier auf dem linken Ufer zu suchen ist, versteht sich von selbst; dafür bedarf es des Zeugnisses bei Sueton nicht: auf dem rechten Ufer Mainz gegenüber, soweit es zu dieser Provinz gehörte, standen damals nur kleinere Abtheilungen.

nisse des Galba zertrümmern und im Namen der römischen Republik den Fahneneid leisten, und wenn, noch ehe der Morgen des nächsten Tages graut, Vitellius, der Statthalter in Cöln, durch einen Courier von dieser Meuterei in Kenntniss gesetzt wird, deren Schauplatz, was Niemand in Zweifel ziehen wird, die Hauptstadt des Oberrheines war, so kann dies nur Mainz, nicht Vindonissa gewesen sein. Es war ganz unmöglich für einen Eilboten, den weiten Weg zwischen der Ostschweiz und dem Niederrheine in wenigen Stunden zurückzulegen; ebenso wenig konnten diese beiden Legionen schon am 3. Januar den Vitellius, der Tages zuvor in Cöln als Kaiser ausgerufen war, anerkennen, wenn sie am Zusammenflusse der Aar und Reuss ihre Quartiere hatten. Auch sind mit Vindonissa noch andere Einzelheiten der Erzählung des Tacitus unvereinbar. Endlich hat die XXII. Legion während des 1. Jahrhunderts, soviel wir wissen, niemals in der Schweiz gestanden.

Sueton spricht nicht von dem Sitz der Empörung, sondern von der gewöhnlichen Residenz des Statthalters während der Winterzeit, indem er kurz die Reformen angiebt, welche Domitian auf Anlass jenes Aufstandes einführte[1]). Wie man in der guten Jahreszeit, auch wenn kein Feldzug beabsichtigt war, die Legionen jeder Provinz in einem Uebungslager vereinigte[2]), so suchte man auch in den Winterlagern die Streitkräfte zusammen zu halten. Im J. 14 haben am Niederrhein je zwei Legionen ihre Winterquartiere zu Xanten und Cöln; im J. 69 stehen von den vier Legionen dieser Provinz zwei zu Xanten, eine zu Neuss, die vierte zu Bonn (Tac. Hist. IV, 25. 26. 35). In Obergermanien bildete damals die IV. und XII. Legion die Besatzung von Mainz

---

[1]) Sueton Domit. c. 7: *geminari legionum castra prohibuit, nec plus quam mille nummos a quoquam ad signa deponi, quod L. Antonius apud duarum legionum hiberna res novas moliens fiduciam cepisse etiam ex depositorum summa videbatur.*

[2]) Bei dem Tode des Augustus haben die vier Legionen von Niedergermanien ihre *aestiva* im Gebiete der Ubier unmittelbar am Rheinstrome, Tac. Ann. I, 31 (*isdem aestivis*); die drei pannonischen Legionen sind gleichfalls in einem Lager vereinigt (1, 16 *castris aestivis tres simul legiones habebuntur*). Auch die vier Legionen des Oberrheines waren offenbar in einem Sommerlager wohl unweit Mainz concentrirt, Tac. I, 37. Reste solcher Sommerlager haben sich noch mehrfach erhalten; hierher gehört z. B. die grosse quadratförmige Verschanzung auf der Millinger Haide (s. Schmidt, Jahrb. XXXI, S. 97).

(Tac. Hist. I, 18; vgl. 1,55) und ebendaselbst residirt der Statthalter (Tac. I, 56); die XXI. Legion hat ihre Quartiere in der Schweiz in Vindonissa (Tac. Hist. I, 61. 67. IV, 61 und 70), die vierte Legion wahrscheinlich im Elsass. Diese Anhäufung vieler Tausende von Soldaten, die man während der Wintermonate nicht genügend beschäftigen konnte, wirkte sicherlich auf die Disciplin nicht gerade günstig ein[1]); der Geist der Insubordination wurde dadurch genährt; in den Händen eines ehrgeizigen Oberbefehlshabers konnte dies Werkzeug der Herrschaft sehr gefährlich werden. Durch die Erfahrung mit Antonius gewarnt[2]), erliess Domitian jene Verfügung, die gewiss unverweilt bei den Winterlagern zu Mainz, Xanten und wenn sonst wo die Verhältnisse ähnlich waren, zur Ausführung kam[3]). Eine sehr wohlthätige Einrichtung waren die Spaarkassen für Soldaten: aber indem sich bedeutende Summen anhäuften, lag für einen Statthalter, der mit hochverrätherischen Plänen umging, die Versuchung nahe, sich dieser Gelder zu bemächtigen[4]). Um dieser Gefahr vorzubeugen, ward ein Maximum der Einlagen festgestellt. Jeder, der dieser Verhältnisse kundig ist, oder die Mühe nicht scheut, sich darüber zu unterrichten, wird zugeben, dass Sueton mit den Worten *apud duarum legionum hiberna* nicht Vindonissa, sondern Mainz bezeichnet: dies war der Sitz des Statthalters; von hier aus suchte er seine Pläne ins Werk zu setzen.

Mainz ist allezeit die Hauptstadt der Provinz Obergermanien gewesen: seine geographische Lage und geschichtliche Nothwendigkeit machten es zum ersten Waffenplatze am Mittelrheine. Da

---

[1]) Uebrigens war im Winterlager jede Legion von der anderen gesondert, so in Cöln, s. Tac. Ann. I, 39 *castra primae legionis* (ähnlich in den Sommerlagern, s. 1, 18 und 28), doch wird in der Regel ein Legat der Höchstcommandirende gewesen sein (Tac. Hist. IV, 18: *Mummium Lupercum legatum, is duarum legionum hibernis praeerat*).

[2]) Dass Antonius beide Mainzer Legionen für seine Zwecke gewann, ist, wie ich oben S. 67 gezeigt habe, nicht wahrscheinlich; bearbeitet hat er sie sicherlich, und selbst wenn ihm dies bei beiden misslang, war dies für Domitian kein Grund, von jener Massregel abzustehen.

[3]) Aus ähnlichen Anlässen haben auch andere Kaiser die bestehenden Einrichtungen abgeändert: so ward infolge eines Militäraufstandes von Septimius Severus die Trennung der Provinz Britannien in *Britannia superior* und *inferior* verfügt.

[4]) Antonius wird dies wohl gethan haben; vermöge seiner Stellung konnte er den Raub leicht ausführen.

hier nur militärische Rücksichten massgebend sein konnten[1]), würde es ganz gegen die traditionelle Klarheit des Blickes, welche die Römer in allen praktischen Dingen bewähren, verstossen, wenn man den Schwerpunkt in den entlegensten Theil der Provinz, in die Ostschweiz verlegt hätte, und wenn man nachher diesen Missgriff gut zu machen sich bemühte, so wäre dies ein verspäteter Entschluss gewesen: denn im zweiten Jahrhundert, wo man den rechtsrheinischen Germanen gegenüber sich auf die Defensive beschränkte und die Rheinarmee um die Hälfte reducirte[2]), da jetzt die Donauländer und andere Provinzen die Streit-

---

[1]) Anders in Belgien; da dies keine Grenzprovinz war, da hier niemals eine grössere Streitmacht vorhanden, machte man Durocortorum zur Residenz des Statthalters, weil es die Hauptstadt der Remi, einer den Römern von Anfang an treuergebenen Völkerschaft war. Am Niederrhein sind zunächst die Legionen gleichmässig zwischen Xanten und Cöln vertheilt; aber Cöln ist der Sitz des Statthalters, weil man hier die grösste Gemeinde der Ubier angesiedelt hatte: und als man später das Militär von hier verlegte, weil die *ara Ubiorum* römische Colonie ward, blieb die Stadt doch der Mittelpunkt der Verwaltung: wegen seiner Lage inmitten der Provinz und seiner zahlreichen Bevölkerung war Cöln dazu vorzüglich geeignet; die Entfernung der wichtigeren Waffenplätze war nicht bedeutend und daher kein Hinderniss.

[2]) Die Rheinarmee ward successive reducirt; unter Hadrian standen wohl drei Legionen am Oberrhein und ebenso viele am Niederrhein, während später nur je zwei Legionen zum Schutze dieser Provinzen verblieben. Pontius Sabinus ist nach der Inschrift Or. 5456 *praepositus vexillationibus milliariis tribus expeditione Brittanica leg. VII gemin. VIII Aug. XXII primig.* Sicherlich betheiligten sich an dem Feldzuge nach Britannien sämmtliche Legionen der damaligen oberrheinischen Armee, gerade so wie in der Inschrift Or. 6453 (diese Inschrift ist zwar theilweise unrichtig ergänzt, aber in der Hauptsache unverdächtig) die vier Legionen des Niederrheines, die I., V., XX. und XXI. ihr Contingent zu einer Expedition stellen. Die VII. Legion stand also damals am Oberrhein, jedoch nur kurze Zeit, daher sich nur wenige Denkmäler erhalten haben, wie die Mainzer Inschrift CIR. 896; daher befremdet auch nicht in der römischen Inschrift Or. 6702 *tribuno militum leg. VII geminae felicis in Germania,* wo die Kritik an dem Zusatz *in Germania* mit Unrecht Anstoss nimmt (etwas verschieden die Grabschrift des Dillius Vocula Or. 5426 *leg. in Germania leg. XXII primigeniae*). In England hat sich keine Spur von der VII. Legion erhalten, denn wenn in dem Lapidarium Septentr. n. 778 der Herausgeber neben der *Vexillatio leg. VI. Vi.* auch LEG. VII zu finden glaubt, so war dort nur der Name der VI. Legion wiederholt, s. Hübner CIL. VII, 968. Dagegen ist die Anwesenheit der vex. der VIII. Legion in England bezeugt durch CIL. VII, 300 und besonders 495

kräfte des Reiches vorherrschend in Anspruch nahmen, war es am Ende ziemlich gleichgültig, ob der Statthalter von Obergermanien in Mainz oder in Vindonissa residirte.

Das *castrum* zu Vindonissa war eine Zwingburg für die Helvetier und diente zugleich dazu, um die wichtige Verbindung mit Vindelicien und der Donau zu sichern. Wäre die Festung gegen die Germanen errichtet worden, dann hätte man sie schwerlich an dieser Stelle, am Zusammenflusse der Aar und Reuss, sondern vielmehr am Rhein, etwa bei Zurzach angelegt. Von den rechtsrheinischen Germanen hatten die Römer in diesem Landstriche nicht leicht einen Angriff zu erwarten: die Geschichte kennt weder Expeditionen der Römer in jenen Gegenden noch Einfälle oder Streifzüge der Germanen[1]). Das südwestliche Deutschland war damals nur schwach bevölkert, die ehemaligen Wohnsitze der Helvetier (Tac. Germ. 28) nahezu verödet; aus dem Rheinthale hatten die Römer den Kern der früheren Bewohner auf dem linken Ufer angesiedelt[2]). Daher auch unsere Chartographen

---

(ein Schild in der Mündung des Tyno gefunden, mit dem Namen eines Soldaten der VIII. Legion und seiner Centurie, wie dies ein Legat unter Domitian, s. Dio Cass. LXVII, 10 seinen Soldaten anbefohlen hatte und früher wohl allgemein üblich war, s. Veget. II, 18), ebenso der XXII. durch n. 846 VEXI .. LEG. XX .. PRIMIG. Also bildeten im J. 120 und d. f. diese drei Legionen den Bestand des oberrheinischen Heeres; denn ich kann Hübner (CIL. VII, S. 100) nicht bestimmen, wenn er die VII. Legion dem spanischen Heere zuweist.

[1]) Denn die Germanen, welche im J. 89 den Rhein überschreiten wollten, waren von dem Statthalter der Provinz aufgewiegelt.

[2]) Am Oberrheine auf dem rechten Ufer hatten sich die drei engverbundenen Stämme der Nemeter, Vangionen und Triboker angesiedelt. Ueber die Wohnsitze dieser Völkerschaften zur Zeit Caesars sind die Ansichten getheilt; die einen weisen ihnen das rechte, die anderen das linke Ufer an: weder diese noch jene Ansicht ist richtig. Die Triboker, welche den nördlichsten Theil des rechten Ufers inne hatten, überschritten zuerst den Strom und liessen sich im Gebiet der Mediomatriker nieder, wohl schon ehe Ariovist auftrat; die Nemeter wohnten noch zu Caesars Zeit an den südwestlichen und südlichen Abhängen des Schwarzwaldes; nördlich von den Nemetern die Vangionen. Diese beiden Stämme sind erst später übergesiedelt und zwar von den Römern, welche den Schutz der Grenze nicht den unzuverlässigen Galliern anvertrauen mochten, sondern es vorzogen, den Rhein gegen die Germanen durch Germanen zu vertheidigen, deren kriegerische Tüchtigkeit und Treue hinlänglich erprobt war. Aber die Römer wiesen diesen Stämmen nicht das gerade gegenüberliegende Ufer an, sondern versetzten die Nemeter und Vangionen unterhalb der Triboker; daher diese drei Stämme sich jetzt auf dem linken Ufer ganz anders als

in sichtlicher Verlegenheit sind, den leeren Raum auszufüllen, da
uns hier eigentlich kein Völkername während dieser Epoche ent-
gegentritt. In dem herrenlosen Lande siedelten sich allmählich
gallische Auswanderer an; die Schilderung des Tacitus ist auch
hier der Wahrheit vollkommen entsprechend[1]). Die Occupation
Domitians, der das südwestliche Deutschland dem römischen Reiche
einverleibte, war daher ein ganz gefahrloses Unternehmen[2]).
Ganz anders am Mittel- und Niederrhein, wo sich die streit-
barsten und edelsten Stämme der Germanen drängen, die Alles
daran setzten, um ihre Unabhängigkeit zu behaupten. Zwischen
Mainz und Xanten war daher der Kern der Rheinarmee concentrirt: namentlich von Mainz aus unternahmen die Römer fortwährend Kriegszüge gegen die Chatten, die tapfersten und stolzesten
aller Germanen, die zwar ihren Stammgenossen zu gemeinsamer
Abwehr des Feindes die Hand zu reichen verweigerten und sich
deshalb mit den Sigambrern und Cheruskern verfeindeten, aber
nichts desto weniger auf eigene Hand den Kampf gegen die
Römer unverzagt fortsetzten und mehr als einmal aggressiv in
das römische Gebiet eindrangen, ja selbst Mainz belagerten, wie
im J. 50 (Tacit. Ann. XII, 27), und wieder im J. 60 (Tacit. Hist.
IV, 37). In Mainz hatten daher bis zum J. 89 regelmässig zwei
Legionen ihr Winterlager, während in Vindonissa niemals mehr
als eine Legion gestanden hat[3]); und Mainz blieb auch, seitdem
kraft der Verordnung Domitians die eine Legion versetzt ward,
und überhaupt die Verhältnisse zu den rechtsrheinischen Germanen sich friedlicher gestalteten, einer der stärksten Waffenplätze, während Vindonissa, nachdem Domitian das südwestliche

früher auf dem rechten gruppiren: dadurch wurden diese Stämme der
unmittelbaren Berührung mit ihren früheren Nachbarn entrückt. Es
ist übrigens wahrscheinlich, dass ein Bruchtheil dieser Völkerschaften
in den früheren Wohnsitzen auf dem rechten Ufer zurückblieb.

[1]) Tacit. Germ. 29: *non numeraverim inter Germaniae populos,
quamquam trans Rhenum Danuviumque consederint, eos, qui decumates
agros exercent: levissimus quisque Gallorum et inopia audax dubiae
possessionis solum occupavere: mox limite acto promotisque praesidiis
sinus imperii et pars provinciae habentur.*

[2]) Diese Annexion ist offenbar erst nach dem J. 89 erfolgt; und
der damals beabsichtigte Einfall der Germanen bot dafür einen schick-
lichen Vorwand dar.

[3]) Der Umfang des Castrums von Vindonissa ist, so viel ich weiss,
noch nicht ermittelt: die Arena des Amphitheaters hatte ungefähr
denselben Umfang wie zu Xanten, allein die Massverhältnisse der Arena
gestatten keinen sicheren Schluss auf die Grösse des Amphitheaters.

Deutschland der oberrheinischen Provinz einverleibt hatte, für die Vertheidigung der Grenze ohne sonderlichen Werth war.

Nichts bezeugt so entschieden die Bedeutung von Mainz, als die ungemein grosse Zahl von Grabsteinen und anderen Denkmälern in dieser Stadt und ihrer nächsten Umgebung, welche von Soldaten der verschiedensten Truppenkörper errichtet sind, und zwar ist das erste Jahrhundert nicht minder wie die späteren Zeiten vertreten[1]). Keine andere Stadt am Rheine hat soviel Erinnerungen an die römische Herrschaft während der drei ersten Jahrhunderte aufzuweisen, und zwar nimmt das militärische Element allezeit die erste Stelle ein. In dem gesammten Gebiete der Helvetier sind uns nicht soviel Inschriften erhalten, wie in dem kleinen Bezirk von Mainz, und die militärischen Monumente der Schweiz sind, weil hier niemals eine zahlreiche Kriegsmacht stand, nur von secundärer Bedeutung. Ein Epigraphiker, wie Mommsen, durfte diese lautredende Thatsache am wenigsten ausser Acht lassen.

---

[1]) Ich erinnere hier nur an das Monument des *Cn. Petronius Asellio*, praefectus fabrum unter Tiberius, und zwar noch aus der Zeit des Augustus; die Aufschrift ist mitgetheilt von J. Becker, Inschriften des Museums der Stadt Mainz S. XIX, aber eine würdige Publication wird noch immer vermisst.

VI.

Der Vicus Ambitarvius.

Ueber die Lage des Vicus Ambitarvius, der nur einmal bei Sueton mit Berufung auf den älteren Plinius erwähnt wird, ist vielfach verhandelt worden, ohne dass die Frage bereits endgültig entschieden wäre. Ein neuer Versuch das Problem zu lösen dürfte wenigstens nicht von vornherein als überflüssig erscheinen.

Durch Sueton erfahren wir[1]), dass es über den Geburtsort

---

[1]) Die Stelle des Sueton Calig. Cap. 8 ist für die ganze Untersuchung von hervorragender Bedeutung; ich füge sie daher hier bei: *C. Caesar natus est pridie Kal. Sept. patre suo et C. Fonteio Capitone coss. Ubi natus sit, incertum diversitas tradentium facit. Cn. Lentulus Gaetulicus Tiburi genitum scribit, Plinius Secundus in Treveris vico Ambitarvio supra confluentes: addit etiam argumento, aras ibi ostendi inscriptas: ob Agrippinae puerperium. Versiculi imperante mox eo divulgati apud hibernas legiones* (richtiger Beroaldus *apud hiberna legionum*) *procreatum indicant:*
        In castris natus, patriis nutritus in armis
        Iam designati principis omen erat.
Ego in actis Anti editum invenio. Gaetulicum refellit Plinius quasi mentitum per adulationem, ut ad laudes iuvenis gloriosique principis aliquid etiam ex urbe Herculi sacra sumeret, abusumque audentius mendacio, quod ante annum fere natus Germanico filius Tiburi fuerat, appellatus et ipse C. Caesar; de cuius amabili pueritia immaturoque obitu supra diximus. Plinium arguit ratio temporum. Nam qui res Augusti memoriae mandaverunt, Germanicum exacto consulatu in Galliam missum consentiunt, iam nato Gaio. Nec Plini opinionem inscriptio arae quicquam adiuverit, cum Agrippina bis in ea regione filias enixa sit, et qualiscumque partus sine ullo sexus discrimine puerperium vocetur, quod antiqui etiam puellas pueras sicut pueros puellos dictitarent. Extat et Augusti epistula, ante paucos quam obiret menses ad Agrippinam neptem ita scripta de Gaio hoc (neque enim quisquam iam alius infans nomine pari tunc supererat): ,,*Puerum Gaium XV. Kal. Iun. si dii volent ut ducerent Talarius et Asillius, heri cum iis constitui. Mitto praeterea cum eo ex servis meis medicum, quem scripsi Germanico si vellet ut retineret. Valebis, mea Agrippina, et dabis operam ut valens*

des C. Caligula sehr abweichende Nachrichten gab: Tibur, Antium, endlich ein kleiner Flecken im Lande der Treveri, der *vicus Ambitarvius* werden genannt. Lentulus Gaetulicus, ein Zeitgenosse des Caligula, hatte aus Schmeichelei, wie Plinius behauptet, Tibur als seine Vaterstadt bezeichnet[1]); zugleich liegt wohl eine nicht ganz absichtslose Verwechselung mit einem älteren, früh verstorbenen Bruder des Caligula vor, der ebenfalls Gaius hiess und wirklich in Tibur geboren war[2]). Plinius, der seinen Vorgänger berichtigt, irrt in anderer Weise[3]); indem er der frühzeitig aufgekommenen Vorstellung folgt[4]), Caligula sei im Feldlager seines Vaters Germanicus geboren und aufgewachsen, verlegt er auf eigene Gefahr die Geburt des nachmaligen Kaisers in den *vicus Ambitarvius*. Dort hatte Agrippina zweimal ihrem Gatten ein Kind geschenkt, wie inschriftliche Denkmäler an eben dieser Stätte bezeugten[5]). Plinius, der mehrere Jahre im germanischen Heere gedient hatte, kennt die Oertlichkeit offenbar aus eigener Anschauung und berief sich auf jene Inschriften zur Unterstützung seiner Hypothese, die jedoch mit der Chronologie unvereinbar ist, wie Sueton zeigt, der sich hier als gründlicher und gewissen-

---

pervenias ad Germanicum tuum." Abunde parere arbitror, non potuisse ibi nasci Gaium, quo prope bimulus demum perductus ab urbe sit. Versiculorum quoque fidem eadem haec elevant et eo facilius, quod ii sine auctore sunt. Sequenda est igitur, quae sola restat, publici instrumenti auctoritas, praesertim cum Gaius Antium, omnibus semper locis atque secessibus praelatum, non aliter quam natale solum dilexerit, tradaturque etiam sedem ac domicilium imperii taedio urbis transferre eo destinasse.

[1]) Wahrscheinlich in einem Gedichte, wo sich Gelegenheit darbot, die sagenhaften Anfänge der Stadt Tibur mit der Geburt des Fürsten zu verknüpfen.

[2]) Die Stelle des Sueton ist durch Ausfall eines Wortes verdunkelt; man muss lesen: *quod ante annum fere natus Germanico filius Tiburi (mortuus) fuerat*. Dieser durch seine Schönheit ausgezeichnete Knabe starb im Alter von 6 oder 7 Jahren (*puerascens*, Sueton c. 7) im J. 11, war also ungefähr im J. 4 geboren.

[3]) Plinius wird in der Geschichte der germanischen Kriege, die er schon als Reiterofficier in dieser Provinz (um das J. 46 ff.) begann, aber erst nach dem Tode seines Freundes Pomponius Secundus herausgab, über den Geburtsort des Caligula gesprochen haben.

[4]) Schon beim Regierungsantritte des Caligula war dies in den anonymen Versen, die Sueton anführt, ausgesprochen.

[5]) Diese wohl der Juno Lucina geweihten Altäre hat wahrscheinlich Germanicus selbst aus Pietät gestiftet, nicht wie Hübner (Jahrb. XLII, S. 148) annimmt, ein Legat aus Devotion gegen das kaiserliche Haus.

hafter Forscher bewährt¹). Caligula ist den 31. August des
J. 12 zu Antium geboren²), wie Sueton aus dem römischen
Staatsanzeiger berichtet, der in solchen Dingen volle Glaubwürdigkeit beanspruchen darf. Germanicus, nachdem er im Herbst
des J. 11 mit Tiberius aus Germanien nach Rom zurückgekehrt
war³), bekleidet im J. 12 das Consulat und geht erst im folgenden
Jahre als Statthalter nach Gallien⁴); folglich kann auch Caligula
nicht im Gebiet der Treveri oder im Lager am Rhein geboren
sein, wie Sueton sehr richtig bemerkt⁵).

Unmittelbar nach Ablauf seines Consulates im J. 12 begab
sich Germanicus wieder an den Rhein, um die Verwaltung der
gallischen und germanischen Provinzen zu übernehmen. Hier
verweilte er 4 Jahre von 13—16 mit kurzer Unterbrechung;
denn den Winter 13/14 hat Germanicus offenbar in Rom zuge-
bracht⁶). Im Frühjahr 14 kehrt er in seine Statthalterschaft
zurück; im Laufe des Sommers folgte ihm seine Gemahlin mit
dem jüngsten Sohne Caligula⁷) und blieb fortan seine treue Be-
gleiterin. Im Spätjahr 14 ist Agrippina an der Seite ihres Gatten
mitten unter den meuterischen Soldaten in Cöln⁸), und fügt sich
nur ungern den eindringlichen Vorstellungen des Germanicus und
seiner Freunde, welche ihre Entfernung forderten. Im folgenden

---

¹) Tacitus folgt dem Plinius, dessen Geschichte der germanischen
Kriege er Ann. I, 69 anführt und fleissig benutzt haben wird, wenn er
den Knaben, der eben erst mit seinen Eltern das Lager der germanischen Legionen betreten hatte, als Liebling der Soldaten schildert,
s. Ann. I, 44: *rediret legionum alumnus*, und noch bestimmter I, 41:
*infans in castris genitus, in contubernio legionum eductus, quem militari
vocabulo Caligulam appellabant, quia plerumque ad concilianda vulgi
studia eo tegmine pedum induebatur.*
²) S. Sueton. Der Geburtstag ist auch in einigen Kalendarien
verzeichnet, s. C. Inscr. Lat. I, S. 400.
³) Dio Cassius LVI, 24.
⁴) Sueton: *Germanicum exacto consulatu in Galliam missum consentiunt.*
⁵) Caligula war beinahe zwei Jahre alt (*prope bimulus*), als er
Rom mit seiner Mutter verliess.
⁶) Dies ist nicht überliefert, ergiebt sich aber mit voller Sicherheit daraus, dass Agrippina im Spätjahre 14 eines Kindes genas.
⁷) Im Mai ist Agrippina noch in Rom; die Abreise war auf den
18. Mai festgesetzt. Augustus' Fürsorge zeigt sich in dem Briefe,
welchen Sueton mittheilt; er wählt selbst für den jungen Sohn des
Germanicus zwei Begleiter aus und giebt ausserdem einen seiner
Aerzte mit.
⁸) Tac. Ann. I, 40 ff.

Jahre 15 verweilt Agrippina in Xanten, da sie natürlich an dem Feldzuge nicht theilnehmen konnte, und bewährt ihren männlichen Muth, indem sie in einem gefährlichen Momente das Abbrechen der Rheinbrücke verhinderte[1]). Die beiden Töchter, welche Agrippina während dieser Zeit ihrem Gatten schenkte, wurden im *vicus Ambitarvius* geboren. Hier befand sich offenbar eine kaiserliche Villa, ein sogenanntes Praetorium, welches dem Statthalter und seiner Familie jeder Zeit, besonders während des Winters einen behaglichen Aufenthalt darbot[2]).

Germanicus hinterliess drei Söhne und ebensoviel Töchter, Agrippina, Drusilla und Livilla, alle drei rasch nacheinander geboren[3]), Livilla im Frühling des J. 18 auf der Insel Lesbos an der Küste Kleinasiens[4]), da Agrippina ihren Gatten auch auf seiner letzten Reise in den Orient begleitete, die beiden anderen in der kaiserlichen Villa im fernen Keltenlande[5]). So berichtet Sueton, während Tacitus Cöln als Geburtsort der jüngern Agrippina bezeichnet[6]). Auch hier liegt eine abweichende Ueberlieferung vor, und es wäre vergebliche Mühe diesen Widerspruch auf künstliche Weise auszugleichen[7]). Wir werden uns auch hier für Sueton entscheiden,

---

[1]) Tac. Ann. I, 69. Dass das wachsende Ansehen der Agrippina beim Heere den Argwohn des Tiberius erregte, dürfen wir dem Tacitus wohl glauben.

[2]) Der Ort ward als der geeignetste für Agrippinas Zustand gewählt; dass sie hier zweimal die Wochen abhielt, schliesst jeden Gedanken an zufällige Ueberraschung auf der Reise aus.

[3]) Sueton: *continuo triennio natae*. Agrippina ist als die älteste nach der Mutter benannt. Zur Bestätigung dient auch die Bronzemünze des Caligula, welche seine drei Schwestern darstellt; Drusilla steht in der Mitte, Agrippina zu ihrer Rechten, Julia (Livilla) zur Linken (s. Cohen, Kaiserm. I, S. 148, 13).

[4]) Tac. Ann. II, 54 (*novissimo partu Iuliam edidit*). Bei dem Triumphzuge am 26. Mai des J. 17 war Germanicus von 5 Kindern begleitet (*currus quinque liberis onustus*), 3 Söhnen und 2 Töchtern; Tac. II, 41. Drusilla wird damals bereits im zweiten Jahre gestanden haben.

[5]) Die Worte des Sueton: *cum Agrippina bis in ea regione filias enixa sit* weisen auf das Vorangehende: *in Treveris vico Ambitarvio supra confluentes* zurück.

[6]) Tac. Ann. XII, 27: *in oppidum Ubiorum, in quo genita erat veteranos coloniamque deduci impetrat*.

[7]) Man müsste annehmen, dass Agrippina drei Töchter während der J. 14—16 geboren habe, im *vicus Ambitarvius* im Spätjahr 14 ein Kind, welches alsbald gestorben sein müsste (nach Sueton c. 7 waren allerdings von den 9 Kindern des Germanicus *duo infantes adhuc rapti*)

der die Geschichte des kaiserlichen Hauses sorgfältig studirt hatte, während Tacitus nur berichtet, was man sich im J. 50 zu Rom erzählte¹). Das lebhafte Interesse, welches Agrippina für die Ansiedelung römischer Colonisten bei den Ubiern bezeigte, leitete man daraus ab, dass die Fürstin in der Stadt, welcher sie damals ihren Namen gab, geboren sei. Indirect bestätigt übrigens Tacitus selbst die Richtigkeit der andern Ueberlieferung durch seine anschauliche Schilderung des Aufstandes der Legionen am Niederrhein im J. 14.

Das Geburtsjahr der Agrippina ist nicht überliefert, wohl aber ihr Geburtstag, der 6. November²). Die gewöhnliche Ansicht Agrippina sei im J. 16 geboren ist unstatthaft, denn dann müsste ihre jüngere Schwester Drusilla früher geboren sein³). Als Augustus am 19. August des J. 14 gestorben war, brach sofort in den Lagern Pannoniens und Germaniens die Meuterei aus. Dem Aufstande der pannonischen Legionen machte die Mondfinsterniss des 26. September rasch ein Ende. Am Rhein kostete es mehr Zeit und Anstrengung den Aufstand zu dämpfen. Germanicus wurde dadurch, sowie durch den kurzen Feldzug gegen die Ger-

---

und wieder im Spätjahre 16 ebendaselbst die Drusilla, dazwischen am 6. Nov. 15 die Agrippina zu Cöln. Allein aus Tac. Ann. II, 26 geht hervor, dass Germanicus im Spätjahr 16 nach Rom zurückkehrte; den Feierlichkeiten, welche *fine anni* ihm zu Ehren stattfanden (II, 41), wohnte er offenbar persönlich bei. Auch sprechen die *arae*, welche *ob Agrippinae puerperium* im *vicus Ambitarvius* errichtet waren, gegen einen ungünstigen Ausgang.

¹) Es wiederholt sich derselbe Irrthum, den wir bei der Geburt des Caligula finden. Das Andenken an den Grossvater Agrippa, der als der Gründer der Ubierstadt gelten konnte (s. unten S. 142), sowie eigene Erinnerungen aus der ersten Jugend (Agrippina wird mit ihrer Mutter öfter in Cöln gewesen sein), reichen vollkommen aus, um dies Interesse zu motiviren.

²) Der Kalender von Antium verzeichnet an diesem Tage AGRIPP · IVL · NAT ·

³) Nur Froitzheim (Philol. XXXI, S. 185) bestimmt das Geburtsjahr richtig, während Ritter (in den Jahrb. XXXV, S. 1 ff.) für Agrippina das J. 13, für Drusilla 14, für Livilla 15/16 ansetzt, um die Ansprüche Cölns und des *vicus Ambitarvius* auf die Töchter des Germanicus gleichmässig aufrecht zu erhalten; allein die Thatsache, dass Livilla im J. 18 auf Lesbos geboren wurde, ist so vollgültig bezeugt, dass man daran nicht rütteln darf. Das *triennium continuum*, von dem Sueton spricht, ist als runder Ausdruck zu betrachten; es reicht vom 6. Nov. 14 bis zum Frühjahr 18, umfasst also drei volle Jahre (15, 16, 17) und ausserdem einige Monate.

manen während des Septembers und Octobers am Rheine festgehalten. Die Gattin hatte er etwa im Anfange des Oktober[1]) nach Gallien ins Trierische geschickt; dort gebar sie ein Kind, dies ist eben die älteste Tochter Agrippina; diese ward den 6. November des J. 14 im *vicus Ambitarvius* geboren[2]); etwa ein Jahr später, gegen Ende des J. 15 oder Anfang 16 ebendaselbst Drusilla.

Diese Ortschaft sucht man allgemein in der Nähe von Coblenz, da Sueton die Lage des *vicus* durch den Zusatz *supra confluentes* näher bestimmt, und von dieser Voraussetzung ausgehend schreibt man ohne Weiteres *Confluentes*, als ob ein unzweifelhafter Eigenname vorliege: allein *confluens, confluentes* bezeichnet jede Stelle, wo sich zwei Flüsse vereinigen. Es ist dies eine nicht ungewöhnliche Benennung von Halteplätzen an römischen Staatsstrassen, so gut wie *ad aquas, ad fines, ad stabulum, ad novas* u. s. w. Erst indem solche Orte allmählich Bedeutung gewinnen, wird die Bezeichnung ein wirklicher Eigenname. *Ad confluentes* hiess die Station der Militärstrasse, welche von Mainz nach Xanten führte[3]), gewiss von Anfang an, aber wann aus dieser

---

[1]) Tac. Ann. I, 44: *ob imminentem partum et hiemem*.

[2]) Froitzheims Versuch, den Widerspruch zwischen Ann. I, 44 und XII, 27 zu lösen, ist unzulässig; er meint, nachdem der Aufstand beschwichtigt war, habe Germanicus seinen Vorsatz, die Gattin zu den Treveri zu senden, aufgegeben; allein dies streitet mit der sehr bestimmt ausgesprochenen Erklärung: *reditum Agrippinae excusavit ob imminentem partum et hiemem, venturum filium* (dies letztere Versprechen kann schwerlich zur Ausführung). Es wäre zwecklos gewesen, die Agrippina, welche ihre Reise bereits angetreten hatte, nach Cöln zurückzurufen, da Germanicus selbst alsbald nach Xanten ging, um dort den Aufstand zu dämpfen, und dann mit sämmtlichen Legionen über den Rhein zog. Der *vicus Ambitarvius* wird von Anfang an für den Winteraufenthalt in Aussicht genommen worden sein. Unklar ist, was im Philol. XXXI, S. 187 bemerkt wird, es sei kein Grund mehr vorhanden gewesen, die Gattin so weit fortzuschicken, „wenn Germanicus es auch für ihren Zustand rathsam hielt, sie aus dem Getümmel des Lagers zu entfernen". Damit kann doch nicht wohl der *vicus Ambitarvius* gemeint sein, denn so bliebe die Differenz mit XII, 27 ungelöst, sondern irgend ein beliebiger Ort in der nächsten Umgebung Cölns. [Vergl. was Froitzheim Rh. Mus. XXXII, 340 „Ein Widerspruch bei Tacitus und seine Lösung" gegen diese Aufstellungen Bergks ausgeführt hat.] — Uebrigens wohnte Germanicus nicht in einem der beiden Winterlager zu Cöln, sondern in einem Hause der Stadt (Ann. I, 39).

[3]) Diese Rheinstrasse existirte sicherlich schon in den letzten Jahren der Regierung des Augustus (s. Tac. Ann. I, 45), wenn sie auch

Station eine ansehnlichere Ortschaft ward, wissen wir nicht[1]). Wenn man daraus, dass Sueton es unterlässt die Namen der Flüsse zu nennen, folgert, der Ort, d. h. Coblenz, müsse schon zur Zeit des Plinius oder doch des Sueton eine gewisse Berühmtheit erlangt haben, so ist dies ein fehlerhafter Schluss.

Die Neueren werden freilich bei der Erwähnung von *confluentes* im Gebiet der Treveri sofort auf Coblenz und die Vereinigung der Mosel mit dem Rheine verfallen; allein ein unterrichteter Römer im ersten und zweiten Jahrhundert dachte sicherlich dabei nicht an den schmalen Streifen des trierischen Landes, welches der Militärgrenze einverleibt war, sondern an das blühende und reiche Trier mit seiner unmittelbaren Umgebung; war doch Trier schon damals eine der ersten Städte in der Gallia Belgica[2]).

„Dass Coblenz gemeint sei bestreitet Niemand," sagt man[3]); indess über die Lage des *vicus Ambitarvius* sind die Meinungen sehr getheilt; die Einen suchen die Ortschaft in unmittelbarer Nähe von Coblenz[4]), Andere bei Rense oder im Gebiete der Mosel bei Münstermaifeld, ja sogar bei Ems an der Lahn. Die letzte Hypothese wird wohl nicht leicht Jemand ernstlich in Schutz nehmen[5]); wie weit damals die römische Herrschaft sich über diesen Theil des rechten Ufers erstreckte, wissen wir nicht; jedenfalls würde den Germanicus der Vorwurf der

---

später angelegt ward, als die Strassen von Trier nach Cöln und Mainz; das Stück zwischen Bingen und Mainz, welches zunächst der Trierer Strasse angehört, war der älteste Theil der Rheinstrasse.

[1]) Die Vorliebe der keltischen Völkerschaften für solche Punkte, wo sich zwei Ströme vereinigen, ist bekannt; daher ist die Existenz einer alten Niederlassung der einheimischen Bevölkerung an der Stelle, wo jetzt Coblenz liegt, wahrscheinlich, obwohl kein Zeugniss vorliegt. Von der Existenz einer kaiserlichen Villa in jener Gegend ist nicht die mindeste Spur vorhanden.

[2]) Die eigentliche Hauptstadt der belgischen Provinz war *Durocortorum* (Rheims). Strabo IV, 194.

[3]) Eltester, Jahrb. XLII, S. 30.

[4]) So Hübner, Jahrb. XLII, S. 49, der *supra confluentes* von einem hochgelegenen Punkte in der Nähe der Vereinigung beider Ströme versteht, während Andere *supra* auf den Lauf des Hauptflusses beziehen, wo man denn einen weiten Spielraum für Vermuthungen hat, oder man verlässt auch den Rhein und sucht den *vicus Ambitarvius* an der Mosel oder Lahn.

[5]) Sie streitet entschieden mit den Worten des Sueton *in Treveris*; dann liegt zwar Ems wohl auch *supra confluentes*, aber nicht der Mosel und des Rheins, sondern der Lahn.

äussersten Unvorsichtigkeit treffen, wenn er die Hofhaltung seiner Gattin in dieses jedem Angriffe ausgesetzte Grenzland verlegt hätte. Nicht minder Bedenken erhebt sich gegen Münstermaifeld. Die Nachbarschaft der Vorberge der Eifel war wohl für Bären- und Wolfsjäger, aber nicht für eine Frau in der Lage der Agrippina, zumal in der winterlichen Jahreszeit, ein geeigneter Aufenthalt[1]).

Unter allen Umständen wäre es seltsam, wenn Germanicus sich gerade für die Gegend von Coblenz, fern von jeder grössern Stadt, fern von allen Bequemlichkeiten der civilisirten Welt entschieden hätte. Wenn Germanicus beabsichtigte seine Familie auch während des Winters in Germanien zurückzuhalten, so hätte er sicher einen Ort in unmittelbarer Nähe der befestigten Winterlager am Nieder- oder am Oberrhein gewählt. Am allerwenigsten aber wird Germanicus in einem Augenblicke, wo der Aufruhr der Soldaten am wildesten tobte und er sich genöthigt sah seine Familie aus Cöln zu entfernen, die Seinen nach der Gegend von Coblenz geschickt haben; denn dort hätten sie sich im Bereiche der aufständischen Legionen befunden; Agrippina war dann völlig schutzlos, gleichviel ob dort ein Detachement stand, oder die Gegend von Truppen entblösst war.

Wollte Germanicus für die Sicherheit der Seinen sorgen, so musste er sie nach Gallien senden; hier bedurfte es nicht des

---

[1]) Für Coblenz selbst liesse sich anführen, dass es gerade in der Mitte zwischen den Winterquartieren von Cöln und Mainz lag; dieser Vortheil ging wieder verloren, sobald man die Hofhaltung seitwärts in eine Gegend verlegte, wo es damals an Strassenanlagen noch gänzlich fehlen mochte. Auf Münstermaifeld ist man nur verfallen, weil diese Gegend im Mittelalter den Namen *pagus Ambitivus* geführt zu haben scheint, der an den *vicus Ambitarvius* oder (wie man bei Sueton früher gegen das Zeugniss der besten Hdschr. las) *Ambiatinus* zu erinnern schien. In einer Urkunde König Pipins vom J. 760 (mittelrh. Urk. I, n. 12) heisst es: *aecclesiam S. Martini in pago Ambitivo constructam*. Diese Urkunde ist nicht gefälscht, aber sie liegt nur in einer Copie nach einem vermoderten Original vor, so dass auf Einzelheiten kein rechter Verlass ist. In einer späteren Urkunde vom J. 964 (I, n. 217) findet sich dafür der Ausdruck: *ad basilicam S. Martini confessoris Christi, quae Ambitivum vocatur*, während in einem Documente weit älteren Datums bereits der Maiengau genannt wird, Urkunde des Königs Dagobert vom J. 634 (mittelrhein. Urk. I, n. 6): *basilicam S. Martini in pago Magninse*. Wie es sich auch mit dem *pagus Ambitivus* verhalten mag, die Form des Namens selbst verbietet, ihn mit dem *vicus Ambitarvius* zusammenzuhalten. Ist übrigens der Name richtig, dann geht derselbe sicher auf einen Keltengau aus römischer oder vielmehr vorrömischer Zeit zurück.

Der Vicus Ambitarvius.

unzuverlässigen militärischen Schutzes. Auch sagt Tacitus mit ganz bestimmten Worten, dass Agrippina sich nach Gallien zu den *Treveri* begab[1]). Eben dies, dass die Gattin des früher hoch geehrten Führers bei Fremden Schutz vor ihren Landsleuten suchen musste, machte tiefen Eindruck auf die Gemüther der Soldaten und bewirkte einen Umschlag. Die meuterischen Legionen fordern die Rückkehr der Agrippina, Germanicus giebt nicht nach, die Soldaten vollziehen alsbald selbst die Strafe an den Rädelsführern und kehren zum Gehorsam zurück.

Den *vicus Ambitarvius* darf man also nicht in Germanien am Ufer des Rheines, sondern nur an der Mosel suchen[2]).

---

[1]) Tac. Ann. I, 41 schildert die Abreise der Agrippina mit den deutlichen Worten: *feminas illustres — non centurionem ad tutelam, non militem, nihil imperatoriae uxoris aut comitatus soliti — pergere ad Treveros et externae fidei* (so sind die Worte zu interpungiren); dann gleich nachher: *sed nihil aeque flexit, quam invidia in Treveros: orant, obsistunt, rediret, maneret, pars Agrippinae occursantes, plurimi ad Germanicum regressi*, und c. 44: *revocaretur coniux, rediret legionum alumnus, neve obses Gallis traderetur*. Man sieht, Agrippina verlässt mit ihrem Sohne Germanien und zieht nach Gallien zu den Treveri, um dort ihre Niederkunft abzuwarten; dadurch ist jede Beziehung auf Coblenz und Umgegend ausgeschlossen. Tacitus hat den *vicus Ambitarvius* im Sinne, wenn er auch nicht genannt wird, und dieser muss in der gallischen Provinz gesucht werden.

[2]) Nur Ritter (Jahrb. XXXV, S. 1 ff.) verlegt den *vicus Ambitarvius* in die Saargegend; aber man vermisst den Nachweis, dass dieser Ort nicht am Rheine, überhaupt nicht in Germanien, sondern in Gallien liegen müsse, wie ich hoffentlich zur vollen Ueberzeugung jedes Unbefangenen ausgeführt habe. Auf die Darstellung der Vorgänge in Cöln bei Tacitus, die für diese Frage entscheidend ist, hat man eben bisher gar nicht geachtet. Ritter lässt sich nur durch eine gewisse Aehnlichkeit der Namen leiten und findet den *vicus Ambitarvius* in Zerf an der Saar wieder, indem er darauf hinweist, dass anlautendes T im Deutschen sich in Z verwandelt. Allein Zerf heisst in den älteren Urkunden regelmässig *Cervia* oder *Cerve*, wie Zeltingen *Celtanc* oder *Celding*, Zelle *Celle*. Dann bleibt unerklärt, was aus dem ersten Theile des Namens (*ambi*) geworden ist. Dass bei Zerf sich Reste römischer Gebäude vorfinden, ist natürlich ohne Belang. — Nachträglich sehe ich, dass schon Aeltere auf Conz gerathen haben: Ortelius (*Itiner. per nonnullas Galliae Belgicae partes* 1584, S. 55) schreibt diese Ansicht Einigen (*nonnulli*) zu, und Wilh. Wiltheim *historiae Lucilib. ant. disquis.* Lib. III (handschriftlich in der Bibl. zu Trier) nennt ebensowenig einen bestimmten Gewährsmann, sondern beruft sich ausser auf Ortelius auch auf Braunius *Theatr. Urb.* Tom. V, wo derselbe Ausdruck *nonnulli* wiederkehrt. Ortelius kennt auch die Urkunden, in denen der *pagus Ambitivus* vorkommt, weiss aber nicht, wo die Kirche des St. Martin zu suchen sei.

Hier aber giebt es keine Stelle, auf welche die Beschreibung des Plinius so gut passt als Conz, auf einem mässigen Hügel unmittelbar am Zusammenfluss der Saar und Mosel gelegen[1]). Von hier aus überschaut man weithin das Thal der Mosel wie der Saar: vor sich hat man die Vereinigung beider Flüsse und die schon von Ausonius erwähnte Brücke über die Saar; gegenüber liegt Igel, im Hintergrunde ist Trier sichtbar. Das freundliche anmuthige Landschaftsbild, das sich hier dem Beschauer darbietet, mochte für die Römer grössern Reiz haben als der Ernst nordischer Natur, der anderen Stätten eigen ist[2]). Für Anlage eines grösseren Gebäudecomplexes bot der Rücken des Hügels ausreichenden Raum dar. Allein auch sonst erscheint die Wahl dieses Ortes höchst zweckmässig; in geringer Entfernung von Trier[3]), einer bedeutenden und volkreichen Stadt, konnte hier der Feldherr mit seiner Familie ungestört dem Genusse ländlicher Stille sich hingeben, welche für den vielbeschäftigten Römer Bedürfniss war, ohne in der Ausübung der Pflichten seines Amtes gehindert zu werden; denn von Trier führten die grossen Militärstrassen, deren erste Anlage unzweifelhaft der Regierung des Augustus verdankt wird[4]), nach dem Ober- und Niederrheine;

---

[1]) Die Beschreibung bei Sueton: *in Treveris vico Ambitarvio supra confluentes* passt wörtlich auf diese Stelle. Man wird einwenden, Sueton habe dann die Namen der Flüsse hinzufügen müssen: dies verlangt allerdings die Deutlichkeit der Schilderung: aber bei Plinius ergab sich vielleicht aus dem Zusammenhange, dass Saar und Mosel gemeint sind; Sueton begnügte sich einfach, den Ausdruck seines Gewährsmannes zu wiederholen, um nicht zu viel Worte zu machen. Auch anderwärts vermisst man in diesen Dingen absolute Genauigkeit. In der Notit. Dign. Occ. p. 103 lesen wir, unter dem *dux Raetiae* stehe der *praefectus numeri barcariorum confluentibus sive Brecantiae*; wie bei Sueton die Neueren an die Stadt Coblenz, so könnte man hier an das Dorf Coblenz am Zusammenfluss der Aare mit dem Rheine denken, wäre nicht die Vorstellung eine Flotille zum Schutze des Bodensees unterhalb des Rheinfalles aufzustellen gar zu abentcuerlich, abgesehen davon, dass das Aargau nicht zum rhaetischen Bezirk gehörte. *Confluentes* ist hier die Mündung des Rheines in den Bodensee bei Rheineck.

[2]) Von dem Kirchhofe und dem Pfarrgarten aus hat man den freiesten Ueberblick der Gegend, hier stand das Hauptgebäude der späteren Villa, mit der Front gegen Westen zugekehrt.

[3]) Die Entfernung beträgt ungefähr 2 Stunden, alle Verkehrsverhältnisse waren so günstig als möglich.

[4]) Strabo IV, 208 nennt unter den vier Strassen, welche Agrippa in Gallien anlegte, deren Ausgangspunkt Lugdunum war, an zweiter

hier befand sich der Statthalter von Gallien in seiner Provinz, die Verbindung mit Rom war wesentlich erleichtert.

Diese Villa muss geräumig und mit allen Bequemlichkeiten ausgestattet gewesen sein[1]). Dorthin begab sich Agrippina mit ihrem Sohne und den Frauen der Begleiter des Germanicus[2]), sowie einer zahlreichen Dienerschaft. Auch Germanicus wird mit seinem Gefolge dort den Winter zugebracht haben, wobei militärische Begleitung (die germanische Leibwache) gewiss nicht fehlte. Eine so umfangreiche Anlage liess sich nicht improvisiren; wahrscheinlich hatte Germanicus bei seiner früheren Anwesenheit in diesen Gegenden im J. 11 den Bau begonnen, ja vielleicht hatte schon Augustus während seines Aufenthaltes in Gallien in den J. 16—13 v. Chr. diesen Ort zur Anlage eines Praetoriums ausgewählt, so dass Drusus und Tiberius dort verweilt haben könnten[3]). So ist Conz auch später kaiserliches Lustschloss geblieben und namentlich in der Zeit, wo Trier Residenz ward, vielfach benutzt worden[4]).

Die Villa erhob sich auf dem Hügel, während die Ortschaft denselben umgab. Wie neue Ortsnamen im Verlaufe der Zeit nicht selten die älteren verdrängen (gerade Gallien bietet für solchen Namenswechsel zahlreiche Beispiele dar), so empfing auch

---

Stelle die Strasse nach dem Rhein ($\tau\dot{\eta}\nu$ $\dot{\epsilon}\pi\dot{\iota}$ $\tau\dot{o}\nu$ $'P\tilde{\eta}\nu o\nu$), welche sich im Gebiet der Lingonen von der Strasse nach der Nordsee abzweigte, nach Trier ging und von hier aus sich theilend den Mittel- und Niederrhein erreichte.

[1]) Anlagen für Bäder, ein unerlässliches Bedürfniss, werden nicht gefehlt haben.

[2]) Tac. Ann. I, 40: *incedebat muliebre et miserabile agmen, profuga ducis uxor, parvulum sinu filium gerens, lamentantes circum amicorum coniuges, quae simul trahebantur.* Die *amici et comites* hatte sich Germanicus theils selbst gewählt, theils der Kaiser ihm beigegeben.

[3]) Dass Germanicus erst nach Antritt seiner Statthalterschaft im J. 13 den Bau dieses Praetoriums anordnete, ist wenig wahrscheinlich.

[4]) Auson. Mos. 367 schildert, wie die Saar angesichts des Kaiserpalastes ihr Gewässer mit der Mosel vereinigt: *Naviger undisona dudum me mole Saravus Tota veste vocat, longum qui distulit amnem, Fessa sub augustis ut volveret ostia muris.* Dass gerade hier bei Conz sich ein kaiserliches *praetorium* mit voller Bestimmtheit nachweisen lässt, ist in Verbindung mit den übrigen Anzeichen, welche auf diese Gegend hinführen, ein immerhin beachtenswerthes Moment, während in und um Coblenz nicht die geringste Spur auf die Existenz einer kaiserlichen Villa zu irgend einer Zeit hindeutet.

der *vicus Ambitarvius* oder wohl richtiger *Ambitarvium* später den Namen *Contionacum*, der sich bis auf den heutigen Tag behauptet hat[1]).

Aber auch der ehemalige Kaiserpalast ist nicht spurlos verschwunden; von den früher nicht unbedeutenden Trümmern des umfangreichen Gebäudes ist jetzt freilich nur noch am südlichen

---

[1]) Wenn Sueton schreibt *in Treveris vico Ambitarvio* (so der cod. Memm., früher las man *Ambiatino*) *supra confluentes*, so ist es, da bei *vicus* nicht selten ein Adjectivum oder ein Genitiv steht, zweifelhaft, wie eigentlich der Name der Ortschaft lautete, wie man auch anderwärts auf gleiche Bedenken stösst; z. B. in den Schriften der r. Feldm. I, 241: *praetereo vicum Suprinum et Clinicutium*. Der Ort hiess wohl *Ambitarvium; vico Ambitarcio* bei Sueton ist gerade so zu fassen, wie in der Inschr. Or. 3548 *natus reg. Serdica vico Magari* (andere Beispiele Marquardt röm. Staatsverw. I, S. 15, n. 2. S. 139, n. 5). Doch habe ich von der einmal bei den Neueren hergebrachten Bezeichnung *vicus Ambitarvius* nicht abweichen mögen. *Ambitarvium* ist ein echt keltischer Name. *Ambi* kommt häufig in zusammengesetzten keltischen Eigennamen vor, bei Völkerschaften *Ambarri*, *Ambivareti*, *Ambitouti* (ein Gau der Kelten in Kleinasien, Plin. V, 146), besonders wenn sie als Anwohner eines Flusses bezeichnet werden, wie *Ambidravi*, *Ambisontes*, Ἀμβίλικοι, aber auch in Personennamen, wie *Ambirenus* (so heisst ein *Rauracus*, d. i. am *Rhyn*) oder in Apellativis, wie *ambactus* ist die gleiche Bildung nachweisbar. Der zweite Theil des Namens kehrt öfter in keltischen Namen wieder, wie *Tarvenna* (Stadt der Morini), *Tarvessedum* Station in Rhaetien, die *montes Tarvisani* und die Stadt *Tarvisium* im venetianischen Gebiet. Man darf *Ambitarvium* nicht mit dem Flussnamen *Saravus* in Verbindung bringen, denn S ist hier gewiss ursprünglich und nicht aus T erweicht, auch wäre die Ausstossung des langen A befremdlich (denn *ponte Sarvix* im Itin. Ant. 177 ist nur Schreibfehler statt *ponte Saravi*), ausserdem wäre eine solche Bezeichnung passender für den Gau, in welchem die Ortschaft lag; noch weniger darf man *vico* in *pago* verändern, obwohl Sueton nachher die Oertlichkeit mit den Worten *in ea regione* bezeichnet. — Der Name *Ambitarvium* wird später mit *Contionacum* vertauscht. *Contio* scheint in örtlicher Mundart wie eben bei den Treveri und auch wohl anderen belgischen Stämmen die Vereinigung von zwei Flüssen bezeichnet zu haben, was die Gallier *condate*, die Römer *confluens*, *confluentes* nennen. Dass in Britannien neben *Condate* auch *Cunetio* (Itin. Ant. 233) sich findet, ist nicht auffallend. *Contionacum* ist für diese am Zusammenfluss der Saar und Mosel gelegene Ortschaft ein ganz schicklicher Name. — Ob in der Aufschrift eines Gefässes von *terra sigillata* in Cöln (Lersch, Centralm. I, S. 63) CONTIONIC der Fabrikort bezeichnet wird, oder CONTI OFFIC zu lesen ist (dieser Stempel findet sich in dem Inscr. Helv. 352, 84), vermag ich nicht zu entscheiden. Die mittelalterliche Form *Cunzcun* (mittelrh. Urk. II, S. 430) veranschaulicht den Uebergang zu der jetzt üblichen.

Abhange ein grösserer Mauerrest sichtbar¹); allein überall im
Boden nimmt man die Spuren von Mauern wahr, die sich bis
ins Dorf verfolgen lassen. Ausgrabungen, welche man vor einigen
Jahren vornahm, haben einen ansehnlichen Theil der Fundamente
blosgelegt; da die Kirche und der Pfarrgarten über dem Römer-
bau liegen, war man genöthigt, auf eine weitere Nachforschung
zu verzichten²). Man darf natürlich hier nicht die Reste des
Praetorium, in welchem einst Germanicus mit seiner Familie verweilte, zu finden glauben. Das ursprüngliche Gebäude, gewiss in
mässigen Verhältnissen und ohne überflüssigen Luxus aufgeführt,
genügte den Ansprüchen einer späteren Zeit nicht mehr und ward
durch einen Neubau ersetzt³).

---

¹) Dieser halbkreisförmige Ausbau an der schmalen Südseite des
Hauptgebäudes wird gewöhnlich als Thurm oder Warte bezeichnet.
Die älteren Beschreibungen der Ruine erwähnen Ziegelbogen, Wand-
nischen u. s. w.; ich verweise auf Al. Wiltheim Lucilb. I, S. 325 (der
übrigens das alte Contionacum an eine ganz andere Stelle verlegt) und
die Abbildungen II, t. 99, n. 481. 482. Vergl. auch Schneemann,
Jahrb. V. VI, S. 186 ff.

²) Einen kurzen Bericht über diese Ausgrabungen, welche auf
Anlass der Erweiterung des Kirchhofes vorgenommen wurden, enthalten die Jahresberichte der Ges. f. nütz. Forsch. in Trier 1865—68,
S. 46. In den letzten Jahren ist die Kirche neu aufgebaut und vergrössert worden, nur der untere Theil des Thurmes gehört noch dem
früheren Gebäude an. Ob bei dieser Gelegenheit Reste des Römer-
baues, welche nach älteren Berichten sich in der Kirche und der sie
umgebenden Mauer befanden, zum Vorschein kamen, ist mir unbekannt.

³) Man legt gewöhnlich (so auch v. Wilmowsky in seiner phantasie-
reichen Schrift die Moselvillen von Trier bis Nennig S. 31 ff.)
nach einer ganz unsicheren Vermuthung die Erbauung dieses Palastes
dem Kaiser Valentinian I. bei. Bei den Ausgrabungen hat sich nur
ein Ziegel mit dem Stempel MꞀA gefunden; derselbe Stempel kommt
sowohl in den sog. Bädern (MꞀA und ARM) als auch in der Basilica
zu Trier (ARM, ARMO, ARMOTI) vor, und wenn im Museum zu Wiesbaden (CIR. 1491, e) sich die Marke ARM einmal findet, so wird dieser
Ziegel ebenso wie ein anderer CAPI nicht aus dortiger Gegend, sondern
aus Trier stammen. Jene Marke MꞀA deutet darauf hin, dass die noch
vorhandenen Ruinen der kaiserlichen Villa zu Conz der grossen Bau-
periode von Trier angehören. Auch theilt Hr. Regierungsrath Seyffarth
mit, dass die Construction des Mauerwerkes der Villa grosse Aehnlichkeit mit den Thermen in Trier hat; es ist Kalksteinfüllmauerwerk,
welches auf beiden Seiten mit kleinen zugerichteten Kalksteinen ver-
blendet ist. Von Inschriften wurde nur das Bruchstück eines Sandsteines

MTVRI

zu Tage gefördert.

Die hier vorgetragene Ansicht über die Lage des *vicus Ambitarvius* beruht auf sorgsamer und unbefangener Erwägung aller Momente, wird jedoch schwerlich überall günstige Aufnahme finden. Coblenz büsst das älteste Zeugniss für seine Existenz ein und sinkt wieder in das Dunkel, was seine Anfänge verhüllt, zurück; Agrippina bleibt zwar als Gründerin der römischen Colonie der ersten Stadt des Niederrheines eng verbunden, aber gehört der Ara Ubiorum nicht durch Geburt an, ohnedies eine zweifelhafte Ehre, da die jüngere Agrippina ihrer edlen Mutter durchaus unähnlich war. Indess eine gewissenhafte Forschung geht nicht darauf aus, einen an sich löblichen Localpatriotismus zu befriedigen, sondern sucht lediglich die Wahrheit zu ermitteln.

VII.
Der Grenzstein des Pagus Carucum.

Der *pagus Carucum* lebt fort im *pagus Carascus* des Mittelalters. *Caruces* und *Caracates*. Der Name *Caruces* deutschen Ursprungs. *Beda* und die *Baetasii*. Die *Sunuci*. Die *Tungri* und ihre Gaue: der *pagus Condrustis* und *pagus Vellavus*. Grenzstein am Vinxtbach. Grenze zwischen Ober- und Untergermanien. Der Rhein die Grenze zwischen der Schweiz und Rhaetien. Gaugrenze im oberen Rhônethal.

Die Inschrift, welche hier zum erstenmale veröffentlicht wird, gehört einer Classe von Denkmälern an, die schon wegen ihrer Seltenheit ein gewisses Interesse erwecken. Wir besitzen Grenzsteine des Territoriums der Stadt Rom, sowie römischer Colonien, Säulen, welche öffentliches von Privateigenthum, profanen Besitz von geweihtem scheiden. Andere Inschriften bekunden die Regulirung der Grenzen eines Stadtbezirkes oder eines grösseren Gebietes; auch ausführliche Urkunden über die Schlichtung von Grenzstreitigkeiten sind uns erhalten[1]); einfache Marksteine kommen äusserst selten vor[2]). Im Rheinland war bisher nur eine einzige Inschrift dieser Art bekannt,

FINES. VICI [3]).

---

[1]) Eine Auswahl solcher auf die Sicherung der Grenze bezüglicher Inschriften ist von Wilmanns Exempla inscr. Lat. n. 843—876 zusammengestellt. In spanischen Inschriften werden öfter *termini Augustales* erwähnt, ferner 1438 *termini agr. decumanor. restituti*.

[2]) Hierher gehört der Markstein zwischen *Arelate* und *Aquae Sextiae*, wo auf der einen Seite FIN. AQ., auf der anderen FIN. AREL zu lesen ist, s. Spon. Misc. S. 165. Herzog, Hist. Gall. Narb. hat die Inschrift nicht. Unecht ist die spanische Inschrift HEINC PACENSES, auf der andern Seite HEINC EBORENSES. S. CIL. II, spur. n. 11.

[3]) N und E sind ligirt. Dorow, Denkm. I, S. 107 n. 652 ohne Angabe des Fundortes. Diese zuerst von Fiedler richtig gelesene Inschrift im Museum der Univ. Bonn ist nach Overbeck Catal. n. 88 bei Cleve gefunden. Overbeck bemerkt, es sei fraglich, ob die Inschrift römisch sei; darauf hin wird dieselbe CIR. S. 361 ohne Weiteres unter die gefälschten (n. 17) verwiesen und auch in dem neuen Kataloge

Ungleich wichtiger ist der neue Fund, der Markstein des Gaues der Caruces, einer Völkerschaft, die hier zum erstenmal erscheint. Der Fundort (Neidenbach bei Kyllburg) beweist, dass die Caruces zu den kriegerischen Schaaren gehörten, welche am frühesten mit Weib und Kind über den Rhein zogen, sich im Keltenlande an der grossen Völkerstrasse zwischen Maas und Mosel ansiedelten und hier den Namen Germani empfingen, mit dem fortan die Römer die gesammte Nation bezeichnen. Diese Gegend, wenngleich nicht gerade günstig für Ansiedelung — denn es war grossentheils Moor- und Haideland oder Waldgebirge — ward ihnen bald zur Heimath, und obwohl römischer Cultur nicht unzugänglich, wurden sie doch der angeborenen Art niemals völlig entfremdet. Zumal das gebirgige Terrain nordwärts von Trier, ehemals zum Ardennerwalde gerechnet, der auch das hohe Veen und die Eifel umfasste, und insbesondere die letzten Ausläufer, wo der weitverbreitete Dienst der geheimnissvollen Schicksalsschwestern (denn das sind die *matres* oder *matronae*) recht eigentlich seine Stätte hatte, verdienen eine genauere Durchforschung, als bisher diesem Landstriche zu Theil geworden ist.

Der Grenzstein findet sich westlich vom Dorfe Neidenbach[1])

---

n. 199 unter den unechten Inschriften aufgeführt. Man wird den Stein so lange für echt halten dürfen, bis nicht das Gegentheil erwiesen ist. Lersch Centralm. II, n. 75 und Overbeck behaupten, ein Mühlstein sei zum Grenzstein umgewandelt worden, der umgekehrte Verlauf wäre jedenfalls wahrscheinlicher. Der Stein hat das Ansehen eines Mühlsteines, in der Mitte ein rundes Loch, auf der oberen nach dem äusseren Rande zu schräg abfallenden Fläche ist die Inschrift eingegraben. *Lapis molaris* findet sich im Verzeichniss der Grenzsteine, Schr. d. r. Feldm. I, 406, 20, wo eben die Form, nicht das Material zu verstehen ist. Runde Grenzsteine, zum Theil den Meilensäulen ähnlich, kommen häufig vor; hierher gehören insbesondere die *termini Augustales* (ebd. I, 242). — Mühlsteine finden sich nicht selten, so zu Vechten (*Fectio*) mit der Inschrift am Rande *Cereri alum. opt. max. s.* CIR. 58, in Bonn oberhalb des Castrums eine ansehnliche Zahl von Tuffstein, offenbar zu Handmühlen gehörig; in Bertrich ist ein grösserer in dem vorbeifliessenden Bache gefunden, am Rande mit XV bezeichnet; ein anderer dient jetzt in der sog. Nymphengrotte (Käsekeller) als Tischplatte: diese beiden gehörten vielleicht zu Wassermühlen: unmittelbar unterhalb jener Grotte treibt der Bach noch jetzt eine Mühle: eine Marmorsägemühle am Erubrus erwähnt Auson. Mos. v. 359 ff.

[1]) Neidenbach, etwa 2 Stunden von Kyllburg entfernt, an einem kleinen Bache gleichen Namens gelegen, heisst in einer Urkunde des Papstes Alexander III. (Venedig d. 2. Aug. 1177) *Nidenbuch*, ebenso in einer anderen des Erzbischofs von Trier vom J. 1204 *Nidenbuoch*,

am Waldessaum zwischen Eichengebüsch unmittelbar an der alten Römerstrasse von Trier nach Cöln, die in dieser Gegend (zwischen Bittburg und Oos, den Stationen Beda und Ausava) noch an vielen Stellen deutlich erkennbar ist[1]). Einige 100 Schritte nach Westen von dieser Stelle zieht sich die jetzige Landstrasse hin, nach rechts läuft hier unmittelbar neben der Römerstrasse ein alter noch wohl erhaltener Weg hin, der mir als Pilgerweg bezeichnet wurde[2]). Der Stein (rother Sandstein), 31 Cent. breit, 66 Cent. hoch, etwa 51 Cent. aus dem Boden hervorragend, stand an dem linken Rande der Römerstrasse, die Schriftseite der Strasse zugekehrt; man schaut von dort nach Osten in die Thalmulde, in welcher Neidenbach liegt. Unmittelbar daneben steht ein neuer Grenzstein des Gemeindewaldes von Balesfeld.

Die erste Nachricht wird Hrn. Limbourg in Bitburg verdankt, der uns freundlichst einen Brief des früheren Ortsvorstehers Ph. Mayers in Neidenbach mittheilte, welchem Abschriften von zwei in der Nähe jenes Ortes befindlichen Inschriften beigefügt waren. Ich erkannte sofort, dass ein Grenzstein mit dem Namen eines Pagus aus römischer Zeit vorliege, während die andere Inschrift dem Mittelalter angehöre. Herr P. Wallenborn in Bitburg untersuchte darauf an Ort und Stelle diesen Markstein und erstattete ausführlichen Bericht[3]). Später habe ich gleich-

---

in dem Verzeichniss der Güter des Domkapitels zu Trier. (mittelrh. Urk. II, S. 353) *Nidinbuch*. Im Orte selbst wurde mir versichert, das Dorf habe früher auch Ernstbach geheissen; der Bach, welcher in die Kyll mündet, heisst weiterhin auch Weibach oder schlechthin die Bach.

¹) In der Generalstabskarte n. 58 ist der Zug der Römerstrasse genau verzeichnet.

²) Es ist unrichtig, wenn Manche, wie Baersch, die Pilger- und Römerstrasse als denselben Weg betrachten; sie sind, wie die Generalstabskarte zeigt, durchaus verschieden, wenn sie auch zuweilen neben einander herlaufen, oder, wie man mir versicherte, zusammenfallen. Die Generalstabskarte verzeichnet die Pilgerstrasse nur von Balesfeld bis Wallersheim, nicht auf der Strecke südlich von Balesfeld, also oben an der Stelle, wo der Grenzstein stand.

³) Hr. Wallenborn schreibt darüber: „Nach meiner Schätzung befindet sich die Fundstätte ungefähr 18—20 Minuten nordöstlich von Waxbrunn (eine Häusergruppe an der Chaussee) und 10 Minuten nordwestlich von Noidenbach entfernt. Von dem Neidenbacher Flurdistrict Hausbach dicht unter Waxbrunn führt eine alte Strasse (wahrscheinlich die Römerstrasse) der Banngrenze entlang bis in die 'Sang', Flur Balesfeld. Die Strasse ist nur noch in den Walddistricten erkennbar. Auch an der Stelle, wo der Stein steht, ist Lohbestand, dem wohl

falls die Localität in Augenschein genommen, wobei Hr. Mayers mit seiner genauen Ortskunde und dem lebhaften Interesse für die Vorzeit seiner Heimath die besten Dienste leistete; durch seine Vermittelung wurden auch beide Steine für die Sammlung des Vereins von Alterthumsfr. im Rheinl. erworben[1]).

Auf dem Scheitel des Steines sind zwei Kreuze, ein grösseres und ein kleineres, eingehauen; dies ist nicht etwa das christliche Symbol, sondern der *decussis* (X), daher bei den römischen Feldmessern die Ausdrücke *lapis decussatus, petra decussata* mehrfach vorkommen[2]). Desselben Zeichens bediente man sich aber auch in Deutschland bei der Vermarkung; in den älteren deutschen Gesetzen wird es *decuria* genannt[3]). Die beiden Kreuze sind offenbar später eingegraben; man benutzte den alten römischen

---

auch der Schutz des Steines zuzuschreiben ist. Dort ist die Strasse ungefähr 10—12 Schritte breit kennbar: es besteht noch die untere Steinlage, keilförmig zugerichtete Sandsteine, die mit dem breiten Theil nach oben gerichtet sind. Dicht an der Grenze der angedeuteten Gemarkung, zugleich am Rande der alten Strasse stand der Stein aufrecht nach Art eines Grenzsteines."

[1]) Der andere Stein ist gefunden nordöstlich von Neidenbach im District Pfaffricht (Pfaffengericht), wo öfter Gräber, Scherben von Gefässen, Ziegel u. s. w. sich fanden. Die ursprüngliche Stelle des Steines hat Hr. Mayers später genau ermittelt. Es ist ein unregelmässiger Block von grauem Sandstein, der an der linken Seite durch den Pflug fast ganz abgeschliffen ist. Die Schrift zeigt eine eigenthümliche Mischung von Majuskel und Minuskel: der Punkt über I scheint auf ziemlich späte Zeit hinzudeuten. Durch den Druck lässt sich die Inschrift wegen der eigenthümlichen Form und Undeutlichkeit einzelner Buchstaben nicht genau wiedergeben, ich verweise deshalb auf die Zeichnung in den Jahrb. LVII Taf. I, 2.

V/ͱiuS ⅏
panis: ∠ sub
vna pLagA
Lo·ci:

Die Entzifferung muss ich Anderen überlassen; doch dürfte auch hier ein Markstein vorliegen: *loci* ist wohl nicht das lateinische, sondern das deutsch-lateinische Wort *lachus* oder *lochus*, d. h. Einschnitt in einen Baum oder Stein zur Bezeichnung der Grenze, daher *lochbaum* und *lochstein*, s. Grimm, d. Rechtsalterth. 544.

[2]) Vergl. die Abbildung Schr. d. r. Feld. I, Taf. 34, n. 303.

[3]) Grimm, d. Rechtsalterth. 542. Rudorff z. den Feldm. II, 268. In der Urkunde vom J. 816 (mittelrh. Urk. I, n. 51) findet sich eine genaue Grenzbeschreibung des Prümerwaldes; des Kaisers Sendbote soll eine neue Vermarkung vornehmen: *ut vvaldum perlatis signisque certis designaret*, wo wohl *teclatis* zu lesen ist.

Grenzstein als Markzeichen, und eben diesem Umstande ist die Erhaltung dieses merkwürdigen Denkmales zu danken. Noch jetzt findet man auf den alten Marksteinen dieser Gegend ganz gewöhnlich das Zeichen X.

Der Markstein erinnert an die Form, wie sie die Zeichnungen in den Schriften der römischen Feldmesser (Bd. I. Taf. 27, Ausg. von Lachmann) veranschaulichen: der untere Theil, der von der Erde verdeckt wurde, ist unbehauen, was mit der Vorschrift der alten Techniker nicht stimmt[1]); später, besonders in den Provinzen wird man es in solchen Dingen nicht so genau genommen haben. Unter dem Fundamente fand sich nichts, weder Münzen noch Kohlen, Scherben oder dergleichen vor. Diese Sitte, durch geheime Merkmale für die Sicherung der Grenze zu sorgen, beschränkte sich wohl auf die Vermarkung des Privatbesitzes[2]).

Die Aufschrift (s. Taf. I, 1):
FINIS
PAGI·
CARV
CVM
Λ

ist unversehrt und vollkommen verständlich; das A z. 5 unter dem M ist offenbar nur ein Zeichen: die Buchstaben des Alphabetes vertraten die Stelle der Zahlen; denn an die Anwendung des künstlichen Systemes der Vermarkung mit lateinischen und griechischen Buchstaben ist hier schwerlich zu denken[3]).

Z. 4 scheint auf dem Steine CV·M zu stehen, allein der Punkt ist wohl nur durch Loslösen eines Kornes vom Stein entstanden[4]). Der Singular *finis* st. des sonst üblichen *fines* hat nichts auffallendes: nicht nur die Schriftsprache wechselt mit diesen Ausdrücken ab[5]), sondern auch den inschriftlichen Urkunden

---

[1]) Schriften der r. Feldm. Bd. I, S. 306, vergl. mit S. 140; man wollte eben der Verwechselung mit Grabdenkmälern vorbeugen. Aber andererseits finden sich auch Grabsteine, welche vollständig geglättet sind.

[2]) Auch scheint dieser Brauch nicht aller Orten gegolten zu haben, s. ebend. 306: *nam in aliquibus locis terminos non politos posuimus et nihil illis supter addidimus.*

[3]) Darüber handelt ausführlich der *liber de litteris et notis iuris exponendis*, Schr. d. r. Feldm. I, S. 310—342. Doch müssen Reste dieser alten Ueberlieferung sich noch im Mittelalter behauptet haben. In einer Urkunde des Königs Desiderius (Grimm, d. Rechtsalterth. 542) werden *arbores habentes litteras omega* erwähnt.

[4]) Gerade so findet sich auf der andern Inschrift Lo · ci:

[5]) Horaz Ep. II, 1, 38: *excludat iurgia finis* d. h. *terminus*, gerade wie auf dem Grenzsteine.

war dieser Gebrauch nicht fremd, wie ein Markstein aus Dalmatien, welcher der 2. Hälfte des 1. Jahrh. angehört, zeigt (CIL. III, 2883):

FINIS INTER NEDITAS ET CORINIENSES
DERECTVS MENSVRIS ACTIS IVSSV
M. DVCENI GEMINI LEG.

Pagus ist nicht eine Ortschaft, ein Dorf[1]), sondern der Gau: so überall im eigentlichen Gallien und den angrenzenden Ländern. Grössere Völkerschaften theilten sich in mehrere gesonderte Districte, während das Gebiet einer kleineren oft nur aus einem Gau besteht, der meist entweder der Völkerschaft den Namen gab oder von ihr empfing; ja es konnte sogar eine schwache Völkerschaft einem andern Gau zugewiesen werden[2]). Die Römer

---

[1]) *Decem pagi*, Station zwischen *Tabernae* und *Divodurum*, erinnert an die *novem pagi* oder *forum novem pagorum* in Etrurien und ist wohl eine späte Gründung, gerade so wie der Name der gallischen Provinz *novem populi*. Bei Tacitus ist *pagus* überall ein grösserer oder kleinerer District, wie Ann. III, 45 *vastat Sequanorum pagos*, Hist. IV, 15 *e proximis Nerviorum Germanorumque pagis*, 26 *in proximos Gugernorum pagos*. Die Ortschaft heisst *vicus*, daher Ann. I, 56 *Chatti omissis pagis vicisque in silvas disperguntur*, was nicht anders zu verstehen ist als Germ. 12 *iura per pagos vicosque reddunt*. Man darf daher auch nicht mit Freudenberg (Urkundenbuch des röm. Bonn S. 34) aus den Worten Hist. IV, 20: *tria millia legionariorum et tumultuariae Belgarum cohortes, simul paganorum lixarumque . . . . manus omnibus portis erumpunt* folgern, Bonn werde als ein *pagus* bezeichnet; mit gleichem Rechte könnte man auch Rom für einen *pagus* erklären, weil Sueton Galba 19 bei der Ermordung dieses Kaisers auf dem Forum schreibt: *ibi equites, cum per publicum dimota paganorum turba equos adegissent*. Bonn war ein *vicus*; *pagani* heissen in der Soldatensprache Civilisten; also kann man es hier ebenso auf römische Handelsleute wie auf die einheimische Bevölkerung beziehen. Dieser Sprachgebrauch ist dem Tacitus ganz geläufig, vergl. Hist. I, 53. II, 88. III, 24. 43. 77. Dann heisst jeder, der ausserhalb einer Zunft steht, *paganus*, daher nennt sich Persius, indem er bescheiden auf den Namen eines Dichters keinen vollen Anspruch macht, *semipaganus*, was die gelehrten Erklärer nicht verstanden haben: nur Gesner urtheilt richtig, indem er passend Plinius Ep. VII, 25 vergleicht.

[2]) Das Gebiet der Helvetier zerfiel in vier *pagi* (welche 12 *oppida* oder feste Orte, 400 *vici* umfassten, Caes. B. G. I, 5 und 12), und das römische Regiment hat daran nichts geändert: nach wie vor beschliesst die allgemeine Landesversammlung wie die Gaugenossen in besonderen Zusammenkünften über ihre Angelegenheiten (Inscr. Helv. 192: *civitas Helvet. qua pagatim qua publice honores decrevit*). Die Gabales mit ihrem ausgedehnten, aber wohl schwach bevölkerten Gebiete in den Cevennen scheinen nur einen Gau gebildet zu haben, Plinius H. N. XI, 240 rühmt den *caseus Lesurae Gabalicique pagi*. Aus dieser Stelle hat man

fanden diese Gliederung des Volkes, die mit den ersten Anfängen des Gemeindelebens zusammenhängt, vor und liessen dieselbe, von gesundem politischen Tact geleitet, im Wesentlichen bestehen, aber im Einzelnen haben sie diese Verhältnisse mehrfach modificirt, bald Zusammengehöriges trennend, bald Gesondertes verbindend, hier ein kleines Territorium vergrössernd, dort ein weites Gebiet schmälernd[1]).

Der *pagus Carucum* führt den Namen der Völkerschaft, ein deutlicher Beweis, dass ihre Wohnsitze über die Grenzen des Gaues nicht hinausreichten.

Der Name Caruces ist neu[2]), was bei der Fülle von Namen,

---

irrig geschlossen, dieser *pagus* sei von den Römern Nemausus zugetheilt worden. Plinius selbst IV, 109 führt die *Gabales* als selbständige Völkerschaft auf, ebenso noch später das Verzeichniss der *provinciae et civitates Galliae*. Eher kann man die Worte so auffassen, dass *Lesura* (Bergname) einen der Gaue der Gabales bezeichnete. Verbindung kleiner Districte zu einem grösseren bezeugt Plinius IV, 106: *Oromarsaci iuncti pago, qui Gesoriacus vocatur*. Anders in der alten Provinz Gallien, wo *pagus* in demselben Sinne wie in Italien zu fassen ist: hier wurden ältere Namen öfter mit jüngeren vertauscht, der *pagus Vialoscensis* bei Narbo hiess später *Martialis* (*propter hiberna legionum Iulianarum*, Sidon. Apollin. Ep. II, 14), wahrscheinlich benannt nach einer der drei Legionen, welche im Winter 50/49 in Narbo und der Umgegend unter C. Fabius ihre Winterquartiere hatten, Caes. B. C. I, 37; unter diesen mag sich die *legio Martia* befunden haben, die Valer. Max. III, 2, 19 bei einem Unfalle, der dem afrikanischen Kriege angehört, erwähnt; in Caesars und seiner Fortsetzer Commentaren wird die *legio Martia* nicht namhaft gemacht, wohl aber nach Caesars Tode wiederholt von Cicero u. A. erwähnt.

[1]) Galba bestrafte die gallischen Städte, welche gegen ihn Partei genommen hatten, *finibus ademptis* Tac. Hist. I, 8, *damno finium* I, 53. Auch die Treveri traf damals dieses Geschick.

[2]) Natürlich darf man fremde Namen nicht nach der strengen Analogie der lateinischen Sprache beurtheilen: so lässt sich auch das Mass der vorletzten Silbe nicht sicher bestimmen. *Volux*, im Accus. *Volucem*, Sohn des Königs von Mauretanien, bei Sallust verkürzt nach Priscians Angabe das V. Für die Kürze des V in *Harudes* bei Caesar, Χαροῦδες bei Ptolemaeus spricht Augustus' Schreibweise *Charydes* hier wird das griechische T gebraucht, nur um der gedehnten Aussprache, welche die Analogie des Lateinischen nahe legte, vorzubeugen. Aus demselben Grunde schrieb Pinarius auf dem Grenzsteine von Faucigny: *inter Viennenses et Ceutronas terminavit*; denn in Ceutrones war der römische Mund geneigt, das O zu dehnen. Die in griechischen Hdschr. öfter wiederkehrende Form Κεύτρωνες (Κίντρωνες) kommt nicht in Betracht, der Legat des Vespasian, der an Ort und Stelle die Grenzen regulirte, ist der beste Zeuge für die richtige Aus-

welche uns in Gallien und Germanien entgegentreten, nichts auffallendes hat: sind doch manche dieser Namen auch nur durch ein einziges Zeugniss beglaubigt. Aber wie die alten Namen nicht nur an Bergen und Flüssen, sondern auch an Ortschaften und Territorien festhaften, selbst wenn die Bevölkerung mehrfachen Wechsel erfuhr, so ist trotz der mächtigen Völkerbewegung, die dem römischen Reiche ein Ende machte, dieser Gauname nicht untergegangen. In Urkunden der Abtei Prüm[1]) aus dem achten, neunten und zehnten Jahrhundert wird mit dem Namen *pagus Carouuascus, Carascus (Carrascus), Caroscus, Caroascus* der Strich des Landes zwischen dem Bitgau und dem Eifelgau bezeichnet. Es ist ein waldiges Berg- und Hügelland, durch-

---

sprache des Namens dieses Alpenvolkes. Aehnlich sind auch anderwärts die nach griechischer Weise gebildeten Accusativformen von Völkernamen zu beurtheilen.

[1]) Niederrh. Urkundenbuch I, n. 14, Urkunde des Abtes Asverus von Prüm (762—804) *dyduno villa in pago Carouuasco* (jetzt Dingdorf); in der Urkunde König Pipins vom August des J. 762 n. 16 wird die Lage des Klosters Prüm, welches Pipin schon früher im J. 752 und im Juli 762 beschenkt hatte, mit den Worten beschrieben: *quod est positum intra terminos bidense atque ardinne*. Dann heisst es: *donamus .... res proprietatis nostrae in pago charos villa quae dicitur Romerii cor.* Hier ist zu verbessern: *in pago charos(co in) villa quae dicitur Romerii cor(tis)*, d. h. Rommersheim. Dann heisst es: *tradimus alia duo loca ad eundem monasterium id est uuathilendorp et birgisburias* (jetzt Wettelndorf und Birresborn). Schenkungsurkunde von 777 n. 31 *in pago carasco in loco qui dicitur vvallamarvilla* (jetzt Wallersheim); desgl. vom J. 778 n. 32 *in pago Carosco ... in villa quae dicitur Bidonisvaim* (Büdesheim). Desgl. vom J. 801 n. 39 in der Ueberschrift *in pago Caroasco in Didonisvilla*. Urkunde des Kaisers Ludwig vom J. 831 n. 59 *in pago Caroasco in villa quae dicitur huosa* (jetzt Oos). Kaiser Lothar I. vom J. 854 n. 86: *in pago Carasco in Valemaris villa*. Urkunde des Abtes Farabert von Prüm vom J. 943 n. 180 *in comitatu biedensi ... et in alio pago karasco in villa Sueuerdesheim* (jetzt Schwirzheim).. Alle diese Orte liegen im jetzigen Kreise Prüm (vergl. Spruners Atlas f. d. Gesch. des Mittelalters n. 32). Eigenthümlich ist, dass die jüngste Urkunde Prüm nicht zum *pagus Carascus* rechnet, sondern als *in finibus Arduensem situm* bezeichnet. Die folgende Urkunde, auf dasselbe Geschäft bezüglich und von gleichem Datum, nennt den Farabert praepositus, ist im Namen des Abtes Hildradus abgefasst und weicht auch sonst von der anderen erheblich ab. Hier heisst es unter anderm: *et aliae res, quae in pago carrasco sunt sitae, videlicet Stephilines et Souuerdis villa una cum castello*, während nach der ersten Ausfertigung die *villa Stephelin in pago Heinflinse et in comitatu Tulpiucensi* liegt. Doch diese Verwirrung zu schlichten überlasse ich Anderen.

schnitten von dem oberen Lauf der Flüsse Prüm, Nims und Kyll (bei Ausonius *Pronaea, Nemesa, Gelbis*[1]) genannt, im Mittelalter *Prumia, Nimisa, Kila*). Später verschwindet der Name *pagus Carascus*, dieser District wird zum Bitgau gerechnet.

Der *pagus Carascus* (*Caroascus*) des Mittelalters ist der *pagus Carucum* aus römischer Zeit[2]); nur mag dieser ein etwas weiteres Gebiet umfasst haben[3]): denn zu dem Gau der carolingischen Periode gehörte nur die nächste Umgebung der Abtei Prüm oder der nordöstliche Theil des jetzigen Kreises Prüm[4]).

Aber ich glaube, der alte Volksname Caruces hat sich auch noch in anderer Form erhalten. Noch vor Neros Tode (im J. 68) und dem Erlöschen des Julischen Kaiserhauses brach in Gallien ein Aufstand unter Führung des Julius Vindex aus, der jedoch rasch unterdrückt wurde; aber während der Wirren und Kämpfe um den erledigten Thron erhoben sich im J. 69 die Bataver unter Julius Civilis, im J. 70 die Treveri unter Julius Tutor. Tacitus berichtet, wie Tutor sein Heer durch Zuzug der Vangionen, Triboker und Caracaten verstärkte: allein da die Sache der Aufständischen bald eine ungünstige Wendung nahm, schlugen sich diese unzuverlässigen Bundesgenossen auf Seite der Römer[5]).

---

[1]) Auson. Mos. 354: *namque et Pronaeae Nemesaeque adiuta meatu Sura tuas properat non degener ire sub undas . . . Te rapidus Gelbis, te marmore clarus Erubris Festinant famulis quam primum adlambere lymphis: Nobilibus Gelbis celebratur piscibus.* Die Form *Pronaea* (die Hdschr. *proneae*) ist befremdend, man erwartet auch in dem alten Namen *M*, nicht *N*, vielleicht ist *namque et Promaeo* oder (*aquis*) *Promae* zu lesen. *Gelbis*, wie man aus den Verderbnissen der Hdschr. hergestellt hat, ist wohl richtiger mit Scaliger *Celbis* zu schreiben.

[2]) Der Ahrgau (Argowe) nach der Ahr (*Ara, Arula*), erst in jüngeren Denkmälern nachweisbar, s. Zeuss d. Deutschen S. 19), die unterhalb Sinzig in den Rhein mündet, heisst in mittelalterlichen Urkunden *pagus Ariscus* oder *Aroensis*.

[3]) Auch der *pagus Menapiscus* des Mittelalters umfasst weit weniger als das Gebiet der Menapier zu Caesars Zeit, mag aber ziemlich genau den Grenzen dieser Völkerschaft während der Kaiserzeit entsprechen.

[4]) Vergl. Eltester mittelrh. Urk. II, S. XXIII.

[5]) Tac. Hist. IV, 70: *Tutor Treverorum copias recenti Vangionum, Caracatium, Tribocorum delectu auctas veterano pedite atque equite firmavit, corruptis spe aut metu subactis legionariis, qui primo cohortem praemissam a Sextilio Felice interficiunt, mox ubi duces exercitusque Romanus propinquabant, honesto transfugio rediere secutis Tribocis Vangionibusque et Caracatibus.* Die Hdschr. auch *Ceracatium, Ceraecatium, Caerucatium*; letztere Form hat handschr. bessere Gewähr,

Die Caracaten werden sonst nicht genannt, man weist ihnen beliebig Wohnsitze zwischen den Vangionen und Treveri an der Nahe an[1]): aber im Süden wird das Gebiet der Treveri durch die Vangionen begrenzt; die Caracaten werden Bewohner eines der kleinen Waldkantone nordwestlich von Trier gewesen sein und sind offenbar von den Caruces nicht verschieden.

Caruces und *Caracates* sind nur verschiedene Formen desselben Namens; so wechseln *Ausones* und *Aurunci*, in Iberien Κύνητες und Κυνήσιοι, in Illyrien Αὐταριεῖς und Αὐταριᾶται, in Gallien *Andes* und *Andecavi*, in Germanien *Usipii* (*Usipi*) und *Usipetes*. Die Ableitungsendung *ates*, obwohl auch in anderen Sprachen zur Bildung von Völkernamen benutzt, war besonders verbreitet in dem weiten Gebiete der keltischen Zunge[2]), und es

---

allein bei fremden Eigennamen ist darauf kein rechter Verlass. Glück kelt. Namen S. 41 hält die Form *Caeracates* fest, die er von dem keltischen *cáir* (Schaf) ableitet, indem er behauptet, *Caracates* sei falsch, weil es sich aus dem Keltischen nicht erklären lasse. Allein unsere Kenntniss des Keltischen ist viel zu unvollständig, um jeden Eigennamen befriedigend zu erklären; ausserdem war doch erst zu erweisen, dass dieser Völkername keltischen Ursprungs sei. In ähnlicher Weise geht Glück fehl, wenn er die Form *Ceutrones*, die urkundlich bezeugt ist, verwirft, weil sie seiner Methode sich nicht fügen will. Wer an der überlieferten Form ändern will, könnte *Carracates* schreiben und dies durch *exedarii* erklären, vergl. *carrus*, *carruca*, *carracatium* nach dem Glossar bei Vulcanius S. 702 *vehiculum altissimarum rotarum* (bei Isidor XX, 12 *carracutium*).

[1]) Die Ordnung bei der Aufzählung der Aufgebote ist für die geographische Lage der Völkerschaften nicht massgebend; auch bleibt sich Tacitus nicht einmal gleich; man könnte ebenso gut ihnen ihre Stelle südlich von den Vangionen anweisen, wie auch Zeuss geneigt war, den Namen Caeracates für identisch mit dem der Nemeter zu halten.

[2]) Auf Münzen von Baeterra liest man ΒΗΤΑΡΡΑΤΙΣ, auf einer keltischen Inschrift ΝΑΜΑΤΣΑΤΙΣ, ebenso auf Münzen dieser Stadt, die Römer sagen *Nemausensis*; für *Tolosates* bei Caesar ist sonst *Tolosenses* oder *Tolosani* üblicher; gerade bei den Orten, mit denen vorzugsweise lebhafter Verkehr war, scheint man die einheimische Form vermieden zu haben, obwohl diese Endung in Italien selbst sehr verbreitet war. Auch die Form *decumates agri* statt *decumani* geht wohl von den gallischen Ansiedlern im Zehntlande aus. Im Norden ist diese Bildung seltener, bei den *Belgae* nur die *Atrebates*; desto zahlreichere Beispiele treffen wir im Süden, vor allen in Aquitanien, dann in der alten römischen Provinz; vereinzelt auch in Gallia Cisalpina, wie *Bergomates*. Ebenso ist den Ligurern diese Form nicht fremd *Genuates* wechselt mit *Genuenses*, in der bekannten Urkunde über die Grenzstreitigkeiten von Genua *Langates* mit *Langenses* (jetzt heisst

ist wohl möglich, dass die Bewohner jenes Waldcantones eben bei ihren keltischen Nachbarn *Caracates* hiessen[1], während sie selbst sich *Caruces* nannten. Denn sie gehören sicherlich zu den germanischen Stämmen, welche über den Rhein zogen und sich mitten zwischen keltischen Völkerschaften im Ardennenwalde und den angrenzenden Gebieten niederliessen, weil nur diese schwach bevölkerte oder theilweise völlig öde Gegend zwischen Maas und Mosel für neue Ansiedelungen noch Raum gewährte. Caesar bezeichnet als Germanen vier Völkerschaften, welche im 2. Jahre des gallischen Krieges sich an der Erhebung der Belgier gegen die Römer betheiligten, *Condrusi, Eburones, Caeroesi* und *Caemani*[2]; die beiden ersten Völkerschaften erwähnt Caesar wieder-

---

der Ort Langasco), ebendas. Odiates. Daran reihen sich dann die zahlreichen kleinen Alpenvölker, wie die *Nantuates, Focunates, Catenates, Licates* u. a., die vielleicht sehr verschiedener Herkunft waren. Abgeleitet sind diese Namen in der Regel von Stadt- oder doch Ortsnamen (bei den Alpenvölkern gab es eigentlich keine Städte); allein wie der Name einer Völkerschaft nicht selten zugleich das Gebiet oder die Hauptstadt bezeichnet, so hat auch *Caracates* neben *Caruces* nichts auffallendes. *Aduaticates* in Südfrankreich (Plin. III, 35), wohl nicht verschieden von den *Adanates* (Orelli 626), dürfte ein analoger Fall sein. Vielleicht gab es neben *Caruces* auch eine Form *Caruci* (vergl. *Aduatuci, Sunuci*), wie auch sonst nicht selten in gallischen und germanischen Völkernamen die Flexion schwankt, z. B. *Triboces* und *Triboci*, ebenso bei *Gabales, Mediomatrices, Santones, Turones, Carnutes, Teutones* u. A.

[1]) *Carucates* bei Tacitus zu schreiben ist nicht nöthig; die ganze Stufenleiter des Lautwandels veranschaulicht der Name der *Canninefaten* auf Inschriften (von den Varianten der Hdschr. will ich ganz absehen): *Cannanefates, Cannenefates, Channinifates, Cannonefates, Cannunefates*; denn auch hier ist *ates* als Endung, CANNANAF als Stamm zu betrachten, und schon deshalb die Erklärung Grimms, welcher hier eine Zusammensetzung mit dem gothischen *faths* findet, abzulehnen. Ueber die Schreibung des Namens der Canninefaten vergl. I. Bekker in den Jahrb. XV, S. 98 ff. und Freudenberg LIII, S. 173. Den gleichen Lautwechsel zeigt auch *Tarusco* neben *Tarasco*.

[2]) Caes. B. G. II, 4: *Condrusos, Eburones, Caeroesos, Paemanos, qui uno nomine Germani appellantur, arbitrari ad XL millia*. Dazu kommt noch eine fünfte Völkerschaft, die *Segni*, VI, 32: *Segni Condrusique ex gente numeroque Germanorum, qui sunt inter Eburones Treverosque*; diese nähere Bestimmung bezieht sich auf die beiden Völkerschaften, nicht auf die Germanen: die Segni standen vielleicht in einem abhängigen Verhältniss zu den Condrusi und werden daher von Caesar nicht namhaft gemacht. Willkürlich identificirt sie Zeuss mit den Sunuci.

holt, die Eburonen auch Andere (Livius, Strabo, Dio Cassius); die *Caeroesi* und *Paemani* sind sonst unbekannt; unwillkürlich erinnert der Name *Caeroesi* an die *Caruces*[1]; doch ist es gerathen sie aus einander zu halten, da Caesar nicht alle Völkerschaften der Ardennen, welche man damals mit dem gemeinsamen Namen Germani zusammenfasste[2]), aufzählt.

Alte Völker- und Ortsnamen zu deuten ist eine missliche Sache, aber gerade die Schwierigkeiten reizen zu immer neuen Versuchen, das Dunkel aufzuhellen. Wollte ich nach hergebrachter Weise mit dem Namen des Caruces Orts- oder Personennamen von ähnlichem Klange zusammenstellen, so wäre damit nichts gewonnen, denn diese Namen sind meist ebenso dunkel oder vieldeutig. Wenn ich gleichwohl eine Muthmassung auszusprechen wage und *Caruces* von dem althochdeutschen Worte *haruc* (in den Glossen durch *fanum, delubrum,* oder *lucus, nemus* erklärt, s. Grimm Mythol. 40, 1. Ausg.)[1]), ableite, so stimmt diese Be-

---

[1]) Es könnte hier eine dritte Form des Namens vorliegen in verdunkelter Gestalt; denn ob die Schreibart *Caeroesi* (*Ceroesi, Caerosi, Cerosi*) richtig ist, steht dahin: man könnte ebenso gut mit Beziehung auf den menapischen Namen *Carausius, Carosi* vermuthen. Auch Zeuss d. Deutschen S. 213 bringt den *pagus Carunscus* mit den *Caeroesi* in Verbindung. Glück, kelt. Namen S. 41 leitet *Caeroesi* von demselben Stamme wie *Cacracates* ab, ohne jedoch beide Völkerschaften für identisch zu halten. Förstemann, d. Ortsnamen S. 277 hält damit die deuschen *Cherusci* zusammen. Die *Condrusi* wohnten zwischen Maas und Roer; darauf folgten die Eburonen, die auf beiden Ufern der Maas wohnten. Südöstlich von den *Condrusi* lag der Gau der *Caruces*: doch werden ihre Grenzen sich nicht unmittelbar berührt haben; die Sitze der *Paemani* sind völlig unbekannt; denn wenn Zeuss dieselben in dem *pagus Falmenna* (*Falminensis*) südlich vom Condroz wiederfindet, geht er fehl.

[2]) Caesar gebraucht VI, 2 den Ausdruck *Germani cisrhenani*; die *Germani*, welche hier und im Folgenden wiederholt genannt werden, sind die auf dem rechten Ufer wohnenden, welche die Treveri unterstützt hatten (VI, 9 ist zu schreiben: *quod Germani auxilia contra se Treveris miserant*). Die *Aduatuci*, Nachkommen der Cimbern und Teutonen (II, 29), rechnet Caesar nicht zu diesen Germanen, s. II, 4 VI, 2; sie standen längere Zeit zu den Germanen zwischen Maas und Mosel in einem feindlichen Verhältniss; die germanische Niederlassung im Ardennenwalde ist älter als der Zug der Cimbern und Teutonen nach Italien. Nach Caesar verschwindet der Gesammtname der *Germani*; denn die *Germani* des Vitellius (bei Tac. Hist. IV, 15, vergl. I, 61. 70) sind bei den *Ubii*, den rechtsrheinischen *Sigambri* und den *Gugerni* ausgehobene Söldner, vergl. Ann. 1, 56.

[1]) *Caruces* verhält sich zu *haruc* wie *Charudes* zu *Harudes*,

nennung Waldleute mit den örtlichen Verhältnissen; die *Caruces* werden diesen Namen von ihren benachbarten Stammgenossen empfangen haben, denn nur ausnahmsweise legt sich ein Volk den Namen selbst bei. Wenn ich den Namen aus dem deutschen Sprachschatze, nicht aus dem keltischen herleite, so folge ich nicht der herrschenden Sitte, ohne Weiteres **germanisch** und **deutsch** für identisch zu halten, sondern ich glaube in der That bei diesen sog. germanischen Völkerschaften zwischen Maas und Mosel deutliche Spuren eines engeren Zusammenhanges mit der deutschen Nation nachweisen zu können[2]).

Der Markstein steht an der Römerstrasse, die von Trier nach Cöln führte, zwischen den Stationen *Beda* (*Bitburg*) und *Ausava* (*Oos*[3]), oder vielmehr *Büdesheim*)[4]); hier endete offenbar das Gebiet der *Caruces*; was östlich nach der Kyll und südlich nach Bitburg zu liegt, gehörte einem anderen Canton an. Wie im Mittelalter hier der *pagus Carascus* und der *pagus Bedensis*, jetzt die Kreise Prüm und Bitburg zusammenstossen, so grenzte in der Zeit der römischen Herrschaft der *pagus Carucum* an einen Gau, dessen Hauptort *Beda*, die erste Station von Trier aus, war. *Beda* wird nur im Itinerar des Antonius und auf der Peutingerschen Karte genannt[5]); aber die Bewohner dieses Gaues

---

Chattuarii zu *Attuarii*, die *Aviones* des Tacitus zu den späteren *Chaviones*, *Chariovalda* (*Cariovalda*) zu *Arioaldus*. Die *Matronae Hamavehae* CIR. 621 sind wohl *Chamavehae*. Bei Caesar II, 4, wo die *Atuatuci* zum erstenmale genannt werden, heissen sie nach den älteren Hdschr. *Catuati*.

[2]) Ich komme nachher bei den *Tungri* und *Condrusi* darauf zurück.

[3]) Die in der Urkunde n. 59 vom J. 831 genannte *villa huosa* im pagus Caroascus scheint *Ausava* zu sein; ob n. 23 (vom J. 771) *Osa* damit identisch, steht dahin. *Oss* oder *Os*, der Abtei Echternach gehörig (n. 369 vom J. 1069 und n. 622 vom J. 1161), ist jedenfalls verschieden.

[4]) Die Station hat zwar von *Ausava* (Oos) den Namen empfangen, lag aber mehr südlich bei dem Dorfe Büdesheim, wo die Oertlichkeit für die Anlage einer Station sich sehr wohl eignet, was bei Oos nicht der Fall sein dürfte. So liegt öfter der Ort, nach dem eine Station benannt ist, nicht in unmittelbarster Nähe. Die Heilquelle *Aquae Apollinares* am *lacus Sabatinus* gab einer Station der *Via Claudia* den Namen, aber die Heilquelle lag gar nicht an der Strasse, sondern hier zweigte sich nur der Weg ab, welcher zum Bade führte.

[5]) Itin. Ant. S. 177 *Beda vicus*. Auf der Route von Trier nach Cöln werden sämmtliche Stationen (*Beda*, *Ausava*, *Egorigium*, *Marcomagus*, *Tolbiacum*) durch den Zusatz *vicus* ausgezeichnet.

lassen sich durch eine ganze Reihe urkundlicher Zeugnisse nachweisen, es sind die *Betasii* oder *Baetasii*[1]), die man gewöhnlich in Brabant an dem Ufer der Gette sucht[2]). Man versetzt sie zwischen die *Nervii* und *Tungri*, weil Tacitus im batavischen Kriege diese drei Völkerschaften wiederholt erwähnt[3]); allein aus Tacitus geht nur hervor, dass sie Grenznachbarn waren, und dies Verhältniss wird genau beobachtet, wenn wir annehmen, dass das Gebiet der Baetasii westwärts bis an den *pagus Condrustis*, damals den *Tungri* zugehörig, reichte; auf die *Tungri* an der Maas folgten die *Nervii* an der Sambre und Schelde. Nach einer Inschrift zu Mainz CIR. 981:

ANNAVVS OSEDA
VONIS F CIVES
BETASIV(a eq. al.)
II FLAVIA(e)

dient ein Betasier in der zweiten Flavischen *Ala*; diese ist nicht verschieden von der *Ala Agrippiana*, in der ein zu Mainz verstorbener *Trever* (CIR. 893) diente, wie die Inschrift von Thyateira CIGr. II, 3497 aus der Zeit der Caracalla ἔπαρχον εἴλης δευτέρας Φλ. Ἀγριππιανῆς zeigt. Diese von Vespasian errichtete Ala war wohl hauptsächlich am Niederrhein ausgehoben; die Treveri, bekanntlich ausgezeichnete Reiter, dienten nicht bloss in der *ala Indiana*, die wohl zumeist aus Treveri gebildet war,

---

[1]) *Baetasii* ist gebildet, wie die jüngeren Namen *Austrasii* und *Neustrasii*; das Lateinische bietet in *viasius, Vespasia, Vitrasius, Murrasius* u. s. w. Analogien dar.

[2]) In dem Namen des Fleckens *Beetz* glaubte man den alten Völkernamen wiederzufinden; nur Valesius dachte an *Beda*.

[3]) Tac. Hist. IV, 56: *Claudius Labeo ... accepta peditum equitumque modica manu nihil apud Batavos ausus, quosdam Nerviorum Betasiorumque in arma traxit, et furtim magis quam bello Caninefates Marsacosque incursabat*. IV, 66: *Claudius Labeo Betariorum Tungrorumque et Nerviorum tumultuaria manu restitit*, nämlich an der Maasbrücke bei Maastricht erwartete er den Angriff des Civilis, der von Cöln kommend durch das Gebiet der Sunuci (s. nachher S. 118) sich gegen Labeo wandte. Die Folge, in welcher Tacitus hier die drei Stämme aufzählt, stimmt vollkommen mit der vorgeschlagenen Ansetzung ihrer Wohnsitze. Plinius führt nicht gerade in bester Ordnung die belgischen Völkerschaften auf IV, 106: *Nervii, Veromandui, Suaeuconi, Suessiones, Ulmanetes, Tungri, Sunuci, Frisiavones, Betasii, Leuci, Treveri, Lingones*, wo *Betasii, Treveri, Leuci, Lingones* unter allen Umständen sachgemässer war.

sondern auch nicht selten in anderen Reiterabtheilungen, wie die Inschriften ausweisen.

Die 1. Cohorte der Baetasii stand längere Zeit in England und wird mehrfach in brittischen Inschriften erwähnt, s. CIL. VII, 386. 390. 391. 394. 395[1]), sowie in zwei Militärdiplomen 1193 und 1195[2]). Der *tribunus Coh. I Vetasiorum* zu *Regulbium* erscheint noch in der Notit. Dign. Occid. S. 81. Auf einer Inschrift aus Steiermark, Orelli-Henzen 5263, wird T. Attius Tutor als Befehlshaber einer *ala* der *Batavi*, einer *ala* der *Tungri* und der I COH · BETASiO(r). bezeichnet.

Man könnte vielleicht Bedenken tragen wegen der Verschiedenheit der Schreibung *Beda* und *Betasii* oder *Baetasii* zusammen zu halten; allein in jenem Itinerar finden sich auch sonst Spuren abweichender Orthographie, wobei es dahin gestellt bleiben mag, ob diese Formen auf das Original zurückgehen oder von den Abschreibern herrühren[3]). Die *Statio Atrantina* in Noricum, so die Inschriften (Orelli 2034. 5262), wird in dem Itinerar S. 61. 266 *Adrans* oder *Hadrans* geschrieben, ein vollkommen analoges Beispiel; anderseits schreibt das Itinerar fehlerhaft *Campodunum* st. *Cambodunum*. Auch in den mittelalterlichen Urkunden schwankt die Schreibart; das gewöhnliche ist *pagus Bedensis, castrum Bedense (Bidense), Bidgowe, Bideburhe*, aber daneben findet sich auch *Betensis* oder *Bethensis, Bitgouwe* und *Piatihgouve*. Jetzt

---

[1]) Die beiden Votivsteine 394 und 395 sind dem *Mars Militaris* gewidmet, ein Tempel des Mars Militaris befand sich zu Bonn, der im J. 295 von dem Präfecten der I. Legion wiederhergestellt ward (CIR. 467). Dem *Mars militiae potens* errichtet ein primipilus der III. Leg. *Valeriana* zu Lambaese in Africa eine Statue (Renier 4073), er führt den keltischen Namen *Sattonius*; Valeriana wird die im J. 253 wiederhergestellte Legion meist aus Soldaten der gallischen und germanischen Legionen gebildet haben. *Mars Militaris* ist wahrscheinlich nur Uebersetzung eines keltischen Namens, etwa *Caturix*.

[2]) Hier ist zuerst BAETASIOR., nachher BETAS. geschrieben.

[3]) Selbst auf Inschriften ist die Orthographie oft schwankend. Auf einer brittischen Inschrift kommt *Utibes* statt *Usipes* vor. In der Coblenzer Inschrift SEMVS I ABT, welche Hübner Jahrb. XLII, 62 wohl richtig dem 1. Jahrhundert zuweist, während Brambach sie für mittelalterlich erklärt, erkenne ich den Namen eines Galliers aus *Iulia Apta* (Orelli 197 COL. I. APT.), wie auch im Verzeichniss der *civitates Galliae* die Hdsch. *civitas Abtensium* bieten. Der Name *Semus* ist entweder ein griechischer, wie deren im südlichen Gallien häufig vorkommen, oder Rest eines gallischen Namens.

wird der Ort *Bitburg*, der benachbarte Wald *Bethard* (in Urkunden *Bitart*) geschrieben[1]).

Die kriegerischen Stämme der Belgier und linksrheinischen Germanen stellten ein sehr bedeutendes Contingent von Fussvolk und Reiterei; auch die *Caruces* oder *Caracates* wird man von dieser Leistung nicht befreit haben; wenn nun keine Abtheilung unter dem Namen dieser Völkerschaft sich nachweisen lässt, so darf man daraus schliessen, dass der *pagus Carucum* mit einem anderen Gebiete politisch verbunden war: die Römer werden ihn mit den *Betasii* vereinigt haben, wie im Mittelalter später der *pagus Curáscus* im *pagus Bedensis* aufgeht; die *Caruces* dienten in einer der beiden Cohorten der Baetasier. Wenn im batavischen Kriege der Treverer Julius Tutor sein Heer durch Caracaten, der Bataver Claudius Labeo durch Baetasier verstärkt, so ist dies nicht auffallend; in dieser unruhig bewegten Zeit trat eben die alte Sonderung der einzelnen Gaue und Völkerschaften wieder hervor.

Noch eine andere Völkerschaft, die man nicht unterzubringen weiss, gehört diesem Landstriche an, die *Sunuci*: sie stellte zwei Cohorten, kann also nicht unbedeutend gewesen sein; die 1. Coh. stand unter Hadrian in Britannien, s. das Militärdiplom CIL. VII, 1195 und ebendas. 142. Plinius IV, 106 führt sie unter den Völkerschaften der belgischen Provinz auf: *Tungri, Sunuci, Frisiavones, Betasii*. Das Gebiet der *Sunuci* stiess wohl im Süden unmittelbar an die *Caruces*, im Westen ward es durch die *Tungri*, im Osten durch die *Ubii* begrenzt, wie aus dem Berichte des Tacitus über den Kampf des Civilis mit Claudius Labeo hervorgeht[2]). Civilis bricht von Cöln auf, rückt in das Gebiet der *Sunuci* ein, hebt hier mehrere Cohorten aus und geht dann dem Claudius Labeo entgegen, der an der Maasbrücke bei Maastricht seinen Angriff erwartete. Damit stimmt auch, dass von den beiden der *Dea Sunucsallis* (*Sunuxsalis*) geweihten Tafeln die eine zu Embken im Kreise Düren (CIR. 568), die andere zu

---

[1]) Die Schreibung *Beda* mag übrigens die locale Aussprache getreu wiedergeben (vergl. nachher die Bemerkung über *Condrusi*), und daneben konnte doch *Baetasii* oder *Betasii* im Gebrauch sein.

[2]) Tac. Hist. IV, 66: *Civilis societate Agrippinensium auctus proximas civitates adfectare aut adversantibus bellum inferre statuit, occupatisque Sunicis et iuventute eorum per cohortes composita, quominus ultra pergeret, Claudius Labeo ... restitit, fretus loco, quia pontem Mosae fluminis anteceperat.*

Eschweiler bei Aachen (CIR. 633) gefunden wurde[1]); denn der Name dieser Göttin hängt sichtlich mit dem Namen der Völkerschaft zusammen[2]). Das Gebiet der Sunuci mag übrigens vor der Periode der Römerherrschaft eine etwas grössere Ausdehnung gehabt haben[3]).

Wie der Name der Caruces, obwohl in der geschichtlichen Ueberlieferung längst erloschen, doch als Gauname nach Verlauf manches Jahrhunderts in überraschender Weise wieder hervortritt, so wiederholt sich diese Wahrnehmung bei der verwandten Völkerschaft der *Condrusi*. Der Landstrich am rechten Maasufer zwischen Namur und Lüttich heisst im Mittelalter, so lange die Gauverfassung in diesen Gegenden bestand, *pagus Condrustius* oder *Condrustensis*[4]), und noch heute lebt der alte Name in der Form *Condroz* (*Condros*) fort.

Die *Condrusi* nennt Cäsar wiederholt; nachher verschwindet der Name, indem er in den umfassenderen der *Tungri* aufgeht: so hiessen nach Tacitus[5]) die ehemaligen *Germani* zwischen der Maas und Mosel; doch decken sich die Namen *Tungri* und *Germani* nicht vollständig; *Tungri* sind nur die an der Maas wohnenden *Aduatuci, Condrusi, Eburones*, welche die römische Administration zu einer grösseren *civitas* mit der Hauptstadt *Aduatuca* vereinigt hatte; diese neue Organisation geht wahrscheinlich

---

[1]) Ein zu Neuss gefundenes Gefäss mit einer halbbarbarischen Aufschrift *Dae Sunxalis* (Jahrb. LIII, 310) ist für den Wohnsitz der *Sunuci* nicht massgebend. In der zu Jülich auf einer Säule gefundenen Aufschrift CIR. 594 *Deae Unciae* könnte (*S*)*unciae* nur eine kürzere Form für *Sunuxalis* sein.

[2]) Vielleicht hat sich noch eine Erinnerung an die *Sunuci* in dem Namen *Sunderscas* erhalten, welchen die Gegend von Düren in einer Urkunde vom J. 941 (Lacomblet niederrh. Urk. I, n. 95) führt: *ecclesiam, quae est constructa in villa quae dicitur Duira in comitatu Sunderscas.*

[3]) Wahrscheinlich gehörte *Tolbiacum* ursprünglich den *Sunuci*; in römischer Zeit ist der Ort den *Ubii* zugetheilt (Tac. Hist. IV, 79), ebenso *Marcodurum* (Hist. IV, 28). Ueber die Notiz im Itin. An. 177: *Tolbiaco. vicus Supenorum* (*Var. supeniorum, supernorum, sopenor.*) s. Abb. IX, 2.

[4]) Auch hier variirt die Form in den Urkunden: es findet sich auch *Condruscus, Condorustus, Condrusticus, Condrosius*, s. Zeuss, die Deutschen S. 213. In dem Schreiben des Kaisers Lothar I. vom J. 851 (mittelrh. Urk. I, n. 82) liest man in der Ueberschrift *in pago condrustico*, in der Urkunde selbst: *in pago condrustio in villa nuncupante borcido super flucio solcione.* (*Borcido*, nicht Burtscheid bei Aachen, wie im Register vermuthet wird, setzt Spruner südlich von Huy an.)

[5]) Tac. Germ. 2: *quoniam qui primi Rhenum transgressi Gallos expulerint, ac nunc Tungri, tunc Germani vocati sint.*

auf Drusus[1]) zurück. *Tungri* wurden sie wohl schon früher von ihren Stammgenossen in den Ardennen benannt, weil sie grossentheils flaches und sumpfiges Haideland inne hatten[2]). Dagegen die kleinen Waldcantone der Ardennen behaupten ihre Selbständigkeit[3]), sie dienen in gesonderten Abtheilungen unter ihrem alten Namen im römischen Heere, wie die *Baetasii* und *Sunuci*, und werden niemals zu den Tungri gerechnet.

Das ausgedehnte Gebiet der *Tungri* zerfiel wieder in mehrere Gaue, von denen einer sicher, der andere mit Wahrscheinlichkeit sich nachweisen lässt.

Die Tungri stellten zwei Cohorten und ebensoviel *alae*; jene hatten lange Zeit ihre Standquartiere in England, die erste Cohorte am Grenzwalle Hadrians zu *Borcovicium* (Housesteads), die zweite jenseits des Walles in Caledonien zu *Blatum Burgium* (Birrens); und die inschriftlichen Denkmäler, welche sie in England hinterlassen haben; gewähren über Manches erwünschten Aufschluss. Die Inschrift von Birrens Or. 5921, CIL. VII, 1073:

```
DEAE VIRADES
THI PAGVS CON
DRVSTIS MILI
IN COH II TVN
GRO SVB SI(L)V(I)O
AVSPICE PR
AEF
```

[1]) Darauf deutet Hygin. de condit. agr. S. 123: *item dicitur in Germania in Tungris pes Drusianus, qui habet monetalem pedem et sescunciam.* Dies wird das altgermanische Längenmass sein (8 Fuss = 9 röm. F.), was wohl auch bei den anderen rechtsrheinischen Germanen unter römischer Herrschaft sich behauptete; um so eher ist der Ausdruck *in Germania* gerechtfertigt, obwohl die *Tungri* damals zur belgischen Provinz gehörten.

[2]) Wo im Sumpfboden sich eine Erhöhung fand, gruben sie ihre Wohnungen tief in die Erde und bedeckten sie mit Dünger ebenso zum Schutz gegen die Kälte des Winters wie gegen feindliche Angriffe; die Beschreibung des Tacit. Germ. c. 16 mag eben zunächst von den *Tungri* entlehnt sein. *Tung*, *Dunk* ist ein deutsches Wort, s. Holtzmann, Tac. Germ. S. 203. Vergl. auch Förstemann, Ortsn. S. 46. Daher finden sich noch jetzt zahlreiche Ortsnamen, wie Wachtendonk, Hermendonk u. s. w. besonders in der Gegend von Geldern und überhaupt an der Niers, sowie zu beiden Seiten der Maas bis Roeremonde, also recht eigentlich im Gebiete der Eburonen; dann aber auch in Brabant. Ein Verzeichniss dieser Ortsnamen giebt Buyx, die untere Niersgegend und ihre Donken S. 12 und S. 15 ff.

[3]) Auch mag man mehrere Völkerschaften vereinigt haben, daher manche Namen ganz verschwinden.

beweist, dass damals die Völkerschaft der Condrusi als Gau fortbestand, einen Zweig der *Tungri* bildete. Wie nach alter Sitte jede Völkerschaft gesondert zum Schlachtfelde zieht[1]), so war auch die aus dem *pagus Condrustis* zum Kriegsdienst ausgehobene Mannschaft zu einer besonderen Abtheilung in der 2. Coh. der Tungri vereinigt und weiht hier gemeinsam ihrer heimathlichen Göttin Viradesthis[2]) einen Altar. Eine Abtheilung der Condrusi erkenne ich auch auf Ziegelstempeln von Vinovia (Binchester) CIL. VII, 1234: N. COND und N. CON, d. i. *numerus Condrusorum*; ihnen gehört vielleicht der Votivstein n. 425:

AIRIB OLIST
CARTOVAL

d. h. (*M*)*atrib*(*us*), dann folgen zwei Beinamen, vielleicht liegt in den undeutlichen Zügen Lott(ib.), wie auf n. 424: *Cartovall*. erinnert an den Ortsnamen *Coriovallum*; hier theilte sich die Strasse von Tongern, nordwärts ging der Weg über Teudurum nach Xanten, nordöstlich über Jülich nach Cöln (Itin. Ant. 179 und 180[3]). Das Gebiet der Condrusen beschränkte sich ursprünglich nicht auf den pagus Condrustensis des Mittelalters, sondern erstreckte sich nördlich bis zur Mündung der Roer in die Maas, s. oben S. 3. Dagegen ist es möglich, dass der *pagus Condrustis* der *civitas Tungrorum* mit dem jetzigen

---

[1]) Caes. B. G. I, 51: *Germani suas copias castris eduxerunt generalimque constituerunt paribus intervallis, Harudes, Marcomannos, Triboces, Vangiones, Nemetes, Sedusios, Suevos.*

[2]) MILI ist nicht *militans*, sondern eher *militantes*. Auf der Tafel bei Pennant fehlt S, aber der Text bietet *Viradesthis*. Den Namen dieser Göttin hat Leemans auf einem zu Vechten bei Utrecht gefundenen Denksteine wieder erkannt; *Deae* (*Vir*)*adecd*(*i*) (*civ*)*es Tungri* (*et*) *nautae qui Fectione consistunt*, s. Jahrb. 47/48 S. 162. Dagegen die Vermuthung J. Bekkers (Beitr. zur vergl. Sprachf. IV, 164) in der Inschrift CIR. 1726 DEAE VIRODƟI sei dieselbe Göttin genannt und VIROD(E)ƟI zu lesen, ist scharfsinnig, aber unsicher.

[3]) Auch andere Inschriften jener Gegend mögen den dort stationirten *Tungri* angehören. Der *praef. eq.* n. 423 commandirte vielleicht eine *ala Tungrorum*. Der Votivstein n. 424 *deab. matrib. Lottib.* gehört sicherlich germanischen Soldaten an, doch standen nicht bloss *Tungri* in *Vinovia*, wie 427 beweist:

EX · C · FRIS
VINOVIE
V · S · L · M

d. i. *ex civitate* oder wohl eher *ex cohorte Frisiavonum*.

Condroz ziemlich zusammenfiel, indem der nördliche Theil des Gebietes entweder einen eignen Gau bildete oder mit einem anderen District vereinigt war.

Der *pagus Condrustis* entspricht formell genau dem *pagus Condrustius* oder *Condrustensis* des Mittelalters; jetzt fällt vielleicht auch Licht auf die Bedeutung des Volksnamens. Man hat den Namen Condrusi aus dem celtischen Eigennamen Drusus herleiten wollen[1]); allein die Verbindung mit der Präposition CON erscheint dann nicht zulässig[2]), ebenso spricht die Form *Condrustis* dagegen. Die Wurzel des Namens ist deutsch, wenn auch die Weise der Zusammensetzung keltisches Gepräge zeigt. Das Volk hiess *Condrustes* (*Condrusses*, woraus die Römer *Condrusi* machten), weil die Volksgenossen sich durch einen feierlichen Eid zu treuem Ausharren im Leben und Tode verbunden hatten; für ein Volk, welches auszieht, um neue Wohnsitze zu

---

[1]) So Zeuss S. 212. Der römische Prätor Livius war der erste seines Geschlechtes, der den Zunamen Drusus im J. 283 v. Chr. empfing, s. Sueton Tib. 3: *Drusus hostium duce Drauso comminus trucidato sibi posterisque suis cognomen invenit*. Der Name Druta findet sich in dem lateinischen Theile einer zu Vieil-Evreux gefundenen keltisch-lateinischen Inschrift Z. 7 (Mém. de la soc. des Antiq. XIV, p. 15) und auch Z. 5 wird (Dr)uta Seiani SeboƉƉV zu ergänzen sein; dann auf den zweisprachigen Inschriften von Tuder in Umbrien, wo dem DRVTEI F. des lat. Textes TRVTIKNOS entspricht. Früher hat man diese Inschriften für umbrische gehalten, jetzt sucht man sie richtiger den Galliern zuzuweisen. In der gallischen Mark hätte diese Grabschrift eines Galliers in gallischer und lateinischer Sprache nichts befremdendes, desto mehr an der Grenze von Etrurien und Umbrien in mässiger Entfernung von Rom. Mommsen hat darauf aufmerksam gemacht, dass die Schriftzüge dem Alphabet der Salasser gleichen; ich vermuthe, die Inschrift ist in der Mundart eben dieses Alpenvolkes verfasst, welches durch sein räuberisches und unbotmässiges Wesen den Römern oft sehr lästig ward. Man wird daher, wie es römische Sitte war, Häuptlinge und angesehene Männer, die in Kriegsgefangenschaft gerathen waren, oder deren Einfluss in der Heimath gefährlich schien, nach Italien versetzt haben. So wird auch Koisis, Sohn des Drutus, mit den Seinen bei Tuder internirt worden sein, nicht durch Augustus, sondern etwa durch Domitius Ahenobarbus, der nach glücklicher Beendigung seines Feldzuges gegen die Allobroger im J. 121 v. Chr. nicht unterlassen haben wird, auch für die Sicherheit der Alpenpässe zu sorgen.

[2]) Wenn auf einer in England gefundenen Inschrift CIL. VII, n. 920 ein Soldat der XX. Legion *Maximus Condraussius* heisst, so hängt wohl dieser Personenname eben mit dem Völkernamen zusammen.

gewinnen, um Ruhm und Kriegsbeute zu erwerben, eine ganz passende Bezeichnung[1]).

Ich stelle *pagus Condrustis* zu den deutschen *antrustiones*[2]), die dem Könige Treue gelobt haben, sein Gefolge bilden, sich *in truste* befinden, und zu den *Matronae Andrustehiae* eines Votivsteines in Cöln (CIR. 406, wie es scheint, unbekannten Fundortes). Die Verschiedenheit der Laute darf man nicht dagegen geltend machen; bei diesen germanischen Stämmen wird das D die Stelle des T vertreten haben[3]).

Einen anderen Gaunamen bietet die Inschrift n. 1072 dar:

>   DEAE RICAGAM
>   BEDAE PAGV(s)
>   VELLAVS MILIT
>   COH II TVNG[4]).

Der *Pagus Vellavus* (denn so kann man die Schriftzüge auflösen)[5]), gehört wahrscheinlich auch dem Gebiet der *Tungri* an. Die gallische Völkerschaft *Vellavi*, Nachbarn der Arverner, kommen

---

[1]) Die lateinischen Ausdrücke *coniurati, confoederati, confoedusti, convoti* besagen dasselbe. Tacit. Germ. 14: *principem defendere, tueri, sua quoque fortia facta gloriae eius assignare praecipuum sacramentum est* muss man wörtlich von einem eidlichen Gelübde fassen.

[2]) In den Eigennamen der Tungri zeigen sich gleichfalls Spuren des deutschen Elementes, wie in der Mainzer Inschrift 1231 FREIOVERVS · VERANSATI F, d. h. *Freiioverus*, davon ist *Freio et Friatto* in einer von Beger publicirten Inschrift aus dem Lüttichschen wohl nur die abgekürzte im täglichen Leben übliche Form, wie im Griechischen Τυφώ statt Τυφωνίη. Grimm, Myth. 137, lehnt zwar jede Beziehung zu dem Goth. *Frauja* und Angels. *Frea* ab, aber die Form *Freyji*, die er neben dem nordischen *Freyr* voraussetzt, steht nahe. Auch beachte man die Alliteration bei den Namen des Vaters und Sohnes. Mit *Freiioverus* darf man nicht die Göttin *Vagdarera* zusammenhalten, CIR. 67 DEAI · VAGDAVER · CVSTI ·, denn sie hiess *Vagdavercustis*, der Graveur, welchem der Name unverständlich war, hat den Punkt hinzugefügt. Wie es sich mit CIR. 191 VAGE · VERCV verhält, wage ich nicht zu entscheiden.

[3]) Auf Münzen, welche man den Eburonen beilegt, findet sich nicht selten der Name DVRNACOS, während die Stadt der *Nervii Turnacum* heisst.

[4]) J. Bekker Rh. Mus. XIII, 261 glaubt hier einen *Bedae pagus* zu erkennen, indem er den Zunamen der Göttin *Ricomaga* deutet. Dabei ist eben VELLAVS ganz ausser Acht gelassen.

[5]) Doch kann man auch *Vellaus* gelten lassen, V ward häufig unterdrückt, so *Frisaeo* Orelli 175, *Bataus* CIR. 1517, und der Eigenname *Gamidiahus* (s. nachher). Der Gau der Chamaven im Gebiet der Lingones heisst im Mittelalter *Amaus* oder *Emaus* (Zeuss S. 584).

hier nicht in Betracht; der Name *pagus Vellavus* erinnert an den *pagus Felaowa* des Mittelalters (Förstemann, Namenb. II, 489, auch *Felum, Velum, Velloe, Felua* geschrieben, s. mittelrh. Urk. I, n. 22, 60, 62, 65), der bis auf den heutigen Tag unter dem Namen *Veluwe* in der holländischen Provinz Geldern fortbesteht; allein auf das rechte Rheinufer hat sich das Gebiet der *Tungri* niemals erstreckt; dort waren wohl damals die *Chamavi* ansässig[1]). Indess wie die Völker bei ihren Wanderungen die alten Ortsnamen gern auf die neuen Wohnsitze übertragen, so mochte ein germanischer Stamm, der früher den *pagus Vellavus* nördlich von Arnheim inne hatte, als er mit den Eburonen und Condrusen auf das linke Ufer übersiedelte, den Namen *pagus Vellavus* nach der Maas verpflanzen und dort als Zweig der *Tungri* fortbestehen. Und wenn in den späteren Ansiedelungen der Chamaven im Gebiet der Lingones im *pagus Amausensis* des Mittelalters eine *villa quae campus Vellii dicitur* erwähnt wird (Zeuss S. 584), so ist auch dies wohl eine Erinnerung an den *pagus Vellavus* in Geldern, den früheren Wohnsitz der Chamaven.

Einem Tungrischen Krieger gehört sicherlich der Votivstein n. 1065:

```
DEAE
HARIMEL
LAE SAC GA
MIDIAHVS
ARC X VSLLM
```

denn der Name der Göttin *Harimella* erinnert an den Ort *Harimalla*, welchen Spruners Karte am linken Ufer der Maas unterhalb Heristall verzeichnet[2]). Die Namen anderer Gottheiten, die auf den Inschriften von *Blatum Burgium* vorkommen, geben keinen

---

[1]) Möglicherweise dienten damals auch rechtsrheinische Germanen in den Tungrischen Cohorten; kommen doch selbst *Raeti* vor, wie die englische Inschrift n. 1068 beweist: RAETI MIL IN COH II TVNGR, welche dem Mars und der Victoria einen Altar weihen.

[2]) *Gamidiahus* darf man nicht mit Henzen in *Gamidianus* verwandeln, der Name ist germanisch, H vertritt die Stelle des V, obwohl Soldaten dieser Cohorte zum Theil schon römische Namen führen, wie 1074 *Frumentius*. ARC ist vielleicht *ar(morum) c(ustos)* und X das Epheublatt, das bekannte Zeichen der Interpunction. Die *Dea Harimella* ist unverkennbar echt deutschen Ursprungs: *harimella* ist Volksgericht, Mahlstatt, wie noch jetzt ein Dorf in Hessen *Dietmold* (*Dietmelle*) heisst. Mit der *dea Harimella* vergl. den Frauennamen *Salvia Fledimella* auf der Inschrift von Vechten bei Utrecht, Jahrbücher 47/48, S. 100.

weiteren Aufschluss[1]); auch stand dort noch die *cohors I Nervana Germanorum* (n. 1063). Die Inschriften der 1. Cohorte der *Tungri* zu Borcovicium verehren die Mütter (*matribus* n. 635), alle Götter und Göttinnen (n. 633 mit dem merkwürdigen Zusatze *secundum interpretationem oraculi Clari Apollinis*), und wiederholt den Brittischen *Deus Cocidius*. Auf den Grabschriften dieser Station begegnet uns der echt deutsche Namen *Dagualdus*[2]); doch scheint dieser nicht den *Tungri* anzugehören[3]). Anklang an die deutsche Sprache hat n. 647 SOLI HERION VLM, vielleicht Weihgeschenk eines Batavers. Wenn n. 1084 (Orelli 5943) den *Matres Alatervae* (*viae*) und *M. campestres* ein Altar errichtet wird, so ist der erste Theil dieses Namens unzweifelhaft das althochdeutsche *alah* (heilig), was sich in zusammengesetzten Orts- und Personennamen mehrfach erhalten hat, s. Grimm, Myth. 39, 1. Ausg. Hierher gehören auch die *Matronae Alagabiae*, welche anderwärts einfach *Gabiae* genannt werden. Bekannt ist der Votivstein der *Alateivia* in Xanten (CIR. 197), die *Matronae Alaterviae* zu Pattern bei Jülich (CIR. 623) beruhen auf unsicherer Vermuthung. — Ein Soldat der *ala Tungror.* in Britannien weiht n. 1090 einen Altar *Herculi Magusano*, bekannt durch Münzen des Postumus und Inschriften in Holland. Wenn Tacitus von dem Cultus des Hercules bei den Germanen redet, mag er den Magusanus im Sinne gehabt haben.

---

[1]) Auch in *Castlesteads* (*Petrianae?*) standen Tungri der 2. Cohorte, ihnen mögen die Inschriften 877 *matribus omnium gentium* und 888 N · AVG · DIIO VANAVNTI gehören.

[2]) *Dagoald*, s. Förstemann Namenb. I, 326. Die Endung VS ist nicht deutlich zu erkennen; *Catualda* heisst der Häuptling (*nobilis inter Gotones* Tac. Ann. II, 62), der den Maroboduus verdrängte, aber bald das gleiche Schicksal erfuhr und bei den Römern Zuflucht suchen musste; ebenso *Chariovalda*, Anführer der Bataver, Ann. II, 11. In mittelalterlichen Urkunden ist dagegen die andere Form üblich: *Dagoaldus, Gisloaldus, Meroaldus, Catualdus, Magnoaldus* und viele andere.

[3]) Man ergänzt die lückenhafte Inschrift n. 692 D · M · DAGVALD MI (I. Coh. I) PAN · VIXIT A.. Vielleicht stammte dieser Soldat von dem Gefolge des Catualda oder des Maroboduus, welches die Römer jenseits der Donau an der March ansiedelten, und trat in eine pannonische Cohorte ein. Fremdartig klingen die Namen n. 691: *D. M. Hurmio Leubasni mil. Coh. I Tungror. be. praef. Capurus heres f. c.* Ausserdem werden in Borcovicium auch Soldaten *ex Pr. Ger. Sup.* genannt, wie n. 632 *Melonius Senilis* und 693 *Delfinus Rautionis*. Eine *vexillatio German.* weiht den *deabus matribus tramarinis* n. 1002.

Die Grenzen der einzelnen Territorien in den Provinzen des römischen Reiches waren wohl durchgehends mit Marksteinen versehen; entstanden zwischen benachbarten Territorien Streitigkeiten über die Grenze, so entschied früher der Senat, später der Kaiser durch einen Bevollmächtigten[1]), wie z. B. im J. 74 der Statthalter von Obergermanien im Auftrage Vespasians die Grenze zwischen den *Viennenses* und *Ceutrones* regulirte. Nicht selten sind die Stationen der römischen Staatsstrassen unmittelbar an die Grenze zweier Territorien verlegt[2]). Kein Name kommt vielleicht so oft vor als *fines, ad fines*, nirgends häufiger als in Gallien, ein beredtes Zeugniss für die reiche politische Gliederung des Keltenlandes. Da die Marksteine längst verschwunden oder doch noch im Schoss der Erde verborgen sind, bietet diese Bezeichnung *ad fines* ein wichtiges Hülfsmittel zur Feststellung der Grenzen der Territorien dar; gleichwohl hat man darauf nicht überall geachtet oder auch irrige Folgerungen daraus gezogen.

In unserer nächsten Nähe oberhalb Remagen unweit des Schlosses Rheineck am nördlichen Ufer des Vinxtbaches muss ein solcher Grenzstein ehemals gestanden haben, wie der Votivstein von zwei Soldaten der 30. Legion (CIR. 649):

FINIBVS · ET
GENIO · LOCI
ET · I · O · M ·

bezeugt. Der Vinxtbach bildete eben die Grenze zwischen den *Ubii* und *Treveri*; früher reichte das Gebiet der Letzteren bis über Bonn hinaus, s. oben S. 15; als Agrippa die Ubier auf dem linken Ufer ansiedelte, hat er ihnen den nördlichsten Strich des Trierschen Gebietes zugetheilt. Unsere Alterthumsforscher finden hier die Grenzscheide zwischen *Germania inferior* und *superior*; aber mir ist nicht bekannt, dass man auch die Reichs- und Provinzialgrenzen mit Marksteinen versehen habe[3]). Wo die

---

[1]) Auf einen solchen Act in Thessalien vom J. 101 bezieht sich die Inschrift bei Heuzey, Mont Olympe S. 477: *fines derex(it int)er Dien(ses et Oloo)ssoni(os)*.

[2]) Die Strasse über die Cottischen Alpen führte von *Segusio* über *Ocelum* nach *Turin*; früher war *Ocelum* Station, später ward dieselbe unmittelbar an die Grenze des Gebietes der *Alpes Cottiae* verlegt, wie das Itinerar des Antoninus im Vergleich mit den Stationsverzeichnissen von Vicarello lehrt.

[3]) Wenn einmal sich der Stationsname *ad fines* an der Grenze einer Provinz findet, rührt dies lediglich daher, dass die Grenze des

Grenze zwischen beiden Provinzen lag, ist nicht überliefert: denn die Angabe des Ptolemäus (II, 9) ist werthlos, s. oben S. 73 ff. Am wahrscheinlichsten ist, dass ursprünglich die Nahe beide Provinzen schied, wie dies auch Boecking annimmt. Sicheres wird sich vielleicht ergeben, wenn die Vertheilung der Truppen in den rheinischen Grenzbezirken genauer festgestellt sein wird oder neue Meilensteine mit bestimmter Datirung sich finden.

Die Abgrenzung der Grenzprovinzen, wie eben *Germania superior* und *Germania inferior* war der Natur der Sache nach wandelbar: militärische Rücksichten, Zuwachs oder Einbusse von Ländererwerb waren massgebend. So wird auch später die Grenze dieser beiden Provinzen anders regulirt worden sein; die Thatsache, dass zwei Meilensteine[1]) unter Elagabalus im J. 220 (oder 219 gegen Ende) und unter Aurelian im J. 271 gesetzt, beide

---

Territoriums mit der Provincialgrenze zusammenfiel. Wohl aber ist beachtenswerth, dass die deutschen Stämme frühzeitig die Grenzen ihres Gebietes mit Marksteinen bezeichneten; Ammianus Marc. XVIII, 2, indem er den Feldzug des Julianus im J. 359 erzählt, sagt: *cum ventum fuisset ad regionem, cui Capellatii vel Palas nomen est, ubi terminales lapides Alamannorum et Burgundiorum confinia distinguebant*, d. h. in der Gegend der Jaxt und des Kochers. König Dagobert I. liess um das Jahr 633 nach einer Urkunde v. J. 1155 (s. Grimm d. Rechtsalt. 542) an einen Felsen im St. Gallischen Rheinthale ein Markzeichen einhauen, *ad discernendos terminos Burgundiae et Curiensis Rhaetiae*. Trotzdem dass die deutschen Stämme und Völkerschaften so häufig ihre Sitze gewechselt haben, muss doch die Sitte, das Eigenthum der Einzelnen, wie die Bezirke der Gemeinden und Gaue genau abzugrenzen, hoch hinauf reichen und ruht offenbar auf volksmässigem Grunde; wohl aber mag ·später die Praxis der römischen Feldmesser eingewirkt haben. Wenn König Dagobert das Bild des Mondes (*similitudo lunae*) eingraben liess, so erinnert dies an die römische Sitte, die Ostseite des Grenzsteins (*latus limpidum*) durch das Bild der Sonne, die entgegengesetzte (*latus roscidum*) durch den Mond zu bezeichnen (Agrim. I, 302; vergl. Taf. 29 n. 223).

[1]) CIR. 1938 und 1939. Der erste Stein giebt XXIX Leugen bis Mainz an, der zweite XXV///, offenbar eine geringere Zahl: da beide an derselben Stelle gefunden sind, muss inzwischen der Weg durch eine Correction abgekürzt worden sein. Die Zahl 29 stimmt mit der Tab. Peut., welche von Mainz bis Boppard 30 Leugen berechnet (von dem Itin. d. Ant. will ich absehen); die Zahlen sind natürlich rund zu fassen. Dagegen nach dem Meilenstein von Tongern (Or. 5236) ist der Weg von Bingen nach Wesel und dann von Wesel nach Boppard um je eine Leuge abgekürzt, so dass die Entfernung zwischen Mainz und Boppard nur 28 Leugen beträgt. Rossel ergänzt daher auf dem Steine von Salzig mit Recht XXV(II). Daraus ergiebt sich, dass der

bei Salzig eine Strecke oberhalb Boppard gefunden, die Entfernung des Weges von Mainz, nicht von Cöln aus berechnen, deutet darauf hin, dass damals diese Strecke zum Gebiet des Statthalters von Obergermanien gehörte[1]), und da auch der Stein von Stolzenfels (n. 1941) und, wie es scheint, der von Brohl von d. J. 283 (n. 1943) Mainz nennen, wird im 3. Jahrhundert der Vinxtbach die Grenze beider Provinzen gebildet haben. Die Veränderung ward wohl vorgenommen mit Rücksicht auf den rechts-

---

Meilenstein von Tongern, der als officielles Denkmal Anspruch auf Genauigkeit hat, indem er die Correction der Strasse wiedergiebt, nach 219 errichtet wurde.

[1]) Wenn auf der Strasse von Mainz nach Cöln die Zählung der Meilensteine nicht, wie wohl sonst üblich, von einer Hauptstation zur anderen fortgeführt wird, sondern theils von Cöln, theils von Mainz beginnt, so kann dies nur mit der Provinzialeintheilung zusammenhängen. Schwierigkeit macht die Inschrift CIR. 1965 A · COL · AVG · (T)R · M · P · LXXXVIII auf einem offenbar in der Nähe von Mainz gefundenen Steine vom J. 139; denn hier ist die Zählung von Trier bis Mainz durchgeführt ohne Rücksicht auf die Abgrenzung der Provinzen. Die Entfernung zwischen beiden Städten beträgt gerade 88 r. M. (s. Schmidt Jahrb. XXXI, 174), es war dies also der letzte Meilenstein, der unmittelbar vor den Thoren von Mainz gestanden haben muss, wie Schmidt sehr richtig bemerkt; der Stein ist nicht mehr vorhanden, aber die Abschrift vollkommen glaubwürdig. Brambach meint, die Zahl sei fehlerhaft; aber um die Schwierigkeit zu entfernen, müsste man mindestens LXVIII corrigiren, dann hätte der Stein 2 r. M. oberhalb Bingen nach Dumnissus zu gestanden (hier konnte die Grenze zwischen Belgica und Germania sein). Noch unglücklicher ist der Gedanke, der Stein könne der Strasse von Trier nach Strassburg angehören; denn die Verbindung dieser Städte ward durch die Strassen nach Mainz oder nach Metz hergestellt; eine directe Strasse von Trier nach Strassburg ist nicht nachweisbar, auch sieht man nicht ein, wie ein Meilenstein aus dem Binnenlande nach Mainz kam. Es liegt hier vielmehr der Fall einer doppelten Vermarkung derselben Strasse vor, wovon sich auch anderwärts Beispiele finden (z. B. am nördlichen Ufer des Genfersees, s. Insc. Helv. n. 332 nebst der Bemerkung S. 65). Die Rheinstrasse diente auf der Strecke von Mainz bis Bingen zugleich als Militärstrasse nach Trier; daher fand sich hier eine doppelte Reihe von Meilensteinen; die Zählung von Mainz rheinabwärts gehört der Rheinstrasse an, die Zählung von Bingen rheinaufwärts giebt die Entfernung von Trier an. Die Anlage der Strasse von Trier nach Mainz ist älter als die Strasse zwischen Mainz und Cöln, sie gehört einer Zeit an, wo die beiden *Germaniae* noch nicht als selbständige Provinzen organisirt waren; daher wurde die Zählung von Trier bis Mainz durchgeführt, und diese Bezeichnung auch später beibehalten, so oft man die Steine der Route nach Trier auf der Strecke bis Bingen renovirte.

rheinischen Limes, um so auf beiden Ufern des Stromes Einheit des Militärcommandos herzustellen, braucht aber nicht nothwendig mit der Errichtung des Grenzwalles gleichzeitig zu sein. Die geschichtliche Ueberlieferung besonders aus dem 2. Jahrhundert ist so mangelhaft, dass sich darüber nichts sicheres feststellen lässt. Mit der neuen Grenzlinie stimmt auch die *Notitia Dignitatum*; darnach erstreckte sich das Gebiet des *Dux Moguntiacensis* von *Saletio* bis *Antonacum*; unter ihm stehen daher auch die Commandanten von Boppard, Coblenz und Andernach; damals war also die Grenze zwischen Germania I und II unterhalb Andernach. Freilich über den Amtskreis des *Comes Argentoratensis*, wie überhaupt die Organisation der beiden *Germaniae* und der *Provincia Maxima Sequanorum* erfahren wir nichts näheres, auch darf man nicht vergessen, dass die Befugniss der obersten Militärbefehlshaber sich öfter über verschiedene Provinzen erstreckte [1]).

Man beruft sich auf die kirchliche Diöcesaneintheilung, indem der Vinxtbach ehemals den Cölner Sprengel von dem Trierer schied. Allein die administrative und militärische Organisation des römischen Reiches, die ohnedies wandelbar war, hat auf die Gestaltung der kirchlichen Verhältnisse nur geringen Einfluss ausgeübt [2]). Ebenso macht man den Unterschied zwischen Sprache und Volkssitte geltend, indem auch hier jener kleine Bach die Grenzlinie markire [3]). Die Thatsache ist richtig, aber die Abgrenzung der Provinzen kann doch nur insoweit auf diese Verhältnisse einwirken, als sie mit der Völkerscheide zusammenfällt. Wenn hüben Ubier, d. h. Germanen, drüben Treveri, also

---

[1]) Vom Dux Tractus Armoricani heisst es S. 107: *extenditur tamen tractus Armoricani et Nervicani limitis per provincias quinque*, die dann namentlich aufgezählt werden.

[2]) Die Neueren pflegen diesen Factor gemeiniglich zu hoch anzuschlagen; man übersieht, dass die Kirche sich vielmehr an die volksmässigen Institutionen anschliesst: daher fällt die Abgrenzung der Diöcesen so häufig mit der alten Gliederung der einzelnen Völker zusammen.

[3]) Darauf gründet sich die volksmässige Unterscheidung zwischen Ober- und Niederland; allein dies darf man nicht mit der *Germania superior* und *inferior* zusammen halten; kehrt doch am rechten Ufer des Oberrheines dieselbe Sonderung zwischen Ober- und Unterland wieder, dort durch den Gegensatz des Alemannischen und Fränkischen Stammes gesteigert, während hier Franken diesseits und jenseits des Vinxtbaches wohnen.

Gallier wohnten, so mochte, obwohl die Ubier schon in ihren
früheren Sitzen auf dem rechten Ufer viel von gallischer Art angenommen hatten und alsbald Gallier wie linksrheinische Germanen gleichmässig sich beeiferten römische Culturelemente aufzunehmen, während der Periode der römischen Herrschaft dieser
Unterschied einem scharfen Beobachter nicht entgehen; aber mir
ist unverständlich, wie man den Gegensatz zwischen der heutigen
mittelrheinischen und niederrheinischen Volksart und Sprache auf
jene Sonderung zurückführen will. Diese Bevölkerung ist durchaus deutschen Ursprungs: der Unterschied zwischen Hochdeutsch
und Niederdeutsch geht durch das ganze Gebiet der deutschen
Zunge hindurch, und wo sich beide Mundarten berühren, treten
naturgemäss überall eigenthümliche Mischungen und Uebergänge
hervor, wie eben am Niederrhein. Der Rest der älteren romanisirten Bevölkerung mag einen gewissen Einfluss ausgeübt haben,
aber es ist dies nur ein secundäres Element.

Wie man hier willkürlich eine Territorialgrenze als Provinzialgrenze ansieht, ebenso meint man, die Station *ad fines* (jetzt
Pfyn an der Thur) auf der Strasse von *Vindonissa* nach *Arbor
felix* (Arbon am Bodensee) bezeichne die Grenze zwischen Helvetien und Rhaetien[1]). Allein dieser Punkt erscheint völlig
ungeeignet, um die beiden Provinzen abzugrenzen; die natürliche
Grenze war der Rhein: militärische wie administrative Rücksichten
geboten diese Linie festzuhalten. Gesetzt auch, die Rhaeter hätten
sich im Rheinthal von Saargans bis zum Bodensee auch auf dem
linken Ufer niedergelassen[2]), so würden die Römer jedenfalls
keine Rücksicht auf die Stammverfassung eines unterworfenen
Volkes genommen haben. Bei der Station *ad fines* an der Thur
war nur eine Gaugrenze; entweder begann dort ein *pagus* der
Helvetier, welcher bis zum Rheine sich erstreckte, oder das Gebiet einer rhaetischen Völkerschaft; dann aber wären die Helvetier

---

[1]) So noch in neuester Zeit Mommsen CIL. III, S. 706 und Planta,
das alte Rhaetien S. 56. Plantas Argumente beweisen nichts für die
ältere Zeit, sondern gelten nur, wie ich zeigen werde, für die letzte
Epoche.

[2]) Das Gebiet der Helvetier vor Caesar ward sicherlich im Osten
durch den Rhein begrenzt; durch die Niederlage war die Macht des
Volkes gebrochen; so konnten Rhaeter sich in dieser Gegend festsetzen
und Wohnsitze, die ihnen vielleicht schon in früheren Zeiten gehört
hatten, wieder gewinnen. Doch ist dies nicht wahrscheinlich, siehe
nachher.

vollständig vom Bodensee ausgeschlossen gewesen; allein Strabo bezeugt, dass die Rhaeter nur einen kleinen Theil des Seeufers beherrschten, während das übrige im Besitze der Helvetier und Vindeliker war[1]). Das Gelände des Sees wird damals unter jene Völker ungefähr gerade so vertheilt gewesen sein, wie jetzt unter Oesterreich, die Schweiz und Deutschland.

Dass aber der Rhein in der That die Grenze der Schweiz bildete, beweist eine in Tirol zu Partschins im Etschthale oberhalb Trient gefundene Inschrift vom J. 180 (Orelli 3343, CIL. V, 1, 5090); ein Freigelassener Aetetus

PP · STAT · MAIENS · XXXX GALL ·

---

[1]) Strabo VII, 292: προσάπτονται τῆς λίμνης ἐπ' ὀλίγον μὲν οἱ Ῥαιτοί, τὸ δὲ πλέον Ἐλουήττιοι καὶ Οὐινδολικοί. Diese Worte sind durch Nachlässigkeit der Abschreiber entstellt, man muss wohl aus dem Folgenden οἰκοῦσιν ὀροπέδια hinzunehmen, und dies ist verschrieben für οἳ οἰκοῦσιν ὀροπέδια oder auch κατέχουσιν οἰκοῦντες ὀροπέδια, denn der Sinn ist klar. Kurz vorher schreibt Strabo vom Bodensee: νοτιωτέρα δ' ἐστὶ τῶν τοῦ Ἴστρου πηγῶν καὶ αὕτη, ὥστ' ἀνάγκη τῷ ἐκ τῆς Κελτικῆς ἐπὶ τὸν Ἑρκύνιον δρυμὸν ἰόντι πρῶτον μὲν διαπεράσαι τὴν λίμνην, εἶτα τὸν Ἴστρον. Hier ist ἐκ τῆς Κελτικῆς in jeder Hinsicht unpassend; Strabo schrieb Ἐλουηττικῆς und meint dabei eben die Ostschweiz, also jenes Gebiet, welches die Neueren den Rhaetern zusprechen; denn nur wer von hier aus zu den Donauquellen reist, muss über den Bodensee setzen; selbstverständlich ist der directeste Weg gemeint. An einer früheren Stelle IV, 193 führt Strabo allerdings nur die Rhaeter und Vindeliker als Anwohner des Sees auf; man vermisst hier die Helvetier, um so mehr da nachher dieses Volkes wiederholt in einer Weise gedacht wird, die darauf hindeutet, dass es schon früher genannt war; auch ist die Bezeichnung der Vindeliker Οὐινδολικοὶ τῶν Ἀλπείων τινὲς καὶ τῶν ὑπεραλπείων durchaus widersinnig, denn ὑπεράλπειοι waren alle Vindeliker am See, die Ἄλπειοι konnten seine Ufer gar nicht berühren. Es ist mit leichter Aenderung zu schreiben λίμνην, ἧς ἐφάπτονται καὶ Ῥαιτοὶ καὶ Οὐινδολικοὶ καὶ τῶν Ἐλουηττίων τινὲς τῶν ὑπαλπείων. Jetzt ist Strabo mit sich selbst wie mit den thatsächlichen Verhältnissen im Einklange. Den Namen der Helvetier hat man freilich im Eingange des Capitels herstellen wollen, wo die Hdschr. τὴν δ' ἐπὶ τῷ Ῥήνῳ πρῶτοι τῶν ἁπάντων οἰκοῦσιν Ἀλτουάτιοι, παρ' οἷς εἰσιν αἱ πηγαὶ τοῦ ποταμοῦ bieten. Allein in den höheren Alpenregionen wohnten die Helvetier nicht, am wenigsten an den Rheinquellen; es ist πρῶτοι τῶν Ῥαιτῶν οἰκοῦσι Ληπόντιοι zu lesen: denn dort lagen die Wohnsitze der Lepontier (Cäsar B. G. IV, 10), welche Strabo selbst IV, 206 zu den Rhaetern rechnet, während er sie IV, 204 überhaupt zu den kleinen räuberischen Alpenvölkern zählt (κατέχοντα τὴν Ἰταλίαν ἐν τοῖς πρόσθεν χρόνοις, wo κατατρέχοντα zu verbessern ist).

weiht der Diana einen Altar. Die *Statio Maiensis*, deren Vorstand der Genannte war, ist nicht Mais bei Meran¹); denn die *quadragesima Galliarum* konnte doch nicht in Tirol erhoben werden, sondern Magia²) an der Strasse, welche vom Bodensee nach Chur führte, jetzt Maienfeld auf dem rechten Rheinufer in Graubündten; Magia lag in Rhaetien, das Hauptzollamt wird am linken Rheinufer auf helvetischem Grund und Boden im Bereiche des gallischen Steuerdistrictes sich befunden haben und ward nach der Strassenstation benannt; man braucht es aber nicht gerade Maienfeld gegenüber zu suchen³). Anzunehmen, die gallische Steuergrenze sei weiter vorgerückt worden bis in das Gebiet der Provinz Rhaetien, weil man erkannte, wie unpraktisch eine Zolllinie *ad fines* an der Thur war, ist nicht wahrscheinlich⁴).

¹) Der Name würde allerdings passen, *castrum Maiense* heisst der Ort bei Meran in mittelalt. Urkunden, aber die Inschrift ist nicht dort gefunden; dass ein Zollbeamter einmal sich von seinem Posten entfernt, kann nicht auffallen, seine Station braucht man nicht in Tirol zu suchen, sie kann ebensogut in einer angrenzenden Provinz sich befunden haben.

²) Die Station *Magia* war nach der Peutingerschen Karte 16 römische Meilen von Chur entfernt, und schon deshalb darf man sie nicht mit Keller (Mitth. der Züricher Gesellsch. XV, S. 69) nach dem viel weiter entfernten Schan verlegen; wenn sich dort Reste eines römischen Castells finden, so setzt dies nicht nothwendig eine Strassenstation voraus. Die angegebene Entfernung (16 MP) wie der Name sprechen entschieden für *Maienfeld*, indem dem keltischen Namen der entsprechende deutsche hinzugefügt ward. Keller bemerkt, der ältere Name von Maienfeld sei Lupinum man vergl. die Urkunde über die Einkünfte des Bisthums Chur bei Planta S. 522 *curtis Lupinis* (nachher 525 *ecclesia in Lupino*), aber sollte nicht *Lupinum* nur der bischöfliche Hof, der zu Maienfeld gehörte, geheissen haben? — Das Itinerarium Ant. S. 132 nennt zwischen Brigantia und Curia keine Stationen und begnügt sich den Weg auf L MP anzugeben, was mit den LI r. M. der Tab. Peut., aber nicht recht mit der wirklichen Entfernung (siehe Keller) stimmt.

³) Vielleicht befand sich das Zollamt weiter oberhalb Maienfeld an der älteren Rheinbrücke, Zollbrücke genannt, weil ehemals, ich glaube von Graubündten, hier Zoll erhoben wurde. Natürlich darf man sich nicht auf diesen Namen berufen, sondern auf die Thatsache, dass der Zug der alten Strassen, Flussübergänge u. s. w. im Mittelalter bis auf die neuere Zeit meist unverändert beibehalten ward. Da hier die Strasse vom Wallensee einmündete und die Verbindung der inneren Schweiz mit Chur und mit Brigantia vermittelte, war dies die passendste Stelle zur Erhebung des Zolles.

⁴) So fasst Mommsen die Sache auf, der zwar richtig die *stat. Maiensis* auf Maienfeld bezieht, aber *ad fines* als Provinzialgrenze

Die Römer mit ihrem klaren Blick für die realen Verhältnisse wussten in solchen Dingen gleich das Rechte zu treffen[1]).

Die Station der Strasse an der Thur lag an einer Gaugrenze; Helvetien zerfiel in 4 Gane (Caesar B. G. I, 12); drei Namen sind bekannt, *pagus Tigurinus* (Caesar I, 12), *Verbigenus* (Caesar I, 27, Strabo VII, 293), *Tougenus* (Strabo VII, 293, IV, 192), aber nur die Lage des p. Tigurinus ist durch eine Inschrift (Mommsen, Inscr. Helv. 159) ermittelt, er umfasste den westlichen Theil der Landschaft mit Aventicum. Der vierte District, dessen Name unbekannt ist, mag den Strich von der Station *ad fines* bis zum Rhein umfasst haben; die Ostschweiz tritt naturgemäss in der Periode der römischen Herrschaft entschieden zurück.

In den letzten Zeiten des römischen Reiches muss allerdings die Grenze der Provinz Rhaetien über den Rhein bis zur Station *ad fines* verlegt worden sein, weil nach der *Notitia dignitatum* (Occ. S. 103) der Befehlshaber der *cohors Herculea Pannoniorum* zu Arbon zu den Untergebenen des *Dux Rhaetiae* gehört. Diese Veränderung trat offenbar unter der Regierung Diocletians gegen Ende des 3. Jahrhunderts ein; denn das *Itinerarium Antonini*, welches eben dieser Zeit angehört (s. Abb. IX, 1), kennt bereits die neue Einrichtung: die Entfernung zwischen *Brigantia* und *Arbor felix*, ebenso zwischen dieser Station und *ad fines* wird wie herkömmlich nach römischen Meilen bestimmt, von *ad fines* nach *Vitodurum*, *Vindonissa* und weiter westwärts wird nach Leugen gerechnet[2]); dies beweist, dass der östliche Strich der

---

festhält, s. CIL. III, 706. Früher (die Schweiz in röm. Zeit S. 8) liess Mommsen die Lage der stat. *Maiensis* unentschieden, dachte aber gleichfalls an ein Vorschieben der Zollgrenze. Mommsen vermuthet, der Zollbeamte Aetetus sei eigentlich in Tirol angestellt gewesen, dann zum Steueramt *Magia* versetzt worden und nenne in der Inschrift bereits seinen künftigen Wohnort. Aber ein Zollbeamter kann ja recht gut, sei es in Privatgeschäften, sei es in amtlicher Sendung, sich vorübergehend in einer benachbarten Provinz aufhalten.

[1]) Wo die natürlichen Verhältnisse zwei Provinzen nicht ausreichend schieden, half die Kunst nach: *Africa vetus* und *nova* waren durch eine *fossa* gesondert, Plinius V, 25.

[2]) Das Itinerarium zerlegt S. 109 ed. Parthey die Route von Pannonien nach Trier in 4 Abschnitte, der 2. geht bis *Augusta Vindel.*, der 3. bis *ad fines*, der letzte bis Trier; bei den ersten drei wird die Summe der Meilen mit MPM angegeben, bei dem letzten Abschnitte *leugae* hinzugefügt. Ebenso S. 111, wo die einzelnen Stationen des 4. Abschnittes verzeichnet werden: *Vindonissa leugas mpm XXX*, d. h. von *ad Fines* bis Vindonissa sind 30 Leugen, *mpm* wird hier

Schweiz nicht mehr zu Gallien gehört. Die Leuga, das alte gallische Wegemass, ward erst im Anfang des 3. Jahrhunderts officiell in einem Theile der gallischen und in den germanischen Provinzen eingeführt durch Severus[1]), der als eine durchaus soldatische Natur vor allem für die Wiederherstellung der Militärstrassen Sorge trug[2]). Das Aufgeben des einheitlichen Wegemasses ist ein deutliches Symptom der zunehmenden Zersetzung des römischen Reiches, eine Concession, welche man den separatistischen Bestrebungen der Provinzen machte. Die Lostrennung des östlichen Bezirkes der Schweiz erfolgte nicht gleichzeitig, sondern später. Während Diocletian, um ein strafferes Regiment durchzuführen, sonst die alten Provinzen theilt und

---

durch *leugae* erklärt; denn S. 116, wo für dieselbe Strecke *leugae* und *MP* neben einander verzeichnet sind, beträgt die Entfernung 46 r. M. — Ebenso wird die Route von Pannonien nach Xanten in 6 Abschnitte zerlegt; der 3. Abschnitt geht von Augsburg bis Strassburg, S. 116 ff, dieser wird bis *ad fines* nach *MP*, von da über Winterthur und Windisch nach Strassburg nach MP und Leugen, von Strassburg bis Bonn nur nach MP, von Bonn nach Xanten nur nach dem gallischen Wegmasse bestimmt.

[1]) Der Rechnung nach Leugen begegnen wir zum erstenmale bei den Meilensteinen des Severus aus den J. 202—205, man vergl. die schweizer Meilenzeiger Inscr. Helv. 333. 334. In der Schweiz behauptet sich jedoch daneben auch noch das ältere System, wie die in den J. 235—38 und 240 gesetzten Meilensteine n. 224. 225. 226 beweisen. In Germanien kommt die Zählung nach Leugen zum erstenmale auf dem Steine bei Zülpich (CIR. 1934) vor. Diesen Meilenzeiger mit den Namen des Caracalla und Geta weist man gleichfalls der Zeit des Severus (202—205) zu; diese Annahme wäre gesichert, wenn Z. 5 die Copie in dem neuen Katal. der Bonner Samml. n. 129 SEVERI · AVG · N · FIL · die Lesart wiedergiebt, die auch anderwärts unsicher ist, z. B. Z. 3 IMP · V · COS · habe ich nicht V auf dem Steine gefunden, sondern eher X. Die Inschrift von Ladenburg CIR. 1713 aus der Zeit des Severus gehört wohl gleichfalls einem Meilensteine an, den die *civit(as) Ulp. S. N* (wie Christ richtig ergänzt) setzte, enthält aber keine Angabe des Wegmasses. Demnächst findet sich die neue Rechnung auf dem Steine bei Baden vom J. 213, CIR. 1926, demselben Jahre gehört auch ein anderer Meilenzeiger derselben Gegend an, CIR. 1959, aber hier ist die Leugenzahl nicht mehr erhalten. Im Frühjahr des genannten Jahres wird man auf Anlass des Krieges mit den Alamannen, an dem Caracalla persönlich Antheil nahm, die Strassen jenes Landstriches hergestellt und die Meilensteine renovirt haben.

[2]) Zahlreiche Meilensteine bekunden die Verdienste, welche Severus sich in dieser Beziehung erwarb.

ihren Umfang verkürzt, ward Rhaetien, dessen Gebiet bedeutende Einbusse erlitten hatte, vergrössert: doch gaben wohl militärische Rücksichten den Ausschlag; es galt die Ufer des Bodensees wirksam gegen die Angriffe der deutschen Stämme zu vertheidigen[1]); dies war nur möglich, wenn man die Einheit des Militärcommandos in dieser Gegend herstellte: so ward die Ostschweiz zu Rhaetien geschlagen. Diese neue Organisation mag dem J. 291 angehören.

Das Quellgebiet des Rheines und der Rhone berühren sich unmittelbar; daher ist es wohl gestattet am Schluss dieser Wanderung noch einen kurzen Abstecher in das obere Rhonethal zu machen. Hier weist der Name des Waldes von Pfyn oberhalb Sieders unzweifelhaft auf eine Gaugrenze hin, wie ja der Wald nicht selten die natürliche Mark zwischen Völkern oder Gauen ist. Bei Pfyn war offenbar die Grenze zwischen der *civitas* der *Seduni* und der vierten verschollenen *civitas* der *Vallis Poenina*[2]); auch hier ist der östliche Strich der am wenigsten bekannte. Vielleicht gab die Völkerschaft der *Viberi* oder *Vberi*, welche nach Plinius an den Quellen der Rhone sesshaft war[3]), diesem Districte den Namen; dafür spricht einiger-

---

[1]) Wenn Eumenius Paneg. auf Constantius c. 3 im J. 296 schreibt: *porrectis usque ad Danuvii caput Germaniae Rhaetiaeque limitibus*, so ist dies rednerische Ausschmückung. Ebenso wenn Mamertinus Paneg. 9 von Diocletian sagt: *ingressus est nuper illam, quae Raetis est objecta Germaniam, similique virtute Romanum limitem protulit*, oder im Genethl. 5: *transeo limitem Raetiae repentina hostium clade promotum*. Hier wird momentanen Erfolgen eine Bedeutung beigelegt, die sie in der That nicht hatten.

[2]) Worauf Marquardts Angabe (Röm. Staatsverwaltung I, S. 128 n. 7), die 4. *civitas* sei Villeneuve am Genfersee gewesen, sich gründet, weiss ich nicht.

[3]) Plinius III, 134: *Lepontiorum qui Vberi* (die Hdschr. auch *Viberi* oder nachher *Juberi*) *vocantur fontem Rhodani (accolunt) eodem Alpium tractu*, d. h. wo auch der Rhein entspringt, den Plinius vorher nennt; es ist daher unzulässig *Aeni* statt *Rheni* zu schreiben. Der Name *Vberi* verbirgt sich wohl in einer Stelle des Cato, welche Nonius (*gelu*) aus dem 2. Buche des Origines anführt: *libri* (oder *libyi*) *qui aquatum et lignatum videntur ire*. Es ist vielleicht zu schreiben *Viberi, quum aquatum eunt, lignatum videntur ire: securim atque lorum ferunt, gelum crassum excidunt, cum loro conligatum auferunt*. Dass hier der Name eines Volkes genannt war, ist klar, aber der Vorschlag *Libui* ist unzulässig, denn diese wohnten in der Ebene des Po; hier war von einem Volke in den Hochalpen die Rede, welches Cato nur von Hörensagen kannte; denn dies Mittel, sich Wasser zu verschaffen, mochte wohl unter Umständen angewendet werden, war aber natürlich

massen die Aufzählung der von Augustus besiegten Alpenvölker in der Inschrift, welche Plinius mittheilt: *Lepontii*, *Vberi*, *Nantuates*, *Seduni*, *Veragri*; nur mussten die *Nantuates* nach den *Seduni* genannt werden, vielleicht hat Plinius oder ein Abschreiber die richtige Folge der Namen geändert.

nicht tägliche Gewohnheit. Cato hatte in jenem Buche genauer über die Alpenvölker gehandelt, Plinius, der ihn zweimal im 3. Buche anführt, scheint ihm hier vorzugsweise gefolgt zu sein.

VIII.

Zum Streite über den Ort der Ara Ubiorum.

Der Militäraufstand beim Regierungsantritt des Tiberius im J. 14 brach im Sommerlager aus, wo die vier Legionen des Niederrheines vereinigt waren[1]), und setzte sich dann in den Winterlagern zu *Vetera* und bei der *Ara Ubiorum* fort: am letzteren Orte aber lagerten die I. und XX. Legion, Vetera war das Standquartier der V. und XXI. Legion. Dass das Lager *ad aram Ubiorum* bei Cöln zu suchen sei, darüber herrscht heutzutage unter Kundigen kein Zweifel, wenn schon hier und da eine längst beseitigte irrige Ansicht von Neuem wieder auftaucht. Fr. Ritter[2]) hat diese unhaltbaren Hypothesen ausführlich zurückgewiesen und den wahren Sachverhalt durch eindringliche Untersuchungen festzustellen unternommen. Gegen Ritters verdienstliche Arbeit richtet sich daher auch in erster Linie die Polemik von F. J. Schwann, der in seiner Schrift: Der Godesberg und die Ara Ubiorum des Tacitus in ihrer Beziehung zu der castra Bonnensia, Bonn 1880, die Frage als eine offene sehr weitläufig behandelt hat[3]). Er verlegt das Winterlager der beiden Legionen nach Bonn und die *ara Ubiorum* nach Godesberg, indem er annimmt, die Römer hätten das Lager nach dem entfernten Heiligthume des Wodan benannt, da zur Zeit ein Ort in der Nähe des Lagers nicht existirte. Man sieht, Schwann muthet seinen Lesern viel

---

[1]) Vergl. Tac. Ann. Ann. I, 31—45. Das Sommerlager war unmittelbar am Rhein aufgeschlagen, im Gebiet der Ubier, also etwa bei Neuss oder Gelduba, ungefähr in der Mitte zwischen beiden Winterlagern. Nördlich von Gelduba darf man es nicht suchen, da hier das Gebiet der Cugerner begann, s. Tac. Hist. IV, 26.

[2]) Jahrb. XVII, 1 ff. Entstehung der drei ältesten Rheinstädte Mainz, Bonn und Cöln.

[3]) Die polemischen Erörterungen von Prof. Düntzer in der Pickschen Monatsschrift 1880/81 treffen in der Sache mit Bergks Ansicht zusammen.

zu: wenn Tacitus I, 39 berichtet, die kaiserlichen Abgeordneten hätten den Germanicus *apud aram Ubiorum*, wo die beiden Legionen ihr Standquartier hatten, aufgesucht, so soll man darunter nicht etwa Godesberg, sondern Bonn verstehen. Mir wäre es wenigstens verständlicher, wenn er, falls wirklich das Lager bei Bonn zu suchen wäre, die *ara* auf den Kreuzberg verlegt hätte, der ja sicherlich auch ein altes Heiligthum war: dieser Einfall hätte ausserdem noch das Verdienst der Neuheit für sich.

Tacitus gebraucht abwechselnd die Bezeichnungen *oppidum Ubiorum*, *civitas Ubiorum* und *ara Ubiorum*. Schwann behauptet mit grosser Entschiedenheit, diese Ausdrücke dürfe man nicht als gleichbedeutend ansehen. Dass unter *oppidum Ubiorum* (I, 36) Cöln zu verstehen sei, räumt er ein; sagt doch Tacitus selbst an einer andern Stelle XII, 27 das *oppidum Ubiorum* sei später zur *colonia Agripp.* erhoben worden. Dagegen soll *civitas Ubiorum* (I, 37) nicht die Stadt, sondern das Gebiet der Ubier bezeichnen (S. 41 ff. 49 ff.). Der Ausdruck ist an sich mehrdeutig, er bezeichnet ebensowohl eine Stadt, wie eine Völkerschaft und ihr Gebiet. Da nun aber nach Tacitus (I, 31) das Sommerlager sich *in finibus Ubiorum* befand, so kann (I, 37), wo der Abmarsch in die Winterlager beschrieben wird: *primam et vicesimam legiones Caecina legatus in civitatem Ubiorum reduxit*, nicht das Gebiet verstanden werden, was diese Legionen gar nicht verlassen hatten, sondern nur der Ort, wo die Winterquartiere lagen, von wo sie im Anfang des Sommers ausgezogen waren, also das *oppidum Ubiorum* oder Cöln[1]).

Nach Schwann wird Segimundus Tac. I, 57. 59 als Priester des Wodan bezeichnet, lediglich auf Grund der falschen Voraussetzung, die *ara Ubiorum* sei Godesberg. In der Darstellung des Tacitus streitet Alles mit dieser Annahme. Zu Priestern wählen die Deutschen aus der Mitte der Volksgenossen erfahrene Männer in reiferem Alter, in der Regel auf Lebenszeit; wie kamen die Ubier dazu einen ganz jungen Mann und noch dazu einen Fremden, einen Cherusker für ein Jahr mit dem Priesteramte zu betrauen? Die wollene Binde um das Haupt ist bekanntlich römischer, nicht

---

[1]) Gerade so wechselt Tacitus Hist. I, 63 zwischen beiden Ausdrücken, wo er den Einzug in Metz (*Divodurum*) schildert, *Mediomatricorum id oppidum est*, dann *ad caedem innoxiae civitatis* und *ab excidio civitatis*. Auf die von Ritter angezogene Stelle Ann. XIII, 57 will ich mich aus verschiedenen Gründen nicht berufen.

germanischer Brauch[1]). Und wenn der patriotisch gesinnte Jüngling, als seine Stammgenossen sich gegen die römische Zwingherrschaft erheben, das priesterliche Abzeichen unwillig abstreift und in die Heimath eilt, so hat das Gefühl des Widerwillens, welches sich deutlich kund giebt, nur einem fremden Gottesdienst gegenüber Berechtigung: und eben weil er sich eigenmächtig der ihm übertragenen römischen Priesterwürde entzogen hatte, nicht bloss wegen der Theilnahme am Aufstande hatte er Grund die Rache der Römer zu fürchten, während es den Römern ganz gleichgültig sein musste, wenn ein Wodanspriester seinen Posten verliess. Nicht minder spricht das höhnende Wort des Arminius, Segestes möge seinem Sohne das Priesteramt wieder verschaffen, dafür, dass es sich um eine Auszeichnung handelt, die den Deutschen als Zeichen fremder Dienstbarkeit erschien.

Mit gutem Recht hat man dieses Priesteramt mit einer *ara* des Augustus in Verbindung gebracht. Nicht für die Römer, sondern für die der römischen Herrschaft unterworfenen Germanen war dieser Cultus bestimmt. In den hellenisirten Provinzen des Orientes hat man zuerst dem neuen Herrscher des Weltreiches Altäre oder Tempel errichtet, indem man den Cultus des Kaisers meist mit dem schon längst bestehenden der Roma verband. Für Griechen und Orientalen hatte ein solcher Cultus nichts anstössiges, während die Völker des Westens, die noch mehr sittlichen Gehalt und unverdorbenes religiöses Gefühl bewahrt hatten, eine natürliche Abneigung empfanden: indess folgten auch sie bald dem Zuge der Zeit. Keine Provinz wollte hinter der anderen in solchen Beweisen der Ergebenheit zurückbleiben, und mit kluger Berechnung förderten die Römer diesen Wetteifer: schien doch dieser Cultus als das wirksamste Mittel, römische Cultur überall zu verbreiten und die neue Herrschaft zu befestigen. Auf der iberischen Halbinsel entstanden zahlreiche Cultusstätten des Augustus, Tarraco nahm damals die erste Stelle ein. Gallien blieb nicht zurück; im J. 12 v. Chr. wurde zu Lyon mit grossem Pomp eine *ara Augusti et Romae* eingeweiht und alljährlich das Stiftungsfest mit Opfern und Spielen ganz nach römischer Weise begangen. Abgeordnete von 64 gallischen Cantonen fanden sich dazu ein, wählten für das nächste Jahr den Priester (*sacerdos*

---

[1]) Wie der *Flamen* in Rom einen Olivenzweig mit Wollenfaden auf dem Haupte trug, so mag die Wollenbinde (*vitta, infula*) Auszeichnung des *sacerdos* oder *flamen Augusti* gewesen sein: in einer Inschrift aus Dacien (Orelli 2171) heisst er *coronatus*.

oder *flamen*) und beriethen über gemeinsame Angelegenheiten: so geringe Bedeutung dies auch hatte, so erschien es doch einigermassen Ersatz für das erloschene öffentliche Leben zu bieten. In andern Provinzen begegnen wir ähnlich organisirten Verbänden. Germanien, d. h. der Niederrhein, schloss sich alsbald dem Vorgange des Nachbarlandes an, im J. 9 n. Chr. finden wir im Lande der Ubier einen Altar des Augustus errichtet und eine Festgenossenschaft: die Ubier werden diese Angelegenheit eifrig betrieben haben, um ihre Dankbarkeit und Treue gegen die neuen Gebieter zu bethätigen, ehrgeizige Häuptlinge förderten in anderen Gauen die Sache nach Kräften. Die Zeit der Gründung lässt sich nicht genau feststellen: aber denkbar ist, dass bereits Drusus (im J. 9 v. Chr. gestorben) diesen Bestrebungen bereitwillig entgegenkam: denn wie einst Cäsar das gesammte Keltenland unterworfen und dem römischen Reiche eine werthvolle Provinz erworben hatte, so gedachte Drusus das germanische Land zwischen Rhein und Elbe für Rom zu gewinnen: war er auch noch weit vom Ziele entfernt, so erschienen doch die Anfänge viel verheissend. Jedenfalls kam der Plan zur Ausführung, seitdem in Folge der siegreichen Feldzüge des Tiberius und Germanicus die römischen Legionen ihre Winterlager auf dem anderen Ufer aufschlugen. Spätestens im Jahre 10 wird die *Ara* des Augustus am Niederrhein durch die Häupter der unterworfenen germanischen Gaue auf beiden Ufern des Stromes eingeweiht worden sein, denn der Cherusker Segimund hat sicherlich nicht als der erste das Priesteramt verwaltet, sondern ein Ubier, gerade so wie in Lyon der erste Flamen aus dem Canton der Aeduer erwählt wurde: denn wie in Gallien die Aeduer, so waren in Germanien die Ubier von Anfang an die gefügigsten Werkzeuge der Fremdherrschaft gewesen und hatten allen Anspruch auf diese Auszeichnung. Für das nächste Jahr ward dann der jugendliche Sohn des Segestes ernannt[1]), um im Sohne den Vater zu ehren und die gleiche Berechtigung der rechtsrheinischen Stämme anzuerkennen. Aber noch in demselben Jahre raubte die Schlacht im Teutoburger Walde den Römern den grössten Theil dieser rechtsrheinischen Erwerbungen, und alle Anstrengungen des Germanicus, der seines Vaters Pläne unablässig verfolgte, vermochten an diesem Ergeb-

---

[1]) Die Jugend war kein Hinderniss, wo lediglich äussere Rücksichten massgebend waren: in Lyon bekleidet Licinius Vacator im Alter von 22 Jahren dies Amt, welches auch sein Vater verwaltet hatte.

nisse nichts zu ändern. Von dem Convent der germanischen Abgeordneten und der Festfeier am Altar des Augustus schweigt fortan die Ueberlieferung: es ist wohl möglich, dass die Abgeordneten der Ubier, Cugerner, Bataver und anderer Gaue noch eine Zeit lang die jährlichen Zusammenkünfte fortsetzten, aber bald mochten dieselben den Charakter einer rein localen Festfeier annehmen. Denn die Ara selbst und der damit verbundene Cultus hat unzweifelhaft fortbestanden. Eine Genossenschaft der Augustalen, wie wir sie aller Orten im römischen Reiche, und auch in den rheinischen Marken antreffen, wird in Cöln nicht gefehlt haben[1]). Der im J. 352 zu Zülpich verstorbene Masclinius Maternus, der ausser andern Aemtern, die er zu Cöln bekleidet hatte, auch den Titel *sacerdotalis* führte[2]), war vielleicht einer der letzten Priester der *Ara* des Augustus: denn das Heidenthum eilte bereits raschen Schrittes seinem Untergange zu.

Der Hauptort der Ubier, (*oppidum* oder *civitas Ubiorum*) leider eines eigentlichen Namens entbehrend, ward nun von den Römern *ara Ubiorum* genannt[3]). Dieser gewiss stattliche Altar, ein lautredendes Denkmal der römischen Oberherrschaft, ist das Wahrzeichen der Ubierstadt. Tacitus gebraucht diese Bezeichnung nicht nur (I, 39) bei dem Aufstande der Legionen im J. 14, sondern auch (I,57) bei dem Vorfalle im J. 9, wo der Sohn des Segestes heimlich die Stadt der Ubier verliess[4]). Mit diesem Namen müssen die Römer allgemein die Stadt bezeichnet haben, denn auch nachdem dieselbe Colonie geworden war und als solche dem Herkommen gemäss einen neuen Namen erhielt, fuhr man fort, so bald es galt, die Heimath zu beurkunden, den älteren

---

[1]) In einer Inschrift von Deutz wird ein *sevir August.* genannt, wahrscheinlich ein Cölner.

[2]) CIR. 549.

[3]) Die wahrscheinlich von Domitian gegründete Ortschaft der oberen Provinz *Arae Flaviae* bietet eine schickliche Parallele. Dass der Name des Augustus nicht hinzugefügt ist, hat nichts befremdliches, wie die *Arae Sestianae* in Spanien beweisen: ebenso findet sich *Lucus* statt *Lucus Augusti*. Auch in Inschriften von Lyon heisst es *sacerdotium apud aram* oder *sacerdos arae inter confluentes Araris et Rhodani*.

[4]) *Sacerdos apud aram Ubiorum creatus* ist *apud* mit *creatus* zu verbinden und als Ortsbezeichnung zu fassen, gerade sowie I, 39; denn wollte man die Worte zu *sacerdos* ziehen und den Altar selbst verstehen, so würde Tacitus *ad* geschrieben haben, wie man *sacerdotium ad Herculis aram* sagt, und in Inschriften regelmässig *sacerdos* (*flamen*) *ad aram* (*templum*) *Augusti;* nur einmal in einer Inschrift von Lyon (Boissieu S. 91) kommt *sacerdotium apud aram* vor.

Namen *Ara* zu gebrauchen. In den Censuslisten, in den Namensverzeichnissen der Soldaten behielt man, wie leicht erklärlich, die hergebrachte Weise fest, und wie jene Listen mehrfach auch für Privaturkunden massgebend waren, findet sich auf Inschriften nicht nur am Rheine, wie zu Mainz und Baden-Baden, sondern auch in Rom und anderen Orten Italiens, in Afrika u. s. w. die Heimath durch *Ara* bezeichnet und regelmässig daneben die Tribus Claudia genannt, z. B. in der Badener Inschrift *L. Aemilius L. f. Cla. Crescens Ara*, ein deutlicher Beweis, dass diese zahlreichen Inschriften (von Grotefend *Imp. Rom. tributim descr.* S. 123 zusammengestellt), sämmtlich nach dem J. 50 verfasst sind; damit ist zugleich für die Identität der *Ara* und der *colonia Agrippinensis* eine neue Bestätigung gewonnen: zum Ueberfluss steht auf einer Inschrift von Lyon *Cla ... Ara Agripp.*, und auf einer anderen von Ostia, wo der Beiname der Colonie die Stelle des Tribusnamens vertritt, *Col. Cl. Ara*[1]). Wie sich *Agrippinensis* jeder nennt, der in der Stadt oder in dem zugehörigen Gebiete geboren ist, so ist auch *Ara* in diesen Inschriften nicht auf die Stadtkinder zu beschränken. Seit dem 3. Jahrhundert kommt der Brauch, die Tribus als integrirenden Bestandtheil des Namens aufzuführen, ab, damit verschwindet *Ara* vollständig, die übliche Bezeichnung wird *Agrippinensis* oder *civis Agr.*[2]), auch *domo Cl. Agrip.* (Inschrift von Aquileja Wilmanns 2496) oder *natus col. Agrippinense* (Mommsen Inscr. R. Neap. 2862), und vereinzelt werden diese Ausdrücke auch vor dem 3. Jahrhundert gebraucht sein.

Der vollständige Name der Colonie ist *colonia Claudia Augusta Agrippinensis*, er wird gewöhnlich abgekürzt in *colonia Agrippinensis* nicht nur bei den Schriftstellern, sondern auch auf öffentlichen Denkmälern, wie den Meilensteinen. Den letzteren Zunamen verdankt die Stadt der jüngeren Agrippina, wie der Name selbst beweist und auch Tacit. Ann. XII, 27 bezeugt[3]). Statt *Agrippi-*

---

[1]) Die weitläufige Polemik von Schwann S. 79 ff. über diesen Punkt ist durchaus unberechtigt.

[2]) Auf einer Grabschrift von Ofen Ephem. Epigr. II, S. 386. n. 711 *Cives Agrippin. Transalpini* mit einem nicht recht passenden Zusatze, denn Ultramontane waren die Cölner zwar für Italien, aber nicht für Ungarn.

[3]) Vergl. Abh. IV. Scheinbar streitet dagegen German. 28: *Agrippinenses conditoris sui nomine vocantur*, was die Erklärer zum Theil auf Agrippa beziehen. Agrippa konnte als Gründer der *civitas Ubiorum* angesehen werden, und man hätte daher auch die spätere Colonie nach ihm benennen können, allein die Form des Namens ist damit unvereinbar.

nensis findet sich auch *Agrippinensium*, so auf einer Inschrift von Benevent, Mommsen I. R. N. 1426 cur. col. *Claud. Aug. Agrippinensium* und einmal bei Tac. Hist. IV, 20, der sonst sich der ersteren Form bedient[1]). Die Ubier, welche sich gerade so wie heutzutage Deutsche im Elsass ihres Ursprunges schämten, nannten sich, seitdem sie das römische Bürgerrecht erlangt hatten, mit Vorliebe *Agrippinenses*, wie schon Tacitus berichtet: sie bezeichneten daher ihre Stadt als colonia *Agrippinensium* nach der Analogie von colonia *Augusta Treverorum* u. a., gleichsam als wenn sie von jeher diesen Namen geführt hätten. Daher kommt der Name der Ubier auf rheinischen Inschriften gar nicht vor, während die Römer officiell den alten Namen stets festhielten, wie die *cohortes Ubiorum* beweisen.[2]).

Dass die *Ara Ubiorum* mit Godesberg nichts gemein hat, steht unbedingt fest, ebensowenig lässt sich erweisen, dass an dieser Stätte bereits vor römischer Zeit Wodan verehrt wurde. Wohl mag schon vor der Uebersiedelung der Ubier auf das linke Ufer hier ein Heiligthum oder Gerichtsstätte, wozu der Ort sich vorzüglich eignete, befunden haben: auch der Eroberer oder neue Ansiedler pflegt solche Erinnerungen zu achten. So konnten auch die Ubier entweder den Cultus, den sie vorfanden, sich aneignen[3]), oder ein neues Heiligthum gründen; aber wenn sie hier dem Wodan opferten, so haben sie den Hügel sicherlich alsbald *Mercurii Mons* genannt. Wie die Ubier schon früher zu gallischer Art hinneigten, so nahmen sie auch unter römischer Botmässigkeit sehr rasch die Sprache und Sitten ihrer Herren an. Diese Romanisirung erstreckt sich vor allem auch auf das religiöse Leben, und vollzog sich in den westlichen Provinzen des Reiches mit grosser Leichtigkeit[4]). Die Römer und Barbaren

---

Da nach strengem Recht eine Frau kein politisches Gemeinwesen gründen kann, hält Tacitus an dem grammatischen Geschlecht von *conditor* fest, während die Dichter sich *optima tu proprii nominis auctor eris* und ähnliches gestatten.

[1]) Die in den Inschriften meist gebrauchte Abbreviatur gestattet keine Entscheidung.

[2]) Auch in der germanischen Leibwache der ersten Kaiser fehlen die Ubier nicht, denn statt des unverständlichen VEIVS ist VBIVS zu lesen.

[3]) Z. B. wenn hier die Mütter oder Matronen verehrt wurden, für deren Dienst die Stelle sehr passend war, wie das bei Berkum aufgefundene Heiligthum beweist.

[4]) Nur Britannien macht eine Ausnahme, hier blieben viele den alten Göttern treu und empfanden schmerzlich die Umwandlung des

tauschten ihre Götter gleichsam aus, die localen Gottheiten erhielten römische Namen[1]) und an demselben Altare vereinigten sich Herren und Unterthanen zu gemeinsamer Verehrung. So musste die Erinnerung an das eigenthümliche Wesen des heimischen Cultus immer mehr erblassen, und es ist kaum denkbar, dass der Name des Wodan sich an dieser Stätte bis zu den letzten Zeiten römischer Herrschaft erhalten haben sollte: denn von einer Reaction des nationalen Elementes gegen das Römerthum, wie sie in Gallien seit dem 3. Jahrhundert sich deutlich kundgiebt, ist bei den linksrheinischen Germanen nichts wahrzunehmen. Erst als der Strom der grossen Völkerwanderung sich über diese Landstriche ergoss, werden deutsche Ansiedler, welche sich inmitten der entfremdeten romanisirten Stammgenossen, die sich theilweise bereits zum Christenthum bekannten, niederliessen, die alte Cultusstätte ihrem heimischen Gotte geweiht haben.

heimischen Glaubens, wie die Inschriften unzweideutig bekunden, obwohl man diese stille Opposition bisher nicht verstanden hat.

[1]) Aeussere Aehnlichkeiten waren bei dieser Uebertragung in der Regel massgebend. Wenn man den germanischen Wodan Mercurius nannte, so ging man nicht etwa von einer philosophischen Speculation aus (wie sie Seneca de benef. IV, 8 anstellt), sondern Wodan erinnerte durch den breitkrämpigen Hut (vielleicht auch durch einen Mantel) an Mercur; dies genügte vollkommen zur Gleichstellung.

IX.
Beiträge zur Untersuchung der Heerstrassen am Rhein.

I. Das Itinerar und die Zeit seiner Abfassung. II. Strasse von Trier nach Cöln. III. Strasse von Mainz über Cöln nach Vetera. IV. Anhang: zur Kritik der Zahlenangaben im Itinerar.

Die verdienstliche und mit Recht allgemein geschätzte Arbeit von Schmidt, würde gewiss in noch höherem Grade befriedigen, wenn es dem Verfasser vergönnt gewesen wäre, selbst die letzte Hand an sein Werk zu legen[1]). Aber auch so bildet es die Grundlage für jede weitere Forschung. Topographische Studien müssen dabei mit der Prüfung der schriftlichen Ueberlieferung Hand in Hand gehen, wie dies auch Schmidt anerkannt hat: doch ist sein Augenmerk vor allem auf das Auffinden der Ueberreste römischer Strassen und die Feststellung der Strassenzüge gerichtet; indem ich Berufeneren überlasse, Schmidts Arbeit in dieser Richtung fortzuführen, zu ergänzen und zu berichtigen, wird meine Untersuchung sich auf die litterarischen Quellen beschränken; wenn irgendwo, so ist gerade in diesem Falle eine Theilung der Arbeit durch die Natur der Sache geboten.

Abgesehen von inschriftlichen Denkmälern und den überall zerstreuten, daher noch nicht genügend beachteten Notizen bei

---

[1]) Oberstl. Schmidt ist schon im J. 1846 gestorben, erst im J. 1861 wurde seine Arbeit im XXXI. Hefte der Jahrbücher veröffentlicht, seltsamer Weise hat man vergessen, der Schrift einen Titel zu geben. Während man Schmidts gediegenen Aufzeichnungen bei erneuter Lectüre immer Belehrung und Anregung verdankt, rufen die grundlosen Hypothesen von Prof. Schneider, der Schmidts Untersuchungen wieder aufgenommen hat, schon bei flüchtiger Durchsicht gerechtes Misstrauen hervor. Im Ganzen bekunden seine Arbeiten einen Rückschritt der wissenschaftlichen Forschung.

römischen und griechischen Schriftstellern[1]) kommen hier hauptsächlich das sogenannte *Itinerarium Antonini*, eine Zusammenstellung von Stationenverzeichnissen der wichtigsten Heerstrassen im weiten Gebiete der römischen Herrschaft, und die *Tabula Peutingeriana*, eine Strassenkarte des Reiches, in Betracht. Eine solche graphische Darstellung scheint am besten geeignet, uns das Bild dieses grossartigen Strassennetzes in aller Anschaulichkeit vor das Auge zu rücken, und eben darum den Vorzug vor jedem schriftlichen Wegweiser zu verdienen. Allein abgesehen von anderen Mängeln erscheint die Ausführung äusserst unvollkommen, wir müssen uns daher in erster Linie an das Itinerar halten, obschon dasselbe weder auf Vollständigkeit Anspruch machen kann, noch viel weniger fehlerfrei überliefert ist.

I. Das Itinerar und die Zeit seiner Abfassung.

Die Ueberschrift des Itinerars lautet: *Itinerarium provinciarum Antonini Augusti*[2]). Damit wird weder Antoninus als Verfasser[3]), noch auch die Arbeit als eine officielle Zusammenstellung bezeichnet, sondern diese Worte können nur andeuten, dass ein Verzeichniss der Strassen aus der Zeit des Kaisers Antoninus vorliegt. Dass dieses Itinerar nicht der Epoche der Antonine im 2. Jahrhundert angehören kann, ist sicher. Mit mehr Schein hat man den Namen auf Caracalla (211—217 n. Chr.) bezogen, damit stimmt auch die Rechnung nach Leugen, welche

---

[1]) Die Zahlenangaben muss man freilich mit Vorsicht aufnehmen, da dieselben bei handschriftlicher Ueberlieferung frühzeitig der Verderbniss ausgesetzt waren. Dies gilt auch von den Ziffern in der Naturalis historia des Plinius, z. B. IV, 122.

[2]) Die beiden letzten Worte fehlen in mehreren Handschriften; statt *Antonini* lesen gute Handschriften *Antoni* (*Antonii*).

[3]) Mit mehr Schein liesse sich dafür die Ueberschrift des *Itinerarium maritimum* geltend machen, welches in den Handschriften gewöhnlich mit dem Strassenverzeichnisse verbunden ist: *imperatoris Antonini Augusti itin. marit.* Allein die drei ersten Worte, welche nur eine einzige Handschrift bietet, sind wohl nur irrthümlich aus der Unterschrift des Strassenverzeichnisses wiederholt, welche *explicit itinerarium imperatoris Antonini Augusti* gelautet haben wird. In den Handschriften ist zwar das *It. mar.* öfter von jenem getrennt, aber ursprünglich wird es als schickliche Ergänzung sich unmittelbar angeschlossen haben. Von einem Verfasser kann bei solchen Reisebüchern überhaupt nicht die Rede sein, da es sich nur um Auswahl und Zusammenstellung vorhandenen Materials handelt: der Redactor ist unbekannt, er wird eben seinen Namen gar nicht genannt haben.

unter der Regierung des Septimius Severus, Caracallas Vater, eingeführt wurde, auch scheint eine bestimmte Spur, wie ich nachher zeigen werde, auf Caracalla hinzuweisen. Allein daraus kann man noch keinen sichern Schluss auf die Zeit der Abfassung des ganzen Buches ziehen, denn zunächst folgt daraus nur, dass das betreffende Stationenverzeichniss in jener Epoche durch einen Zusatz vermehrt wurde. Da es überhaupt sehr fraglich ist, welche Gewähr der Name des Antoninus hat[1]), ist es gerathen davon abzusehen, zumal da andere sehr bestimmte Anzeichen auf eine spätere Zeit hinführen.

Das Itinerar wird unter der Regierung des Diocletian (284—303 n. Chr.), aber auch nicht später veröffentlicht sein. Diese litterarisch völlig unproductive Zeit, in welcher der Verfall der geistigen Cultur offen zu Tage tritt, kennt kaum selbständige Arbeiten, sondern fast nur Compilationen und Auszüge. Auch dem Itinerar liegen sicherlich ältere Reisehandbücher zu Grunde, welche der Compilator ausschreibt oder auch durch Zusätze, Auslassungen u. s. w. abändert. Aber die eigenartige Anordnung des Stoffes ist jedenfalls sein Werk, denn sie lässt sich nur aus den Verhältnissen der Reichsordnung Diocletians erklären.

Wenn der Herausgeber des Itinerars mit Mauretanien beginnt und uns die Nordküste Afrikas entlang bis Alexandrien führt, sollte man erwarten, Aegypten würde sich unmittelbar anschliessen; aber wir werden plötzlich nach Sardinien, Corsika und Sicilien versetzt; von da wendet sich das Buch nach Italien, und die erste Route geht von Mailand bis zur Meerenge von Sicilien[2]). Mailand war bekanntlich die Hauptstadt des Maximinian, der von dort aus über Italien, jene drei Inseln und Afrika gebietet. Das Stationenverzeichniss beginnt also mit den Ländern, welche dem Augustus des Abendlandes gehorchen.

---

[1]) Die beiden Itinerarien sind in den Handschriften mit Aethicus in der Regel gleichsam als Anhang verbunden. Da nun hier von der Reichsvermessung, welche Caesar im J. 710 (Consulat des Caesar und *Antonius*) beabsichtigte, später Augustus ausführte, die Rede ist, so könnte *Antoni (Antonini) Augusti* nur unverständiger Zusatz eines alten Abschreibers sein.

[2]) Sachgemässer war es, die Stationen von der Meerenge bis Mailand aufzuzählen, aber der Redactor hat dies Verzeichniss wie gewöhnlich einem andern Itinerar entlehnt, und die Folge der Stationen umzukehren, erschien ihm zu mühsam.

Dann werden wir durch Pannonien, Mösien und Thracien nach Nikomedien, der Residenz des Diocletian geführt[1]). Wenn so die neuen Hauptstädte des Ostens und Westens, Nikomedien und Mailand in den Vordergrund treten, während Rom mit der bescheidenen Stellung einer Provinzialstadt sich begnügen muss, so wird jeder sofort die neue von Diocletian geschaffene Organisation erkennen. Ueber Antiochia folgen wir dem Handbuche nach Aegypten; dann werden Routen in Thracien, Asien und Syrien verzeichnet, schliesslich folgt die Militärstrasse von der Donau nach Nikomedien[2]). Die Ordnung im einzelnen ist nicht die beste, aber alle jene Länder hatte Diocletian seiner speciellen Leitung vorbehalten.

Die zuletzt genannte Strasse führt von der Residenz des höchsten Herrn zum Caesar des Ostens Galerius; denn diesem waren die Donauländer und Illyricum zugefallen[3]); daran schliessen sich die Heerstrassen von Sirmium nach Trier, wo Constantius, der Caesar des Westens, Hof zu halten pflegte, und von Semlin nach Vetera oder vielmehr Nymwegen am Niederrhein. Das Gebiet des Constantius wird jedoch nur berührt, um die grossen Militärstrassen nicht zu trennen; denn gleich nachher werden die Strassen in den Donauprovinzen und Illyricum, dann in Noricum und Raetien aufgezählt. Dies führt wieder nach Italien,

---

[1]) An der Donau hält allerdings der Caesar Galerius Wacht, aber diese Provinzen werden hier nur berührt, um uns aus den Ebenen Oberitaliens nach Kleinasien und der Küste des Marmarameers zu versetzen.

[2]) Auch hier hat der Redactor verabsäumt, die Ordnung der Stationen dieser Strasse seinem Zwecke entsprechend abzuändern.

[3]) Aurel. V. Caes. c. 39: *quasi partito imperio cuncta, quae trans Alpes Galliae sunt, Constantio commissa, Africa Italiaque Herculio, Illyricique ora adusque Ponti fretum Galerio; cetera Valerius retentavit.* Allerdings darf man die Stellung des Galerius nicht der des Constantius vergleichen, der in seinem Gebiete, zumal in den Grenzbezirken von dem Augustus des Westens fast unabhängig war. Diocletian dagegen, der trotz der Theilung des Reiches sich doch die Entscheidung in allen wichtigen Fällen vorbehalten hatte, war nicht gesonnen, im Ostreiche einen anderen selbständigen Willen neben dem seinen zu dulden; Galerius war nicht so sehr Mitregent, als Gehülfe des ersten Kaisers, und wie Diocletian sich häufig in den Donauländern aufhielt und unmittelbar eingreift, so verwendete er den Galerius andererseits auch auswärts (gegen die Perser). Streng genommen gehören alle Länder, welche nicht dem Maximian und Constantius unterworfen waren, dem Diocletian an, aber in den Donauprovinzen ist Galerius Statthalter des Augustus des Ostens.

dem Reiche des Maximian, zurück; hier werden zahlreiche Strassen nachgeholt, namentlich auch die Routen beschrieben, welche Italien einerseits mit Gallien (von Rom nach Arelate), andererseits mit Griechenland, Macedonien und Byzanz verbanden, und so den Verkehr zwischen dem abend- und morgenländischen Kaiserreiche vermittelten[1]). An der Anordnung lässt sich gar manches aussetzen, aber den spröden Stoff in den Rahmen des veränderten Staatsorganismus einzufügen, überstieg die Kräfte des Compilators.

Mit mehr Geschick entledigt er sich seiner letzten Aufgabe, uns durch das Reich des Caesar Constantius zu geleiten. Passend werden zunächst die Strassen, welche von Mailand über die Alpen führen, beschrieben. Daran schliessen sich die Routen in Gallien und Germanien an, dann folgen die Strassen von Mailand nach Spanien, sowie zahlreiche Stationenverzeichnisse auf der pyrenäischen Halbinsel. Aus Spanien führt uns der Verfasser des Reisebuches wieder nach Gallien, um theils früher übergangenes nachzuholen, theils sich den Weg nach Britannien zu bahnen. Mit dem Strassennetze der meerumflossenen Insel endet schicklich das Itinerar[2]).

Der Compilator deutet nirgends mit bestimmten Worten auf die Theilung des Reiches unter Diocletian und seine Mitregenten hin, aber er hat diese Organisation überall vor Augen, wie jeder zugeben wird, der unbefangen dieser Darlegung gefolgt ist und die Mühe nicht scheut, dieselbe unter Vergleichung des Reisebuches genauer zu prüfen. Erst jetzt wird der labyrinthische Gang, den der Verfasser einschlägt, verständlich; weder für eine frühere, noch für eine spätere Epoche will diese Methode passen. Das Itinerar kann folglich erst nach dem Jahre 293 abgefasst sein[3]); denn in diesem Jahre gab Diocletian die Einheit des

---

[1]) Daher verfehlt das Itinerar auch nicht über die Verbindung zwischen Thracien und der kleinasiatischen Küste Auskunft zu geben, s. S. 333 ff.

[2]) Wenn das Itinerar mit dem Gebiete des Maximian, nicht des Diocletian beginnt, so darf man wohl annehmen, dass der Verfasser im Westreiche lebte. Die den beiden Caesaren überwiesenen Territorien werden absichtlich bis zuletzt aufgespart.

[3]) Maximian ward schon im J. 285 zum Caesar, ein Jahr später zum Augustus ernannt. Galerius und Constantius sind Mitregenten seit dem 1. März 293, nicht wie man gewöhnlich annimmt, seit 292. S. Mommsen, das Edict Diocletians S. 51.

Reiches vollständig preis, um den römischen Staat zu retten. So viel an ihm lag, - hatte das antipathische Heilmittel Erfolg, es gelang ihm, mit starker Hand dem morschen, zerfallenden Gebäude eine gewisse Dauer und Festigkeit wiederzugeben.

Manches deutet darauf hin, dass der Verfasser seine Arbeit erst gegen Ende der Regierung des Diocletian, etwa um das Jahr 302 ausführte. Damals zog Diocletian altem Gebrauche gemäss in Rom als Triumphator ein, nachdem durch seine und seiner Mitregenten siegreiche Thaten die äusseren Feinde zurückgedrängt und die Grenzen des Reiches aufs Neue gesichert waren. Einer Epoche des Friedens und der öffentlichen Wohlfahrt, die man so oft schon vergeblich dem Volke verheissen hatte, sah man vertrauensvoll entgegen[1]), die Einheit des Reiches schien fest gegründet. Gerade damals konnte einer recht wohl Hand an eine litterarische Arbeit legen, welche bestimmt war, das gesammte Strassennetz, eine der grossartigsten und segensreichsten Thaten des römischen Volkes, übersichtlich darzustellen[2]). Doch die Ruhe war nicht von langer Dauer, gleich das nächste Jahr, in welchem Diocletian seine Vicennalia feierte, brachte die Edicte gegen die Christen[3]).

---

[1]) Vergl. Hunziker in Büdingers Untersuch. z. röm. Kaisergesch. II, 192.

[2]) Man vergl. die Rede des Eumenius pro instaur. schol. c. 21 (vom J. 296), wo der Redner am Schluss die Verdienste des Diocletian und seiner Mitregenten um die Wiederherstellung der römischen Herrschaft, ihre Kriegsthaten in Mauretanien und Aegypten, in Persien und am Rhein und in Britannien mit der Weltkarte, die in einer Säulenhalle zu Autun angebracht war, in Verbindung setzt: *nunc enim, nunc demum iuvat orbem spectare depictum, cum in illo nihil videmus alienum.*

[3]) In Africa beginnt die Christenverfolgung bereits im Anfang Juni d. J. 303, s. Hunziker, Diocletian S. 181 und 279. Zur Bestätigung dient die 1875 in Afrika entdeckte Inschrift:

TERTIV IDVS IVNIAS DEPOSI
TIOCRVORIS SANCTORVM MARTVRVM
QVI SVNT PASSI SVB PRESIDE FLOROIN CIV
ITATE MILEVITANA IN DIEBVS TVRIFI
CATIONIS INTER QVIBVS HIC IIVNOS
FET EOI IN PAC

Rossi Bull. d'archéol. chrétienne 1875 S. 186. Die *depositio cruoris* findet am Jahrestage des Todes statt. Da der Herausgeber zuerst CRVCRIS las, glaubte er einen unbekannten Ortsnamen zu finden; allein in den Nachträgen wird bemerkt, dass eine neue Vergleichung der Inschrift durch Wilmanns deutlich CRVORIS ergab. Die Inschrift bietet auch einen urkundlichen Beitrag zur Lösung der viel behandelten

Wenn in dem Itinerar die grossen Strassenlinien von Mailand und Nikomedien ausgehen, oder dort enden, so ist damit so bestimmt als möglich die Epoche bezeichnet, wo Rom nicht mehr, Byzanz noch nicht Hauptstadt des Reiches war, also eben die Zeit des Diocletian. Allein auch anderwärts ist der Einfluss der veränderten Verhältnisse auf die Darstellung sichtbar. Lugdunum, früher für ganz Gallien der Mittelpunkt des Verkehrs — denn von hier gehen die Hauptstrassen aus, welche Agrippa angelegt hatte[1]) — ist im Itinerar so gut wie verschwunden; keine Route geht von Lyon aus, oder hat hier ihren Endpunkt, nur ein einziges Mal wird es als Zwischenstation erwähnt. Dies ist nicht Zufall, auch darf man nicht etwa die Nachlässigkeit oder Willkür des Compilators anklagen, sondern Lyon, schon unter Septimius Severus schwer heimgesucht, hatte während der Wirren des 3. Jahrhunderts unsäglich gelitten; früher den Römern treu ergeben, vertrat es jetzt eifrig die Sache der provinziellen Autonomie, und musste wiederholt dafür büssen. So verlor Lyon seine frühere Bedeutung, während Vienna, die alte Nebenbuhlerin Lyons, und Arelate unter Begünstigung der Machthaber sich mehr und mehr hoben. Man erkennt deutlich, wie der Redactor des Itinerars die veränderten Zeitverhältnisse zu berücksichtigen bestrebt ist. Wenn z. B. der Rhein als Grenze des Reichs erscheint, so ist dies für diese

---

Frage über die Blutphiolen der römischen Katakomben, vergl. Jahrb. L. LI S. 275 ff.

[1]) Strabo IV, 208 zählt vier Strassen auf, welche Agrippa anlegte, in der Richtung nach Westen, Nordwesten, Nordosten und Süden, um die Verbindung mit dem Atlantischen Ocean, der Nordsee und Britannien, dem Niederrheine und dem Mittelländischen Meere herzustellen: τὸ δὲ Λούγδουνον ἐν μέσῳ τῆς χώρας ἐστίν, ὥσπερ ἀκρόπολις, διά τε τὰς συμβολὰς τῶν ποταμῶν καὶ διὰ τὸ ἐγγὺς εἶναι πᾶσι τοῖς μέρεσι· διόπερ καὶ Ἀγρίππας ἐντεῦθεν τὰς ὁδοὺς ἔτεμε, τὴν διὰ τῶν Κεμμένων ὀρῶν μέχρι Σαντόνων καὶ τῆς Ἀκουιτανίας, καὶ τὴν ἐπὶ τὸν Ῥῆνον, καὶ τρίτην τὴν ἐπὶ τὸν Ὠκεανὸν τὴν (lies τὸν) πρὸς Βελλοάκους καὶ Ἀμβιανούς, τετάρτη δ' ἐστὶν ἐπὶ τὴν Ναρβωνῖτον καὶ τὴν Μασσαλιωτικὴν παραλίαν. Auch die Strasse von Vienna durch die Schweiz nach dem Oberrheine, von der ein Arm sich in nordwestlicher Richtung abzweigte, gehört bereits der Zeit des Augustus an, und ist wahrscheinlich auch ein Werk des Agrippa. Strabo a. a. O. ἔστι δὲ καὶ ἐν ἀριστερᾷ ἀφεῖσι τὸ Λούγδουνον καὶ τὴν ὑπερκειμένην χώραν ἐν (lies ὑπ') αὐτῷ τῷ Ποινίνῳ πάλιν ἐκτροπὴ διαβάντι τὸν Ῥοδανὸν ἢ (lies κατὰ) τὴν λίμνην ἐπὶ Ληιμένναν εἰς τὰ Ἐλουηττίων πεδία, κἀντεῦθεν εἰς Σηκουανοὺς ὑπέρθεσις διὰ τοῦ Ἰόρα ὄρους καὶ εἰς Λίγγονας· διά τε τούτων ἐπ' ἄμφω καὶ ἐπὶ τὸν Ῥῆνον καὶ ἐπὶ τὸν Ὠκεανὸν δίοδοι σχίζονται.

Epoche zutreffend. Im übrigen verarbeitet der Verfasser das Material, das ihm gerade zur Hand war. Altes und Neues steht nebeneinander[1]), daher fehlt es nicht an Widersprüchen; daraus hat man irriger Weise gefolgert[2]), das Itinerar sei successiv entstanden, von verschiedenen Händen nach und nach erweitert worden; wohl aber darf man annehmen, dass schon die dem Redactor vorliegenden Itinerare manches zwiespältige Element enthielten.

Schliesslich füge ich, dem letzten Abschnitte vorgreifend, noch einige Bemerkungen hinsichtlich der überlieferten Zahlenangaben hinzu. Die Itinerarien rechnen durchaus nach runden Zahlen, ein Bruchtheil wird entweder gar nicht in Anschlag gebracht[3]), oder in

---

[1]) Für die Rheinstrasse von Cöln abwärts (S. 254 ff.) wird vielleicht eine Reiseroute der unmittelbaren Gegenwart benutzt; wir treffen hier an jeder Station eine militärische Besatzung, dies passt sehr wohl für diese Zeit, wo Alles für die Wiederherstellung der Vertheidigungsmittel an den Reichsgrenzen geschah. Eumen. pro instaur. scholis c. 18: *nam quid ego alarum et cohortium castra percenseam, toto Rheni et Istri et Euphratis limite restituta?* — Wenn Mommsen recht hätte (I. R. Neap. S. 349) mit seiner Behauptung, dass die Wegstrecke von *Equum tuticum* bis *Nerulum*, welche im Itinerar S. 103, 2—105, 1 beschrieben wird, zuerst von Maximian angelegt wurde, so würde dies mit meiner Zeitbestimmung des Itinerars vollkommen im Einklange sein. Diese Strasse heisst allerdings auf mehreren Meilensteinen vom J. 311 *via Herculia* (I. R. N. 6297), allein aus jenem Zunamen folgt nicht, dass Maximian der erste Erbauer der Strasse war, er wird sie nur wiederhergestellt haben: denn die Strasse ist alt, s. Strabo VI, 283. Dass sich bis jetzt auf dieser Strecke keine Meilensteine aus früherer Zeit gefunden haben, ist nur Zufall. Dass Diocletian und seine Mitregenten für die Wiederherstellung der Strassen thätig waren, zumal insoweit militärische Rücksichten massgebend waren, lässt sich nach dem ganzen Charakter dieses Regimentes erwarten, und wird auch mehrfach durch Inschriften bezeugt: Meilensteine mit den Namen dieser Fürsten kamen nicht selten vor, auch in Gallien und am Rheine: aber die Verwahrlosung der Interessen des öffentlichen Verkehrs hatte einen so hohen Grad erreicht, dass den Nachfolgern noch ein weites Feld der Thätigkeit blieb: man vergl. die Schilderung der Strasse von Augustodunum nach Belgica bei Eumenius in der Dankrede an Constantin c. 7: *statim ab eo flexis, quo retrorsum via ducit in Belgicam, vasta omnia, inculta, squalida, muta, tenebrosa; etiam via militaris ita confragosa et alternis montibus ardua atque praeceps, ut vix semiplena carpenta, interdum vacua transmittat.* Uebrigens ist es irrig, wenn man aus jedem Meilensteine mit dem Namen eines Regenten auf eine Wiederherstellung der Strasse unter der betreffenden Regierung schliesst.

[2]) So die neuesten Herausgeber des Itinerars Parthey und Pinder.

[3]) Dasselbe gilt auch von den Angaben bei alten Schriftstellern

eine volle Zahl verwandelt; wenn wir daher die Zahlen der einzelnen Stationen einer Strasse zusammenfassen, können wir kein vollkommen exactes Resultat erwarten: die Gesammtzahl wird bald zu gross bald zu niedrig ausfallen: im glücklichsten Falle werden sich Plus und Minus compensiren[1]). Allerdings gab es officielle Urkunden, wo die Länge der Strassen genau nach der Vermessung verzeichnet war[2]),

sowie von inschriftlichen Denkmälern, welche die Stationen einer Strasse verzeichnen. Im Itinerar des Antoninus und dem Itinerarium maritimum wird daher die römische Meile nicht durch M oder MP, sondern durch MPM, d. h. *milia plus minus* bezeichnet, manchmal ausgeschrieben, wie S. 4, 1 (s. das. die Herausg.), S. 100, 7, S. 498, 1 (s. die Varianten der Ausg. v. Parthey) und das Itin. Hierosol. S. 549, 9. Wenn bei den Leugen und Stadien dies nicht ausdrücklich bemerkt wird, so gilt es doch auch hier (vergl. Itin. S. 423).

[1]) Die Neueren sind nur zu sehr geneigt, jede Abweichung zwischen der überlieferten Gesammtzahl und der durch Berechnung gefundenen Summe der Einzelposten zu entfernen. Auch dürfte im Allgemeinen die in dem Summarium vermerkte Zahl für mehr gesichert gelten, als die Zahlen der Stationen, welche durch Fahrlässigkeit der Schreiber häufig entstellt sind.

[2]) Noch sind uns eine Anzahl inschriftlicher Denkmäler aus den verschiedensten Zeiten erhalten, welche die Meilenzahl neu angelegter oder ausgebesserter Strassenstrecken verzeichnen; vergl. Wilmanns Ex. Inscr. Lat. I, n. 787 ff. Ausser diesen officiellen Urkunden giebt es noch Stationenverzeichnisse zum Gebrauch für Jedermann angefertigt, z. B. für die Strasse von Cadix nach Rom, in drei verschiedenen Exemplaren aufgefunden in den Bädern von Vicarello, s. Rhein. Mus. X, S. 20 ff. und Orelli-Henzen 5210. Dass selbst die officiellen Urkunden nicht fehlerfrei waren, beweist ein wichtiges Denkmal dieser Kategorie aus dem Anfang des 7. Jahrhunderts der St., welches sich auf die Strasse von Capua bis zur Sicilischen Meerenge bezieht, und von dem Erbauer der Strasse selbst errichtet war, CIL. I, n. 551. Hier wird die Länge der einzelnen Abschnitte dieser Strasse angegeben, zum Schluss heisst es: *Suma af Capua Regium* meilia CCCXXI □. Das Quadrat hinter der Zahl, was noch zweimal erscheint, könnte man geneigt sein für das Zeichen eines Bruchtheiles zu halten, aber dann würde es auch im letzten Abschnitte vorkommen müssen, da der Bruch, wie die Schlussrechnung zeigt, nicht ausgeglichen sein könnte: man müsste also annehmen, aus Versehen sei das Zeichen einmal weggeblieben: denn, obwohl am Anfang von Zeile 8 Raum dafür vorhanden, hat doch, wie das Facsimile zeigt, dort nichts gestanden. Es sind also hier vielmehr Zahlen ausgemeisselt. Wenn später der Weg um eine oder ein paar Meilen abgekürzt wurde, so konnte man dem entsprechend die Zahlen corrigiren, allein, da die Zählung durchgeht, müsste auch auf der letzten Strecke das Plus der ursprünglichen Strasse wiederkehren, und eine Correctur erheischen, aber davon ist keine Spur vorhanden. So muss also gleich bei der Errichtung des Monumentes ein drei-

allein bei den handschriftlich überlieferten Itinerarien wissen wir niemals, ob ihren Angaben öffentliche Documente oder die gewöhnlichen Stationenverzeichnisse, wie sie für einzelne Routen, Provinzen oder das ganze römische Reich in Jedermanns Händen waren, zu Grunde liegen. Gerade diese Verzeichnisse, die sich zu den öffentlichen Denkmälern und Aufzeichnungen, etwa wie die abgenutzten Masse und Gewichte des täglichen Verkehrs zu den Normalmassen verhalten mochten, sind offenbar vorzugsweise in den Itinerarien benutzt: öfter ist die Länge einer Strasse wohl nur durch Berechnung gefunden. Allein selbst da, wo die Angabe über die gesammte Meilenzahl einer Strasse auf eine wohl beglaubigte Ueberlieferung zurückgeht, darf man nicht ohne Weiteres volle Uebereinstimmung zwischen der Gesammtzahl und der Summe der einzelnen Posten verlangen. Im Verlaufe der Zeit wurden häufig Strassencorrectionen vorgenommen, wodurch meist eine Verkürzung, zuweilen auch eine Verlängerung des Weges herbeigeführt ward[1]). Wurden diese Veränderungen auch im Einzelnen in die Itinerarien eingetragen, so konnte sich doch die einmal überlieferte Gesammtzahl der Meilen unverändert fortpflanzen, obwohl sie eigentlich nicht mehr recht zutraf[2]).

II. Strasse von Trier nach Cöln.

Die Strasse von Trier nach Cöln, das letzte Stück der grossen von Agrippa angelegten Strasse von Lyon zum Niederrheine, soll nach der Beschreibung im Itinerar (S. 372—373), von Marmagen über Belgica und Zülpich nach Cöln führen. Es ist undenkbar, dass man bei der Anlage dieser wichtigen Militärstrasse statt von Belgica direct auf Cöln zu gehen, den Umweg über Zülpich vorgezogen haben sollte. Wollte man Zülpich be-

---

maliges Versehen in den Zahlen vorgekommen sein, was man alsbald beseitigte. Lehrreich ist übrigens die Vergleichung dieser alten authentischen Urkunde mit den mehrfach abweichenden Beschreibungen dieser Strasse in den mindestens 4—5 Jahrhunderte jüngeren Quellen, dem Itinerar des Antoninus und der Peutinger'schen Tafel.

[1]) Sehr bezeichnend ist, dass zuweilen nicht einmal bei Stationen, welche nach der Zahl der Meilensteine benannt sind, die Meilenzahl übereinstimmt. Z. B. bei der *mutatio ad Quintum* im Itin. Hieros. 608, 3, ebendas. 560, 8 *mutatio ad quarto decimo*, denn die Entfernung bis zur Grenzstation Hadrans wird nur auf 13 Meilen angegeben.

[2]) Vergl. die Bemerkungen von Henzen, Rh. Mus. IX, S. 32 ff. S. 35. 86.

rühren, dann konnte man gerades Weges auf dies Ziel losgehen, statt die Strasse im Zickzack über Belgica zu führen, was durch keinen ersichtlichen Grund sich rechtfertigen lässt, da Belgica kein seit Alters bestehender Ort war, den man mit der Hauptstrasse in Verbindung zu setzen ein Interesse haben konnte: denn der Name selbst, der sich deutlich von den Namen der übrigen Stationen dieser Route absondert, beweist, dass derselbe seinen Ursprung nur dem Umstande verdankt, dass hier eine Strassenstation angelegt war[1]).

Schmidt (J. XXXI, 42 ff.) hat sehr richtig erkannt, dass unterhalb Marmagen sich die Strasse in zwei Arme theilte, von denen der eine über Belgica, der andere über Zülpich nach Cöln führte.

Man kann die Möglichkeit zugeben, dass der Verfasser des Itinerars, indem er das ihm vorliegende ältere Stationenverzeichniss missverstand, oder weil er auf einer Landkarte eine Verbindungsstrasse zwischen Belgica und Zülpich fand, beide Strassenlinien combinirend die unpraktische Route Marmagen, Belgica, Zülpich, Cöln vorschrieb[2]); aber ich glaube, hier hat nicht das Ungeschick des Compilators, sondern die Fahrlässigkeit der Abschreiber die Verwirrung gestiftet: denn gerade in dieser Partie ist die handschriftliche Ueberlieferung des Itinerars äusserst unsicher.

Die Stationen dieser Strassen werden nach Leugen berechnet[3]) und bei jeder einzelnen Station angegeben, ob es ein

---

[1]) Auch die X Leugen bis Tolbiacum sind, wenn wir sie auf den Weg von Belgica nach Zülpich beziehen, unzutreffend, denn die wirkliche Entfernung zwischen diesen Orten beträgt 1600 preuss. Schritt, also VIII MP oder V Leugen, also nur die Hälfte der im Itinerar genannten Zahl.

[2]) Auch die Route S. 375 *a Colonia Traiana coloniam Agrippinam* beruht auf einer solchen unpraktischen Theorie des Redactors: die Strasse von Xanten nach Tongern traf in Coriovallum mit der Strasse Cöln-Tongern zusammen, oder mit andern Worten die Strasse von Tongern nach dem Niederrheine theilte sich bei Coriovallum in zwei Arme, der östliche führte nach Cöln, der nördliche nach Xanten; aber wer von Xanten nach Cöln reisen wollte, hat natürlich die directe Rheinstrasse benutzt, nur ganz besondere Verhältnisse konnten veranlassen, den weiten Umweg über Coriovallum in der Maasgegend einzuschlagen.

[3]) Wenn das Itinerar in dem Bereiche der Leugenrechnung bei den einzelnen Routen das Wegmass mit *leugae*, bei anderen mit *mpm* bezeichnet, bei anderen endlich neben die römischen MP noch die gallischen Leugae setzt, so darf man diese auffallende Verschiedenheit

vicus oder *civitas* war[1]). Dies erinnert an das Stationenverzeichniss von Durocortorum nach Trier, S. 365, 7—366, 4, welches genau dieselbe Einrichtung zeigt. Beide Abschnitte gehören zusammen, sie enthalten die Beschreibung der grossen Heerstrasse von Rheims über Trier nach Cöln, welche die Verbindung zwischen der Hauptstadt der Provinz Belgica und dem Sitz des Statthalters von Niedergermanien vermittelte. Der Compilator hat an beiden Stellen dieselbe Quelle abgeschrieben. Für die Zusammengehörig-

---

nicht auf Rechnung der Abschreiber setzen und glauben, der Compilator habe durchgehends die alte und neue Rechnung nebeneinander gestellt, und erst die Abschreiber hätten, um Zeit und Arbeit zu sparen, abkürzend bald nur Leugen, bald *mpm* gesetzt. Diese Verschiedenheit der Bezeichnung deutet vielmehr auf die verschiedenen Quellen hin, welche der Compilator für seine Arbeit benutzte.

[1]) *Civitas*, was die Handschriften bei Cöln haben, fehlt auch in Cod. D nicht, denn wenn sich hier *leugas XVI guit* findet, so ist dies eben *civit*. Nämlich zwei Hdschr., D und P setzen *vicus* oder *civitas* auf der vorliegenden Route von Trier nach Cöln regelmässig hinter die Leugenzahl, während die übrigen Hdschr. diese Worte gleich hinter dem Namen der Station einfügen, wie dies auch anderwärts in Stationenverzeichnissen üblich ist. Wenn nun auf der Route von Durocortorum nach Trier DP die gleiche Methode beobachten, so ist dadurch die enge Verbindung dieser Abschnitte erwiesen. Solche Nebenbemerkungen wie *vicus, civitas* konnten schicklich am Schluss jeder Zeile eine besondere Rubrik bilden: dies war die Einrichtung der ältern Quelle, welche auch der Redactor des Itinerars beibehielt, aber nur DP bewahren diese Eigenthümlichkeit, während in den übrigen Handschriften die Worte der Conformität zu Liebe umgestellt werden. Gerade so wie hier werden auf der Route von Cöln nach Vetera S. 255, 6 *ala* und *legio* am Schluss der Zeile hinzugefügt; desgl. auf einer Route in Sicilien S. 95. 96 *plagia* und *refugium*. Dagegen im Itiner. Hierosol. stehen diese Bemerkungen (*civitas, mutatio, mansio*) regelmässig voran. Je nachdem solche Notizen regelmässig auf einer Route hinzugefügt werden oder fehlen, kann man sicher auf die Verschiedenheit der Hülfsmittel schliessen, welche der Herausgeber des Itinerars für seine Arbeit benutzte. Vereinzelt kommen solche Zusätze hier und da vor, und haben nicht selten zu Irrungen Anlass gegeben; S. 352, 4 durfte man nicht statt *Aventicum Helvetiorum* aus P *Aventiculum*, eine ganz unerhörte Namensform, einführen: dieselbe ist aus dem übergeschriebenen *col(onia)* entstanden. S. 6, 4, wo die Lesart zwischen *Salaconia* und *Sala* schwankt, ist *Sala colonia* zu schreiben, wie gleich nachher *Lix* und *Tingis* als Colonien bezeichnet werden. Zweifelhaft ist, ob S. 486, 3 *Aquis Solis mpm VI*, wo Q CVI statt VI bietet, ein Zusatz, wie *civitas*, sich verbirgt: ein vielbesuchter Badeort, wie Bath, konnte wohl Stadtrechte haben, allein bei den Ortsnamen in Britannien findet sich sonst nirgends ein ähnlicher Zusatz.

keit dieser Abschnitte spricht auch ein merkwürdiger Schreibfehler, der offenbar dem Redactor oder dem Schreiber, dessen er sich bediente, zur Last fällt. Die Entfernung zwischen Rheims und Trier wird auf 199 oder 198 Leugen angegeben, während sie doch nur 99 Leugen beträgt. In demselben Itinerar war die gesammte Strecke von Rheims nach Cöln zu CLXVI Leugen berechnet, der Redactor, der zunächst nur den Abschnitt bis Trier heraushob, kürzte demgemäss die Zahl in XCVIIII ab, aber irrthümlich ward das C der älteren Quelle beibehalten.

In der Ueberschrift wird die Länge der ganzen Wegstrecke auf LXVI (so DP) oder LXVII (so die übrigen Hdschr.) Leugen angegeben. Zählt man die Meilen der einzelnen Stationen zusammen, so erhält man LXXVIII (d. h. nach dem Texte der neuesten Ausgabe des Itinerars) und ungefähr diese Zahl müsste auch in der Ueberschrift angegeben sein, wenn das Itinerar wirklich das Mass einer fortlaufenden Route Trier — Cöln über Belgica und Zülpich hätte angeben wollen. Allein die überlieferte Zahl von 66 oder 67 Leugen ist gegen jeden Verdacht eines Schreibfehlers geschützt: diese Zahlen entsprechen genau den thatsächlichen Verhältnissen; gerade so viel Leugen beträgt der Weg von Trier nach Cöln, mag man die Strasse über Belgica oder über Zülpich einschlagen: denn es wäre ein wunderbares Spiel des Zufalls, wenn die Fahrlässigkeit der Abschreiber gerade die richtige Zahl hergestellt hätte. Man ist vielmehr zu dem Schlusse berechtigt, dass im Itinerar ursprünglich die beiden Arme, in welche sich die Strasse unterhalb Marmagen verzweigt, genau geschieden waren.

Eine deutliche Spur der Unterscheidung beider Strassenarme hat sich noch in einem Theil der Handschriften (ABCFGMTUV) erhalten[1]), indem diese zwischen Marmagen und Belgica eine neue Station, wie es den Anschein hat, jedoch ohne den Namen zu nennen einfügen:

Marcomago vicus leugas VIII (oder vielmehr LVIII)
lēg XXVIII
Belgica vicus leugas VIII

Die Station Belgica, deren Name auf die benachbarte Provinz

---

[*]) Diese Handschriften gehören zwar nicht zu den vorzüglichsten, sind jedoch keineswegs werthlos, namentlich B steht der ältesten Handschrift L an Alter ziemlich nahe, da sie ebenfalls dem 8. Jahrhundert angehört.

hinweist, gehört noch zu Untergermanien[1]), die Grenze war sogar noch ziemlich weit über Belgica hinaus vorgerückt: denn der zu dieser Strasse gehörende Meilenstein (CIR. 1935) verzeichnet XXXIX MP von Cöln aus, d. h. 26 Leugen, er stand also jenseits der Kreuzung nach Marmagen zu[2]), so dass die Station an der Kreuzung auch noch zum Gebiet des Statthalters von Untergermanien gehörte: doch kann der Zug der Grenze nicht weit entfernt gewesen sein; jener Meilenstein war wohl der letzte cölnische Wegweiser, schon der nächste mochte die Zählung von Trier aus zeigen.

Die Peutingersche Tafel, welche die Strasse in folgender Weise verzeichnet:

Agrippina.
    VI.
       X.
          Marcomagus. VIII.
             Icorigium. XII.
                Ausava. XII.
                      II.
                      Beda. X Aug. Trevirorum.

gewährt keine Hülfe, da von Marmagen aus, also gerade da, wo die Schwierigkeiten für die Feststellung der Route begannen, die Namen der Stationen fehlen; daher lässt sich auch nicht bestimmt sagen, ob hier die Route über Belgica oder Zülpich vorliegt. Jedoch ist wohl die erstere als die dem Zug der Hauptstrasse folgende gemeint; es ist übrigens nicht sowohl eine Station mit ihrer Meilenzahl nach Marmagen ausgefallen[3]), son-

---

[1]) Die in neuerer Zeit dort vorgenommenen Ausgrabungen gewähren, so viel ich weiss, darüber keinen weiteren Aufschluss; freilich ist gerade der Hauptpunkt, das Castell auf dem Kaiserstein, noch gar nicht untersucht, ebensowenig hat man den Begräbnissplatz aufzufinden sich bemüht, der am ersten bestimmte Ergebnisse liefern würde.

[2]) Da der Weg über Belgica ungefähr 1 röm. Meile weiter war, als über Zülpich, muss man auch dem Stein seine Stelle näher oder entfernter von Marmagen anweisen, je nachdem die Versteinung dem einen oder anderen Strassenarme folgte: doch sind die 39 MP. wohl auf die Strasse über Belgica zu beziehen. Die Stelle des Steines genauer zu ermitteln, muss ich Anderen überlassen: die Angaben über den Fundort lauten scheinbar sehr bestimmt, sind aber nicht frei von Widersprüchen.

[3]) Man darf nicht VI. mit X. zu XVI verbinden, wie bei Beda X mit II zu XII, und diese XVI Leugen auf die letzte Station von Cöln beziehen, denn sowohl nach VI als auch nach X ist ein Punkt

dern nur die Ueberlieferung der Zahlen unvollständig, es ist X(I) statt X und (X)VI statt VI zu schreiben.

Wenn wir diese 28 Leugen hinzurechnen, so würden wir für die Strasse von Trier nach Cöln 106 Meilen erhalten, diese hohe Zahl ist nicht einmal dann zulässig, wenn man die Leugen in römische Meilen verwandeln wollte, denn in Wirklichkeit beträgt dieselbe nicht mehr als 100 MP. Ueberhaupt überschreitet die Zahl XXVIII das übliche Mass einer Station[1]), und wir müssten annehmen, dass der Redactor des Itinerars mehrere Stationen zusammengefasst habe, was allerdings anderwärts nicht selten vorkommt. Die Zahl selbst jedoch trifft kein Verdacht; denn gerade 28 Leugen beträgt der Weg von Marmagen über Belgica wie über Zülpich nach Cöln. An dieser Stelle war offenbar im Itinerar vermerkt, dass die Strasse sich theile und dabei das Mass der abgezweigten Strassenlinie angegeben[2]).

Dass diese Verwirrung sehr alt ist, lässt sich bestimmt nachweisen. In zwei Handschriften, der Wiener L und der Pariser B, beide dem 8. Jahrhundert angehörend, sind sorgfältig die Zahlen der Ueberschriften durch Vergleichung mit den einzelnen Posten geprüft und das Resultat, wo eine Abweichung sich herausstellte, am Rande vermerkt. Beide Handschriften sind unabhängig von einander, die Controle ist jedesmal selbständig angestellt, daher fehlt es nicht an wesentlich abweichenden Ergebnissen, wie eben hier. Im L ist bemerkt ℞ *una minus*, im B *hic* ℞ *XXVII* super-

---

gesetzt, was andeutet, dass jede Zahl zu einer besondern Station gehört. Will man also eine Lücke im Verzeichniss der Stationen auf der Karte annehmen, dann wäre zu ergänzen:

Agrippina.
(XI.)
VI. d. h. Metternich.
X(I). d. h. Belgica.

[1]) Wenn in einer Hdschr. (C) *leugas mpm XXVIII* geschrieben ist, so hat wohl der Schreiber auf eigene Hand *mpm* hinzugesetzt; indem er die Leugen in römische Meilen verwandelte, suchte er die hohe Zahl zu reduciren.

[2]) Dass gerade hier eine Lücke sich findet, erkläre ich daraus, dass in der ältesten Abschrift des Itinerars eben hier eine Seite endete: an solchen Stellen kommen besonders häufig Auslassungen und andere Irrthümer vor, und es ist beachtenswerth, dass eine der ältesten und vorzüglichsten Handschriften (P, im Escurial, aus dem 8. Jahrh.) mit *Marcomago vicus leugas VIII* aufhört: diese Handschrift war vielleicht in ihrer äussern Einrichtung eine genaue Copie jenes älteren Codex.

sunt, also wird in L ein geringes Minus, in B ein sehr erhebliches Plus notirt. In B findet sich aber die Zeile *leg*. XXVIII, welche in L fehlt, und wenn nun ℞ *XXVII supersunt*, so erklärt sich dies einfach daraus, dass hinsichtlich des ℞ *una minus* beide Handschriften übereinstimmten. Die Berechnungen in B und L sind aber, wie ich nachweisen werde (s. Anhang), nicht von den Schreibern dieser Handschrift angestellt, sondern einfach aus noch ältern Handschriften copiert, reichen also hoch hinauf. Der Klosterbruder, welcher im B die Zahlen nachrechnete, betrachtete also die Zahl XXVIII als das Wegmass einer Station, er muss daher nicht mehr im Texte vorgefunden haben, als die eine unvollständige Zeile, die uns noch erhalten ist[1]). Denn, wäre deutlich gesagt gewesen, dass die XXVIII·Leugen sich auf eine Nebenroute von Marmagen bis Cöln beziehen, dann hätte der Rechner, wie aus anderen Stellen hervorgeht, sich diesen Irrthum nicht zu Schulden kommen lassen. Selbstverständlich betrachtet dieser Rechner Belgica und Tolbiacum als Stationen eines und desselben Weges, und nicht anders verfährt der Rechner in L, dessen Handschrift dieselben Schäden, wie die anderen hatte[2]).

An der Stelle, wo die Trennung der Strasse stattfand, war unzweifelhaft eine Station angelegt[3]). Diese Station konnte im Itinerar nicht übergangen werden, aber bei dem Zustande des Textes kann recht wohl der Name ausgefallen sein. Dafür spricht besonders die im Itinerar für die Städte Marmagen-Belgica angegebene Entfernung von acht Leugen, dies ist entschieden zu wenig (s. Schmidt

---

[1]) Wenn die anderen Hdschr. wie L diesen Zusatz nicht kennen, so ist er wahrscheinlich als unverständlich und störend von einem Corrector getilgt worden: auf keinen Fall lag den Schreibern dieser Codices ein vollständigerer und besserer Text vor.

[2]) Dass beide Stationen mitgezählt werden, ergiebt sich aus der Rechnung. Im L fehlt bei Marmagen die Leugenzahl 8, die einzelnen Posten ergeben also 66, folglich ℞ *una minus*. Im B fehlt die Leugenzahl 12 von Beda, bei Ausava steht 7 statt 8 (L), dies würde nur 61 machen, allein VII bei Ausava wird ein dem B eigenthümlicher Fehler sein, in der Hdschr. des Rechners wird XII (wie in OP) gestanden haben, somit erhalten wir die gleiche Zahl wie im L, und da hier noch XXVIII Leugen hinzukommen, stellt sich ein Plus von XXVII heraus. Wie sehr in diesem Abschnitte die Hdschr. von einander abweichen, zeigt D; hier steht bei Ausava 9 statt 12, bei Egorigium 8 statt 12, die Zeile mit Marmagen fehlt ganz, sowie die Leugenzahl 8 bei Belgica.

[3]) Sie wird eingerichtet sein, als man den zweiten Strassenarm baute.

a. a. O. S. 42), aber die Zahl scheint unverdächtig, denn sie bezeichnet genau die Entfernung zwischen Belgica und dem Punkte, wo die Strasse sich spaltet (auf dem sog. Königsfelde bei Keldenich s. Schmidt S. 43); man ist daher zu der Annahme berechtigt, dass für die Route Marmagen-Belgica die Zwischenstation am Kreuzungspunkte im Itinerar verzeichnet war.

Vielleicht lässt sich auch der alte Name wieder gewinnen. Tolbiacum wird nicht wie die anderen Stationen dieser Strasse einfach *vicus*, sondern *vicus Supenorum* genannt. Eine solche ethnographische Bestimmung (denn der dunkele Name kann doch nur eine Völkerschaft bezeichnen) ist abnorm; sonst steht überall einfach *vicus* oder *civitas*, auch bei den Ortschaften Italiens, wo doch ein derartiger Zusatz am wenigsten befremden würde. Ausserdem ist die Bezeichnung gar nicht zutreffend; denn Zülpich war eine Ortschaft der Ubier (s. Tacit. Hist. IV, 79); welche Völkerschaft vor den Ubiern hier sesshaft war, wissen wir nicht, aber wer wird glauben, dass in einem Itinerar auf die dunkele Vorgeschichte einer entfernten Provinz Rücksicht genommen werde. *Vicus Supenorum* ist ein Eigenname, so gut wie *vicus Iudaeorum* oder *Spacorum*[1]), und nur irrthümlich ist dieser Name der Zwischenstation mit dem folgenden *Tolbiaco vicus* verschmolzen. Der Name der Völkerschaft ist unbekannt[2]), vielleicht waren es rechtsrheinische Germanen, denen man hier Wohnsitze angewiesen hatte: unter Augustus fanden solche Ansiedelungen in bedeutendem Umfange statt[3]).

---

[1]) Hierher gehört auch der *vicus Voclannionum* bei Trier, den man in der Inschrift CIR. 796 zu finden glaubt, wo vielmehr I · O · M · (*et genio Vocl)annionum* zu ergänzen sein dürfte, aber der Name des Ortes hat sich in den Abkürzungen *vicus Voclanni* und *vico Vocla* n. 794. 795 erhalten.

[2]) Gar manche Völkerschaft wird nur ein einzigesmal genannt, hierher gehören die *coloni Crutisiones* bei Saarlouis CIR. n. 754, dies sind besiegte Barbaren, welche in den letzten Zeiten massenweise von den Römern im linksrheinischen Germanien und Gallien angesiedelt wurden, um der wachsenden Verödung dieser Landschaften zu steuern.

[3]) Nicht einmal der Name des Volkes steht fest; die Hdschr. schwanken zwischen *supenorum, supeniorum, supernorum* (D *vicus sopenor*). *Supenorum* erinnert hinsichtlich der Endung an die *Cugerni* (*Gugerni*), ja man könnte sogar daran denken, diesen Namen in der Form *Guberni* hier einzuführen, welche nicht nur die Hdsch. des Plinius IV, 106 bieten, sondern auch eine englische Inschrift: *Deae Co|ventiae* | *coh. I Cube'rnorum* bestätigt (am Grenzwall bei der Station Procolitia mit zahlreichen anderen derselben Quell- und Heilgöttin

Bei Zülpich wird die Entfernung auf XI Leugen (O XVI) angegeben; rechnet man von Marmagen aus, so kommt dieser Ansatz dem Wahren ziemlich nahe, ist aber doch zu niedrig, denn die Entfernung beträgt XVII ¼ MP, also beinahe XII Leugen, während die Zahl wieder zu hoch ist, wenn man von der Zwischenstation ausgeht: hier liegt also jedenfalls ein Fehler vor, und zwar wird die Zwischenstation auch in Verbindung mit Zülpich genannt gewesen sein, wie früher bei Belgica.

So nothwendig die Prüfung der handschriftlichen Ueberlieferung des Itinerars ist, so lassen sich die einzelnen Angaben doch nur durch topographische Studien und eine sorgfältige Untersuchung der noch vorhandenen Strassenreste endgültig feststellen. Herr v. Veith hat mir bereitwilligst folgende Berechnung der Entfernungen mitgetheilt:

Trier — Bitburg	36200 pr. Schritt	XVIII MP.	XII L.
Bitburg — Ausava (Büdesheim)	36700 „	XVIII MP.	XII L.
Ausava — Egorigium	21000 „	X MP.	VII L.
Egorigium[1]) — Marmagen	23000 „	XII MP.[2])	VIII L.
Marmagen — Keldenich[3])	8500 Schr.	IV MP.	III L.
Keldenich — Belgica	24000 Schr.	XII MP.	VIII L.
Belgica — Metternich	20000 Schr.	X MP.	VI L.
Metternich — Cöln	32000 Schr.	XVI MP.	XI L.
	201,400 Schr.	C MP.	LXVII L.
Marmagen — Keldenich	8500 Schr.	IV MP.	III L.
Keldenich — Zülpich	26000 Schr.	XIII MP.	IX L.
Zülpich — Cöln	47000 Schr.	XXIV MP.	XVI L.
	198,400 Schr.	XCIX MP.	LXVII L.

Conventina gewidmeten Denkmälern gefunden, s. die Zeitung von Newcastle 1876, 4. Dec.): die Wohnsitze der Cugerner liegen allerdings mehr nördlich, indess konnten sie früher auch hier seesshaft gewesen sein und der alte Name noch später an der Ortschaft haften. Denkbar wäre freilich auch ein *superior vicus*, d. h. Oberweiler, vergl. die Urkunde vom J. 804 (Urkundenbuch der mittelrhein. Territor. I, n. 43): *in alio loco nuncupante in superiore vvich in pago bediuse.*

[1]) *Egorigium* heisst der Ort im Itinerar (*egoregio* FT, *egorico* R), *Icorigium* auf der Peutingerschen Karte. Der Name erinnert an die *ticani Secorigienses* der Inschrift von Woringen CIR. 306.

[2]) Diese und die vorhergehende Station ergeben zusammen genau XXII MP. (für die erste Station 10½, für die zweite 11½), daher habe ich in runder Zahl hier XII, dort X gesetzt.

[3]) Diesen Namen mag vorläufig die ungenannte Station führen.

Die dritte Station beträgt nach dem Itinerar wie nach der Peutingerschen Tafel XVI Leugen, würde also gerade so gross wie die beiden vorhergehenden sein; trotz der Uebereinstimmung beider Urkunden ist die Verbesserung des Herrn v. Veith VII statt XII unbedingt nothwendig: die Aenderung empfiehlt sich auch durch ihre Leichtigkeit, da von den Abschreibern X und V häufig mit einander vertauscht werden[1]), und wird ausserdem durch eine gute Handschrift (D), welche VIII liest, unterstützt.

Sonst bedarf nur noch die Leugenzahl bei Tolbiacum der Berichtigung, denn X Leugen[2]) ist, wie schon oben bemerkt wurde, für die Strecke Marmagen-Zülpich zu niedrig, für den Weg von Keldenich nach Zülpich zu hoch gegriffen. Da bei Keldenich die Strasse nach Zülpich abzweigt, wird die Entfernung von der Station an der Kreuzung gemessen sein, ich schreibe daher VIIII statt X. Wahrscheinlich war gegen die sonstige Gewohnheit IX geschrieben, wie sich auch in einem Itinerar von Vicarello einmal IIX findet; dies veranlasste die Verderbniss der richtigen Zahl.

Die Route über Belgica ist wohl als der ursprüngliche Zug der Strasse zu betrachten, später ward die Zweigstrasse nach Zülpich gebaut und dadurch der Weg nach Cöln etwas abgekürzt[3]). Die Strecke von Trier bis Marmagen beträgt 58 MP. oder 39 Leugen, der Weg von Marmagen über Belgica nach Cöln 42 MP. oder 28 Leugen, über Zülpich 41 MP. oder 27 Leugen. Die Differenz zwischen beiden Routen beträgt 3000 pr. Schritt, also eigentlich 1½ MP., oder 1 Leuge. Rechnet man aber die Leugen für die einzelnen Stationen dieser Strecke voll, 3 (2⅚), 9 (8⅔), 16 (15⅔), wie ich dies oben gethan habe, dann erhält man auch für Marmagen — Zülpich — Cöln 28 Leugen, und so ist im Itinerar gerechnet. Die Entfernung zwischen Trier und Cöln beträgt nach dem Itinerar 67 Leugen, dies trifft für die Route über Belgica genau zu, aber die gleiche Zahl ergiebt sich auch für die Route über Marmagen, wenn man hier die Leugen voll zu 28 rechnet[4]).

---

[1]) Dies zeigt sich gleich bei der vorhergehenden Station, wo die Hdschr. zwischen VII, VIII, VIIII, XII schwanken. Das Richtige XII bieten nur 2 Hdschr. (OP) in Uebereinstimmung mit der Tab. Peut.

[2]) Unbrauchbar ist die Variante XVI in O.

[3]) Ueber Belgica beträgt der Weg etwas mehr als 20 deutsche Meilen, über Zülpich ungefähr 19⅘ d. M.

[4]) Wenn zwei Hdschr. des Itinerars (DP) LXVI statt LXVII lesen, so ist dies wahrscheinlich eine Correctur, welche sich auf die Berech-

Demnach würde das Stationenverzeichniss dieser Strasse im Itinerar folgendermassen herzustellen sein:

```
          A Treveris Agrippinam leugas LXVII sic
            Beda            leugas XII vicus
            Ausava          leugas XII vicus
            Ecorigio        leugas VII vicus
            Marcomago       leugas VIII vicus
           (Vico Supenorum  leugas III)
            Belgica         leugas VIII  vicus
           (Agrippina       leugas XVII civitas)
      (item alio itinere a Margomago Agrippinam) leugas XXVIII
            Vico Supenorum  (leugas III)
            Tolbiaco        leugas VIIII vicus
            Agrippina       leugas XVI civitas¹).
```

III. Strasse von Mainz über Cöln nach Vetera.

Für die Strecke von Mainz bis Cöln liegt nur eine officielle Urkunde vor, deren Angaben auf volle Glaubwürdigkeit Anspruch machen dürfen, während wir bei den handschriftlich überlieferten Quellen fortwährend unsicherer oder widersprechender Ueberlieferung begegnen. Das Bruchstück eines achtseitigen zu Tongern gefundenen Meilensteines enthält auf der ersten der drei noch erhaltenen Seiten die Stationen der Rheinstrasse von Cöln bis Worms (s. Bulletino 1838, S. 51). Orelli-Henzen 5236.

```
              I. XI
        (Rigo)MAGVS      L. VIIII
        (Antu)NNACUM     L. VIII
        (Confl)VENTES    L. VIII
        (Ba)VDOBRICA     L. VIII
        (Vo)SOLVIA       L. VIII
        (Bi)NGIVM        L. VIII
        (Mo)GONTIAC      L. XII
        (Bauc)ONICA      L. VIIII
        (Borb)ITOMAG.    L. XI.
```

nung der einzelnen Zahlen gründet, aber bei dem zerrütteten Zustande des Textes zu keinem gesicherten Ergebniss führen konnte.

¹) Wenn in der letzten Zeile die Hdschr. R XIII, die Hdschr. C XVII bietet, so sind dies wohl nur Schreibfehler, obwohl die Zahl XVII zwar nicht für Zülpich-Cöln, wohl aber für Belgica-Cöln zutrifft.

Hier war offenbar die Strasse von Tongern nach Jülich und Cöln, und von da rheinaufwärts bis Worms verzeichnet¹). Die Entfernung zwischen Cöln und der Hauptstadt der oberen Provinz beträgt demnach 72 Leugen oder 108 römische Meilen.
Nach der Peutingerschen Tafel

    Agrippina
    Bonnae   XI
    Rigomagus   VIII
    Autunnaco   VIIII
    Confluentes VII
    Bontobrice   VIII
    Vosavia   VIIII
    Bingiū   VIIII
    Mogontiaco XII

erhalten wir für diese Strecke 75, also 3 Leugen mehr: da jedoch diese höhere Zahl, wie ich zeigen werde, auch durch das Itinerar geschützt wird, so liegt hier offenbar eine abweichende Ueberlieferung vor, die man nicht antasten darf.

Im It. Ant. ist diese Strecke zweimal verzeichnet, allein da beidemal ein abgekürztes Verfahren und zwar jedesmal in anderer Weise angewandt wird, so ist die Vergleichung dieser Stationenverzeichnisse sowohl unter sich als auch mit den anderen Quellen sehr erschwert.

An der zweiten Stelle wird die Entfernung von Bonn bis Andernach auf 17 L. angegeben, dies stimmt scheinbar mit Bonn bis Remagen 8 Leugen, Remagen — Andernach 9 Leugen der Tab. Peut., allein da 8 Leugen für die erstere Station zu wenig und die Wiederkehr desselben Fehlers in beiden Quellen nicht gerade wahrscheinlich ist, wird sich 17 Leugen nicht aus 8 + 9, sondern aus 9 + 8 zusammensetzen; die T. P. enthält einen zweifachen Fehler, indem die Zahlen der beiden Stationen VIIII und VIII mit einander vertauscht sind²). Von Andernach nach Coblenz 9 Leugen stimmt mit T. P., offenbar das ursprüngliche Mass dieser Strecke, die später auf 8 L. abgekürzt ward, wie der Stein von Tongern bezeugt. Die Entfernung von Coblenz — Bingen 26 Leugen, stimmt genau mit der T. P. 8 + 9 + 9 Leugen.

---

¹) Zeile 1 ist zu ergänzen (*Bonna*) l. XI.
²) Daher ist auch von der Lesart einer Hdschr. (A) XVIII statt XVII kein Gebrauch zu machen.

An der ersten Stelle, wo die Stationen von Bingen rheinabwärts aufgezählt werden, müssen zunächst Andernach und Boppard mit den betreffenden Zahlen ihre Stelle vertauschen: so folgt auf Bingen Boppard mit 18 Leugen (denn XVIII ist nach B zu verbessern für XVIIII) in Uebereinstimmung mit der T. P. (und indirect dem It. An. a. d. 2 St.); dann Andernach 17 Leugen (eine Handschrift fehlerhaft XXVIII), wiederum in Harmonie mit der Tafel (8 + 9) und indirect mit der anderen Stelle. Die Entfernung zwischen Adernach und Bonn beträgt nicht XXII Leugen, wie die Handschrift und Ausgabe lehren, sondern dies ist in XVII zu verbessern, wie die andere Stelle (und die T. P.) zeigt. Die Leugenzahl zwischen Bonn und Cöln ist ausgefallen, aber die Ergänzung XI sicher.

Die Angaben der T. P. und des Itinerars sind also vollständig mit einander im Einklange; wir erhalten für die Strecke Bonn bis Bingen 63 Leugen, nämlich T. P.

    11. 9. 8. 9. 8. 9. 9.
   It. I (11) 17. 17. 18.
   It. II 11. 17. 9. 26.

Dagegen nach dem Steine von Tongern beträgt die Entfernung zwischen Bonn und Bingen nur 60 Leugen, indem hier für Andernach — Coblenz, Boppard — Wesel und Wesel — Bingen je 8 statt 9 Leugen berechnet werden. Man darf nicht etwa durch Correcturen die III. abweichenden Angaben der T. P. und des Itinerars, die sich gegenseitig schützen, mit dem belgischen Verzeichnisse in Einklang bringen. Vielmehr deuten die niedrigeren Zahlen auf eine Strassencorrection hin, welche in späterer Zeit vorgenommen wurde. Dies bestätigen die bei Salzig oberhalb Boppard aufgefundenen Meilensteine: der ältere CIR. n. 1938 aus dem J. 219 oder 220[1]) unter Elagabalus giebt die Entfernung von Mainz auf 29 Leugen an, dies giebt für Boppard 30 Leugen, also genau wie die T. P. und das Itinerar. Der andere Meilenstein, unweit derselben Stelle gefunden, unter Aurelian im J. 271—3 gesetzt[2])

---

[1]) TR. P. III d. i. 220 und COS. (desi)G(n)ato III d. i. Ende 219 enthalten einen Widerspruch, da aber andere Meilensteine in Baden-Baden und Heidelberg (s. Jahrb. LXI, 17) im J. 220 erwähnt sind, wird man sich für dieses Jahr entscheiden.

[2]) CIR. 1939. Aurelian wird einfach *consul* genannt, das Consulat übernahm er zum erstenmale im J. 271, dann 274 zum zweitenmale; dies weist also auf die J. 271—73 hin; und der Stein bezeugt, dass die rheinische Mark bereits wieder Roms Herrschaft anerkannte.

enthält offenbar eine abweichende Angabe A MOC. XXV .., von Klein, Rhein. Mus. XV S. 500 richtig XXVII ergänzt[1]), dies stimmt mit dem Meilensteine von Tongern, wonach für Boppard sich eine Entfernung von 28 L. ergiebt. Diese Strassencorrection fällt also zwischen 219—271/3. Gleichzeitig wird wohl auch die Strecke zwischen Coblenz und Andernach neu regulirt worden sein (8 Leugen, früher 9), dagegen muss die Strasse zwischen Boppard und Coblenz schon früher theilweise umgelegt worden sein (vgl. Schmidt, Jahrb. a. a. O. S. 138 und 168), da alle Quellen 8 Leugen angeben[2]).

Die Zeit dieser Strassencorrection lässt sich nicht näher bestimmen; keinesfalls darf man sie dem Aurelian beilegen, denn der betreffende Meilenstein fällt offenbar in die Anfänge seiner Regierung, war eine Huldigung, die man dem Kaiser darbrachte; zur Ausführung solcher Arbeiten waren die damaligen Zeitläufte wenig geeignet.

Auf der Strecke Bingen — Wesel — Boppard war es wohl kaum möglich, die Route um 2 volle Leugen abzukürzen, wahrscheinlich hat man auch die Strecke Mainz — Bingen rectificirt, so dass die 2 Leugen sich auf die Route Mainz — Boppard vertheilen. Wenn für Mainz — Bingen früher wie später 12 Leugen berechnet wird, so mag nach der Rectification der Strasse der 12. Leugenstein genau bei Bingen gesetzt worden sein, während er früher etwa $^3/_2$ Leugen oberhalb stand.

Schmidt, Jahrb. a. a. O. S. 120 und 138, berechnet die Entfernungen der ganzen Route von Cöln folgendermassen: bis Bonn 11 Leugen, bis Remagen $9^1/_2$ Leugen, bis Andernach 9 Leugen, nach Coblenz längs des Rheines 9 L. (in gerader Richtung 8 Leugen), nach Boppard dem Rheine entlang 9 Leugen (über die Carthause 8 Leugen), nach Oberwesel 9, nach Bingen 9, nach Mainz 12 Leugen.

---

[1]) Der in Boppard selbst gefundene Meilenstein (Jahrb. 50/51 S. 63), wo man irrthümlich den Namen des Septimius Severus ergänzt, gehört einer früheren Periode an, falls I MOG M · P X richtig gelesen ist; dies würde X(XXXV) zu ergänzen sein = 30 L.

[2]) Der den Rhein entlang führenden Strasse gehören die beiden bei Stolzenfels gefundenen Steine an CIR. 1940. 1941. Wenn auf dem einen am Schlusse wirklich LVI zu lesen ist, wie in den Jahrb. 50/51 S. 62 versichert wird, so kann dies die Entfernung von Mainz nach röm. Meilen bezeichnen.

168 Beiträge zur Untersuchung der Heerstrassen am Rhein.

Dem Itinerar des Antoninus und der Peutingerschen Tafel liegt also für diese Route ein älteres Itinerar zu Grunde, welches die zwischen 219/20 und 271/3 auf drei Stationen vorgenommene Correction der Strasse noch nicht kennt, die der Meilenzeiger von Tongern beurkundet: nach dem Charakter der Schriftzüge weist Roulez diesen Stein ungefähr der Mitte des 3. Jahrhunderts zu, also gerade der Epoche, in welcher nach dem Zeugniss der Leugensteine von Salzig jene Correction der Rheinstrasse vorgenommen ward. Doch dürfte dieses Miliarium etwa der Zeit des Diocletian oder seiner Nachfolger angehören, wo Tongern von Belgica abgetrennt und mit der *Germania secunda* verbunden, nächst Cöln die bedeutendste Stadt dieser Provinz war, s. Ammian XV, 11, 7.

Strasse von Cöln nach Vetera.

Die Stationen der Strasse von Cöln nach Vetera sind mit Angabe der Entfernungen auf der Peutingerschen Tafel und ausserdem zweimal im Itinerar des Antoninus verzeichnet.

Tabula Peut.
Agripina.
Novesio XVI
Asciburgia. XIIII
Veteribus. XIII
Colo. Trajana. XL.
Burginatio. V
Arenatio. VI
Nouiomagi. X.

			Itiner. Anton.
p. 254,	3	Bonna	mpm XXII
	4	Colonia Agrippina	leugas . . .
	5	Durnomago	leugas VII, ala.
p. 255,	1	Burungo	leugas V, ala.
	2	Novesio	leugas V, ala.
	3	Gelduba	leugas VIIII, ala.
	4	Calone	leugas VIIII, ala.
	5	Veteris	leugas VII, castra
p. 256,	1		leg. XXX Ulpia.
	2	Burginatio	leugas VI, ala.
	3	Harenatio	leugas X, ala.

Dann in umgekehrter Folge:

p. 369, 5 Harenatio   mpm XXII
p. 370, 1 Burginatio   mpm VI
       2 Colonia Trajana mpm V
       3 Veteribus   mpm I
       4 Calone   mpm XVIII
       5 Novesiae   mpm XVIII
       6 Colonia Agrippina mpm XVI
       7 Bonna   mpm XI.

Ich habe die Peutingersche Tafel vorangestellt, nicht als ob dieselbe Anspruch auf höheres Alter oder auf grössere Glaubwürdigkeit im Vergleich mit dem Itinerar machen dürfte, sondern lediglich weil das hier mitgetheilte Stationenverzeichniss das kürzeste und übersichtlichste ist. Diese Landkarte, deren Alter die Gelehrten bald so bald anders bestimmt haben, ist meiner unmassgeblichen Ansicht nach in der ersten Hälfte des 5. Jahrh. zusammengestellt, als das römische Westreich schon vollständig in der Auflösung begriffen war[1]); somit ist sie mindestens um ein Jahrhundert jünger als das Itinerar[2]). Ebensowenig darf

---

[1]) Man braucht nur einen Blick auf die Karte zu werfen und zu beachten, welche Städte der Verfertiger als die wichtigsten des Reiches auszeichnet, um zu erkennen, dass eben in dieser Epoche die Arbeit ausgeführt wurde. Wenn hier Aquileja als ein Hauptbollwerk des Reiches dargestellt ist, so darf man daraus schliessen, dass noch vor Vernichtung jener Stadt durch Attila und die Hunnen (im J. 452) die Arbeit vollendet war: allerdings lagen damals viele Städte, welche die Karte in herkömmlicher Weise aufzählt, in Schutt und Trümmern, aber der Fall Aquilejas war ein ruchbares Ereigniss, davon musste der Zeichner Kunde haben, und durfte nicht hoffen, sein Publicum zu täuschen, wenn er eine stattliche Feste hinmalte; ist er doch verständig genug, die ehemals blühenden und mächtigen Städte des Westreiches, wie Mailand, Trier, Lyon, Vienna u. s. w. durch keine äussere Zuthat vor den anderen auszuzeichnen. Der Verfertiger der Landkarte hat natürlich verschiedenartige Materialien, ältere und neuere benutzt, darnach lässt sich aber die Zeit der Anfertigung nicht bestimmen. Der Versuch von Philippi (de tab. Peuting. Bonn 1876) das Original der Karte der Zeit von 130—150 n. Chr. zuzuweisen, ist verfehlt.

[2]) Eine ähnliche Arbeit muss der πίναξ des Dionysius gewesen sein, dessen Gebrauch Cassiodor Divin. Lect. 24 den Mönchen mit den Worten anempfiehlt: *Deinde pinacem Dionysii discite breviter comprehensum, ut quod auribus in supra dicto libro* (gemeint ist die Kosmographie des *Julius orator*) *percipitur, paene oculis intuentibus videre possitis.* Der Verfertiger dieses πίναξ ist wohl der durch seinen Ostercyklus und andere Arbeiten bekannte Dionysius, der Zeitgenosse des Cassiodor, dessen litterarische Thätigkeit und Charakter (*Scytha natione, sed moribus omnino Romanus*) kurz vorher div. lect. 23 geschildert werden.

man die Angaben der Tafel für besser verbürgt halten, weil uns hier nicht die Masse abweichender und sich widersprechender Lesarten lästig fällt: denn die Karte ist uns eben nur in einem einzigen Exemplar überliefert; wenn uns vierzig oder mehr Copien, wie von dem Itinerar vorlägen, dann würden wir derselben Verwirrung begegnen; ja wir sind jetzt hier entschieden im Nachtheil, da wir so der Mittel den Text zu controliren entbehren, und uns leicht durch den trügerischen Schein der gesicherten Authentie irre führen lassen.

Die Peutingersche Tafel berechnet von Cöln nach Neuss 16, von Neuss nach Asberg 14, von da nach Vetera 13 Leugen; somit würden 43 Leugen auf die Wegstrecke von Cöln bis Vetera kommen.

Vergleichen wir damit die Angaben des Itinerars, die uns in zwiefacher Fassung vorliegen. An der ersten Stelle sind die Stationen der grossen Militärstrassen von der unteren Donau bis zu den Mündungen des Rheines verzeichnet: diese weite Strecke (*per ripam Pannoniae a Taurino in Gallias ad leg. XXX usque*) wird in vier Abschnitte zerlegt, von Semlin bis Lorch an der Donau, von Lorch bis Augsburg, von Augsburg bis Strassburg, von Strassburg bis zum Lager der 30. Legion, und bei jedem Abschnitte wird, wie üblich, die Gesammtzahl der Meilen angegeben; leider fehlt diese Angabe gerade bei der letzten Route, und wir entbehren so ein wichtiges Hülfsmittel, um die Zahlen der einzelnen Stationen zu controliren. Die Beschreibung der Strecke von Bingen bis Bonn ist durch mehrfache Fehler entstellt, die Namen der Stationen sind versetzt, die Zahlen unrichtig[1]: bis Bonn wird scheinbar nach *millia passuum* gerechnet, von da ab nach Leugen[2], aber diese Rechnung ist auch schon früher angewandt, obwohl der Ausdruck *mpm* zu widersprechen

---

[1] Der Weg von Andernach bis Bonn soll *XXII mpm* betragen, dies ist, wenn nach römischen Meilen gerechnet wird, zu wenig, falls Leugen zu verstehen sind, zu viel: man muss XVII lesen, die Vertauschung des X und V ist ungemein häufig. Gerade soviel Leugen berechnen für diese Strecke der Meilenstein von Tongern, die Tab. Peut. und das Itinerar an einer anderen Stelle S. 371, wo jedoch eine Handschrift XVIII liest.

[2] Die Entfernung zwischen Bonn und Cöln wird nicht vermerkt, die Lücke ist durch *leugas* (*XI*) zu ergänzen, nach Massgabe einer andern Stelle des Itin. S. 370, 7, der Tab. Peut. und des Meilensteines von Tongern, wo (*Bonna*) L. *XI* zu ergänzen ist.

scheint¹). Von Bonn an beginnt das Itinerar nach dem gallischen Wegmasse ⸗die Entfernungen ausdrücklich zu bezeichnen: es sieht aus, als habe der Redactor hier ein anderes Itinerar benutzt, welches speciell diese Strecke der Rheinstrasse beschrieb: die Darstellung, früher ganz summarisch, wird detaillirter, die einzelnen Stationen sind sorgfältig vermerkt, Garnisonsorte werden durchgehends bezeichnet²): in diesem Itinerar war offenbar nur die Leugenrechnung angewandt. Während die Peutingersche Tafel zwischen Cöln und Vetera nur 2 Stationen nennt, sind hier 5 verzeichnet, aber gerade das dort genannte *Asciburgium* fehlt). Die Gesammtzahl der Leugen beträgt 42, nach der Peutingerschen Tafel 43; auffallender ist die Differenz im Einzelnen, hier werden bis Neuss 17, für den Weg bis Vetera 25 L.; dort 16 und 27 gerechnet³).

Bevor ich darauf näher eingehe, will ich an einem evidenten Beispiele nachweisen, in wie verwahrlostem Zustande das Itinerar uns überliefert ist. Bei Vetera hat das Stationenverzeichniss, welches mit Semlin an der Donau beginnt, eigentlich sein Ende erreicht; nichts desto weniger folgen noch zwei weitere Zeilen. Dies scheint zwecklos, es sieht aus, als habe der Redactor des Itinerars, ohne zu bemerken, dass er am Ziele angelangt war, fortgefahren, das ihm vorliegende Itinerar zu copiren; dann hätte er aber schicklicher Weise bei Nymwegen abbrechen oder die Route bis zur Nordsee fortsetzen sollen. Und dass Nymwegen ursprünglich hier genannt war, schliesse ich aus der letzten Zahl *leugas* X, denn das ist eben die Entfernung zwischen Harenatium und Noviomagus, während die Strecke zwischen Burginatium und Harenatium erheblich kürzer ist. Auch ist durch eine Handschrift das Vorhandensein einer Lücke bestätigt, denn F hat hier eine neue Zeile, auf der freilich nichts als *legione* steht. Aber auch vorher ist eine Lücke angezeigt; denn gerade in diesem vollständigen Stationenverzeichniss muss das Fehlen einer bedeutenden Stadt, der *Colonia Trajana* auffallen. Offenbar war

---

¹) Vielleicht waren in dem Itinerar, welches hier copirt ist, die alte und neue Rechnung neben einander gestellt.
²) Zwischen Cöln und Nymwegen werden 7 *alae* aufgezählt; offenbar war die Reiterei des niederrheinischen Heeres in einer gewissen Epoche vorzugsweise in dieser Gegend concentrirt.
³) Die Handschriften weichen einigemal in den Zahlen ab, wie bei Dormagen, Burungum und Vetera: der Werth dieser Abweichungen wird später abzuschätzen sein.

aus einem bestimmten Grunde das Verzeichniss der Stationen, welches bei Vetera eigentlich abschloss, bis Nymwegen fortgeführt, und zwar unter einer besonderen Ueberschrift:

Item a Veteribus Noviomagum	leugas XXI(I)
Colonia Ulpia Trajana	leug I
Burginatio	leugas V ala
Harenatio	leugas VI ala
Noviomago	leugas X legio.

Dass hier ein neuer Abschnitt angefügt und in der Ueberschrift die Meilenzahl der folgenden Strecke genannt war, wird durch eine Randbemerkung der wichtigen Hdsch. L bestätigt: freilich ist nur noch ℞ zu lesen, aber daraus ergiebt sich, dass die hier genannte Summe mit der Meilenzahl der einzelnen Stationen nicht stimmte: denn nur auf die Controle der Zahlen in den Ueberschriften beschränkt sich diese Revision; siehe darüber den Anhang[1]). Im Uebrigen ist die Herstellung des Textes hinlänglich gesichert. Die Zahlen für die einzelnen Stationen stehen fest durch das übereinstimmende Zeugniss des Itinerars S. 370 und der Tab. Peut., nämlich leug. I Itin.[2]), V Itin. T. P., VI Itin. T. P., X T. P. Auch entsprechen diese Angaben den wirklichen Entfernungen; Schmidt a. a. O. S. 120 rechnet von Nymwegen bis Cleve 10½, von Cleve bis auf den Born 6½, von Born bis Xanten 5, von Xanten bis auf den Fürstenberg 1 Leuge; dies macht 23 Leugen, während die Stationenverzeichnisse nur 22 L. haben, indem die Bruchtheile nicht mit gerechnet wurden.

---

[1]) Nun hat auch die Z. 5 ganz ungehörige Zahl XXI ihre Stelle gefunden; denn so war geschrieben, aber die Revision bemerkte richtig, dass dies nicht mit den nachfolgenden Einzelzahlen stimmt. Der Nachrechnende schrieb ℞ (*una superest*), d. h. er erhielt beim Zusammenaddiren XXII, dies ist die wahre Entfernung zwischen Vetera und Noviomagus. Die Colonie war mit dem Doppelnamen *Ulpia Trajana* bezeichnet; da die XXX. Legion gleichfalls den Beinamen *Ulpia* führt (denn man muss *Ulpiae* lesen), konnte diese Zeile leicht ausfallen; vielleicht ist der Zuname der Legion zu streichen, denn die Stellung der Worte nach den meisten Handschriften *castra ulpia leg.* XXX scheint darauf hinzuweisen, dass *Ulpia* nur irrthümlich hier eingedrungen ist.

[2]) Die Varianten zu *Colonia Traiana* mpm *V*, *Veteribus* mpm *I* bestätigen die Zahl I, welche zwar nur P hat, aber ∞ in L ist bekanntlich = 1000 und bezeichnet hier eben eine Meile, CC in D ist nur verschrieben für C Ↄ.

Noviomagus war als Standquartier einer Legion bezeichnet[1]), und zahlreiche inschriftliche Denkmäler beweisen, dass der Schutz dieses wichtigen Waffenplatzes Legionssoldaten anvertraut war: die *legio X gemina* muss längere Zeit hier ihr Hauptquartier gehabt haben; ausserdem finden sich Ziegelstempel, um unsichere zu übergehen, von der V., VI. und XXII. Legion, desgl. von der leg. I Minervia (aus dem Anfang des 3. Jahrh., wie der Zuname *Antoniniana* beweist). Ebenso fehlen nicht Erinnerungen an die XXX. Legion: ein datirtes Denkmal weist auf das J. 185 (CIR. n. 101), Ziegelstempel mit dem Zunamen *Antoniniana* auf die J. 211—222 hin. Wenn schon in dieser Epoche regelmässig nur eine Abtheilung von Legionssoldaten in Nymwegen stationirt sein konnte, so mag doch zeitweise auch das Hauptquartier einer Legion hierher verlegt worden sein: wenn unter der Regierung des Caracalla oder Elagabalus die XXX. Legion eine Zeit lang in Nymwegen stand, dann konnte man bei einer Revision dieser Route füglich mit Rücksicht auf die damalige Dislocation der Truppen diesen Abschnitt hinzufügen, und der Redactor des Itinerars hätte seine Vorlage nur getreu copirt; aber er kann auch unter Benutzung eines gleichzeitigen Stationenverzeichnisses das ältere vervollständigt haben: dann sind diese Angaben auf Diocletian zu beziehen, vergl. oben S. 147 ff. Die hier genannte Legion, unzweifelhaft die XXX.[2]), konnte recht wohl eben in dieser Epoche in Nymwegen cantoniren.

Wir stossen also überall auf Widersprüche und Schwierigkeiten; wenn ich hoffe, dass es mir gelingt, dieselben wenigstens theilweise zu beseitigen, so bemerke ich doch gleich im Voraus, dass nur auf Grund einer genauen örtlichen Untersuchung diese Fragen endgültig entschieden werden können.

Für die Wegstrecke von Cöln nach Neuss berechnet das Itinerar an der zweiten Stelle XVI Leugen übereinstimmend mit der Peutingerschen Karte, an der ersten Stelle ergiebt sich, wenn man die Entfernungen der einzelnen Stationen zusammenrechnet, XVII Leugen. Aber die Entfernung von Cöln bis Dor-

---

[1]) Daher hat sich noch in F *legione* erhalten, und wenn P hinter *leugas* X den Zusatz der andern Handschrift *ala* auslässt, so liegt auch darin eine Spur des richtigen.

[2]) Auf Ziegeln von Nymwegen findet sich ausserdem noch eine *legio transrhenana*, von der sich auch anderwärts Spuren am Niederrhein erhalten haben.

magen ist mit VII Leugen zu niedrig angegeben, es ist VIII zu corrigiren, und dies bestätigt die gute Handschrift P, in welcher sich *leugas VII i ala*, also deutlich *VIII ala* findet. Dann würden wir für die ganze Strecke XVIII Leugen erhalten, diese Zahl ist entschieden zu hoch; ausserdem stimmen die Angaben von je 5 Leugen für Dormagen — Buruncum und Buruncum — Neuss nicht mit der Wirklichkeit[1]), die erste Station wird etwa 2, die andere 6 Leugen betragen; wollte man demgemäss die Zahlen abändern, so würde man auch hier XVI Leugen erhalten und es wäre vollkommene Uebereinstimmung der drer Zeugnisse gewonnen.

Allein bei dem Strassenzuge, wie er hier verzeichnet ist, muss es befremden, dass der Weg nicht direct von Dormagen nach Neuss geführt wird, sondern seitwärts nach Buruncum ablenkt: wollte man Buruncum berühren, dann bleibt eigentlich Dormagen abseits liegen. Man wird eben zwei Routen unterscheiden müssen, die eine unmittelbar dem Laufe des Rheines folgend, führte über Buruncum nach Neuss, diese wird die ältere Strasse sein, die andere, etwas kürzere, ging über Dormagen direct nach Neuss und wird später angelegt sein. Im Itinerar waren an der ersten Stelle beide Routen als Parallelstrassen verzeichnet, und nur die Nachlässigkeit des Copisten hat Verwirrung gestiftet, indem der die Stationen beider Routen zu einer Strasse vereinigte.

Im Itinerar wird ursprünglich diese Strecke wie folgt verzeichnet gewesen sein:

Colonia Agrippina leugas . . .
Durnomago leugas VIII ala
Novesio leugas VII ala.

Es sind von Dormagen bis Neuss nicht volle 7 Leugen, aber man wird rund gerechnet haben (und P liest VII statt V), so

---

[1]) Eine gute Handschrift (P) hat für die Strecke Dormagen bis Buruncum sogar VII statt V, allein dies darf man schwerlich für die Correctur II verwerthen, da die Handschrift hier entschieden fehlerhaft ist, indem sie überall die gleiche Zahl VII bietet, und ausserdem die Stationen umstellt:

Dornomago leg VII ala
Gerduba leg VII ala
Burunco leg VII ala
Novaesio leg VII ala.

dass XV Leugen auf diese Route kommen. Die Beschreibung der anderen Strecke schloss sich daran:

item Burunco X ala
Novesio VI ala

Bei Burunco habe ich die überlieferte Zahl V in X verwandelt (s. oben S. 163), VI Leugen beträgt die Entfernung von Buruncum bis Neuss. Auf diese Route kommen also XVI Leugen, sie ist an der zweiten Stelle des Itinerars und in der Peutingerschen Karte verzeichnet. Zwischen Cöln und Buruncum gab es vielleicht noch eine Station, welche im Itinerar übergangen ist, Woringen, wo man früher meist Buruncum gesucht hat und daher auch im Itinerar die Station Buruncum vor Durnomagus zu setzen vorschlug. Der alte Name des Ortes *Secorigium* oder *Seyorigium* wird bezeugt durch die Inschrift CIR. 306, wo die *Vicani Secorigienses* einer Göttin einen Altar weihen[1]).

Auch für die Strecke Neuss — Xanten wird man einen zweifachen Strassenzug annehmen müssen: die eine Strasse folgte mehr oder minder dem Laufe des Rheines, sie ist in der Peutingerschen Karte mit der Station *Asciburgium* ungefähr halbwegs verzeichnet, dies ist die ältere Strasse, in Asciburgium stand im 1. Jahrhundert eine *ala* als Garnison[2]). Die andere, offenbar etwas kürzere Strasse wird auf der erstern und dann wieder auf der letztern Strecke mit dem ältern Wege zusammengefallen sein, sie schnitt hauptsächlich die Krümmung in der Mitte ab und berührte daher Asciburgium nicht. Diese Strasse ist im Itinerar an beiden Stellen verzeichnet, obwohl die Angaben unter sich nicht stimmen, denn das erstemal werden Gelduba und Calo als

---

[1]) Das natürliche ist, dass die Bewohner des Ortes, wo der Denkstein gefunden wurde, den Altar gestiftet haben, obwohl es auch vorkommt, dass Angehörige einer fremden Gemeinde sich zu einem Weihgeschenk u. dergl. vereinigen, wie die *cives Remi* in Rindern dem Mars Camulus einen Tempel errichten (s. CIR. 164). DEAE · REG · darf man nicht auf die *Juno Regina* beziehen, es ist der Name einer einheimischen Göttin, vielleicht *Riga*, vergl. die englische Inschrift n. 1072 (am Grenzwall gefunden), wo Soldaten der 2. Tongrischen Cohorte aus dem Pagus Vellavus der *dea Ricagambeda* einen Altar stiften.

[2]) Tacit. Hist. IV, 33 *hiberna alae Asciburgii sita*. Vergl. auch die bekannte Stelle in der Germania c. 3, wo Asciburgium, *quod in Rheni ripa situm hodieque incolitur* (Tacitus kennt unzweifelhaft den Ort aus eigener Anschauung) der Sage nach als Gründung des Odysseus bezeichnet wird.

Stationen genannt, das anderemal nur Calo: das Uebergehen einer Station hat nichts auffallendes, mehr Schwierigkeiten bereiten die Differenzen hinsichtlich der Zahlen. Gelduba soll IX Leugen von Neuss entfernt sein, dies ist entschieden irrig, auch lesen statt VIIII zwei Handschriften (FG) V, eine (P) VII, und dies ist die zutreffende Zahl. Die Entfernung von Gelduba bis Calo wird auf 9, von Calo bis Vetera auf 7 Leugen angegeben[1]). Sind diese Zahlen richtig überliefert, so erhalten wir für die Strecke Neuss bis Xanten XXIII Leugen, also für die kürzere Strasse von Cöln nach Xanten XXXVIII Leugen.

In der zweiten Stelle des Itinerars wird die Entfernung von Neuss nach Calo auf XVIII, von Calo nach Vetera ebenfalls auf XVIII (eine Handschrift (D) hat XVIIII) mpm. angegeben, also für die ganze Strecke auf 36 (37); wären dies wirklich römische Meilen (= 24 Leugen), so würde dies ziemlich stimmen, aber es wird hier durchgehends nach dem gallischen Wegmasse gerechnet[2]): ausserdem würde Calo dann halbwegs liegen, was mit den Angaben der ersten Stelle unvereinbar ist: Die Zahlen sind also unrichtig überliefert, doch wage ich nicht, sie ohne Weiteres nach Massgabe der ersten Stelle in XVI und VII zu verändern: denn es gilt erst die Stelle der Station Calo zu ermitteln: nicht einmal der Name steht fest, da an der ersten Stelle ein Theil der Handschriften *colone*, an der zweiten C *callone*, D *coloniae* (d. i. *colone*) lesen[3]).

Ausser dem Itinerar und der Peutingerschen Karte ist uns glücklicherweise nun ein sehr bestimmtes und vollkommen glaubwürdiges Zeugniss über die Wegstrecke von Cöln nach Vetera erhalten, was um so mehr geprüft werden muss, je weniger es bisher Beachtung gefunden hat.

Nachdem Tacitus im Eingange seiner Annalen erzählt hatte, wie Germanicus die beiden Legionen in Cöln zur Pflicht zurückbrachte, schildert er die Anstalten, welche der Feldherr traf, um den Aufstand der beiden anderen Legionen in Vetera, welche in ihrer unbotmässigen Haltung verharrten, mit Gewalt niederzuschlagen: „*sic compositis praesentibus haud minor moles super-*

---

[1]) So die Handschrift P.

[2]) Dass 36 Leugen für diese Strecke viel zu hoch ist, ward schon oben erinnert.

[3]) Gewöhnlich verlegt man Calo wegen scheinbarer Aehnlichkeit des Namens nach Kahlenhausen, dies ist meiner Ansicht nach durchaus unstatthaft, wobei ich übrigens darauf, dass bisher sich dort keine Spuren römischer Niederlassungen gefunden haben, kein Gewicht lege.

erat ob ferociam quintae et unetvicesimae legionum sexagesimum apud lapidem (loco Vetera nomen est) hibernantium (Annal. I, 45). Von der Hauptstadt der Provinz, also hier von Cöln aus, wird die Entfernung berechnet. In Cöln war ein *miliarium* aufgestellt[1]), auf welchem sämmtliche Strassen der Provinz mit ihren Stationen und Entfernungen verzeichnet waren[2]).

Tacitus, der offenbar die Verhältnisse am Niederrhein aus eigener Anschauung genau kennt, ist ein vollgültiger Zeuge. Der Ausdruck *sexagesimum apud lapidem* ist nicht eine runde Zahl, um ungefähr die Entfernung zu bezeichnen[3]), sondern besagt so bestimmt als möglich, dass der sechzigste Meilenstein, von Cöln aus gerechnet, unmittelbar vor den Thoren der *castra vetera* stand.

Zu erwünschter Bestätigung dient die Peutingersche Tafel mit der neben Vetera geschriebenen Zahl XL. Man meint, damit solle die Entfernung zwischen Vetera und der Colonia Trajana bezeichnet werden; da aber diese Orte höchstens 1500 Schritt von einander liegen, will Schmidt (a. a. O.) die Zahl XL in I verwandeln. Dies gewaltsame Verfahren wird nicht leicht einer gutheissen. Denn es wäre ein seltsames Spiel des Zufalles, wenn die XL leugae der Landkarte, worin Schmidt einen blossen Schreibfehler findet, ganz genau den LX mp. bei Tacitus entsprechen. Allerdings gehört eine solche Angabe über die Länge einer grossen Wegstrecke nicht in die Landkarte, welche nur die Masse der einzelnen Stationen verzeichnet, sondern in das Itinerar[4]). Wahrscheinlich hat einer, dem ein Itinerar zur Hand war, auf seinem Exemplar der Karte die Zahl XL beigeschrieben,

---

[1]) Eine solche Einrichtung wird in keiner grossen Provinzialstadt gefehlt haben. Die Reste der Aufschrift des Meilensteins von Tongern sind oben verwerthet worden.

[2]) Im Jahr 14 n. Chr. mag dies miliarium noch nicht existirt haben, wohl aber, seitdem beide Germanien selbständige Provinzen waren. Nicht zutreffend ist Nipperdeys Bemerkung: „Die Entfernung wird natürlich vom Aufenthaltsorte des Germanicus gerechnet, nach welcher Richtung zeigt das Folgende."

[3]) Wenn Ammianus Marc. XVI, 12, 69 vom Constantius sagt: *ab Argentorato cum pugnaretur mansione quadragesima disparatus*, so mag dies als runde Zahl gelten: zwischen Mailand und Strassburg kennt das Itinerar S. 346 ff. und auf einer andern Route S. 350 etwa 25 Stationen, doch sind hier manche übergangen.

[4]) Anderer Art ist der Fall, wenn die Tab. Peut. von Nikopolis in Epirus nach Larissa in Thessalien eine gerade Linie zieht und ohne eine Station zu nennen *milia LXX* (?) beifügt.

ein späterer Copist dieses Exemplars hielt dies für eine Correctur der Zahl I, womit die Entfernung zwischen Vetera und Colonia Trajana bezeichnet war¹), und glaubte seine Sache recht geschickt zu machen, indem er der Zahl XL gemäss beide Orte durch den ganz unverhältnissmässigen Raum trennte, den wir auf der Peutingerschen Tafel wahrnehmen²).

Diese Masse entsprechen aber auch genau den wirklichen Verhältnissen: nach einer mir von Hrn. v. Veith gütigst mitgetheilten Berechnung beträgt die Entfernung

von Cöln nach Neuss 24500 röm. Schr. 24 mill. = XVI Leugen
von Neuss nach Asberg 18000 „ 18 „ = XII „
von Asberg nach Birten 17500 „ 18 „ = XII „
60000 röm. Schr. 60 mill. = XL Leugen.

Im Einzelnen ist gerade auf dieser Route noch Manches problematisch und bedarf einer sorgfältigen Untersuchung, die ich Anderen überlassen muss³).

Anhang.
Zur Kritik der Zahlenangaben des Itinerars.

Das Itinerar ist für jede Untersuchung auf dem Gebiete der alten Geographie eines der wichtigsten und unentbehrlichsten Hülfsmittel, sofern man davon den rechten Gebrauch zu machen versteht; dazu ist Einsicht in die Geschichte der Ueberlieferung des Textes erforderlich. Gerade bei Schriften, wie die vorliegende, welche nur aus Ortsnamen und Zahlen besteht, steigern sich die Schwierigkeiten für die Handhabung der Kritik: mit den allgemeinen Regeln kommt man hier, wo die Verhältnisse complicirter Art sind, nicht aus. Es gilt die rechte Methode zu finden, welche für den besondern Fall angemessen ist. Wenn

---

[1]) Vielleicht war auch die Entfernung als zu geringfügig gar nicht verzeichnet.

[2]) Doch kann auch der unwissende Kartograph dies verschuldet haben.

[3]) Schmidt S. 120 berechnet für diese Strecke 42 (42½) bis 45½ Leugen, „vom Fürstenberge bis auf das Borgfeld bei Asberg 12½ Leugen, vom Borgfelde bis Neuss 13½ Leugen, und wenn die Krümmungen mit gerechnet werden, wohl 14 Leugen: von Neuss bis Cöln auf dem geraden Wege 16 Leugen, auf dem Steinwege und über Buruncum aber 19½ Leugen." Ich mache darauf aufmerksam, dass gerade für diese Strecke die Angaben nur zwischen 16 und 17 Leugen schwanken.

dies gelingt, ist vergeblichen Versuchen und willkürlichen Einfällen für die Zukunft gesteuert.

Die Handschrift L in Wien, aus dem 8. Jahrhundert, ist nicht nur die älteste, sondern auch eine der vorzüglichsten von den zahlreichen Abschriften des Itinerars (wir kennen derer mehr als vierzig). Die Handschrift B in Paris, früher im Besitz von Conrad Celtes, steht jener an Alter nicht viel nach, man weist dieselbe dem Ende des 8. Jahrhunderts zu. Beide Handschriften sind offenbar in Deutschland nach älteren Copien gleichfalls deutscher Herkunft gefertigt. Dies beweist die Art, wie regelmässig in den Randbemerkungen, welche diesen beiden Handschriften eigenthümlich sind, das Wegmass bezeichnet wird: denn gleichviel, ob im Itinerar die Entfernung nach römischen Meilen, *mille passus*, oder nach gallischen Leugen bestimmt wird, der Klosterbruder, der die Mühe nicht scheute, die Angaben des Itinerars über die Entfernungen der Hauptorte durch Zusammenrechnung der einzelnen Posten zu controliren, bezeichnet das Mehr oder Weniger regelmässig mit ℞ *hic XXXI supersunt* oder ℞ *XI minus sunt*, einmal S. 372, 3 ℞ *una minus*. ℞ kann nichts anderes sein als die germanische *Rasta*[1]), Hieronymus bemerkt in seinem Commentar zum Joel c. 3: *nec mirum si una quaeque gens viarum spatia suis appellat nominibus, cum et Latini mille passus vocent, Galli leucas, Persae parasangas, et rastas universa Germania*. In Germanien, wo jene beiden Handschriften oder vielmehr die noch älteren Codices, deren Copien LB sind, mit Randbemerkungen ausgestattet wurden, war *Rasta* das übliche allein bekannte Wegmass, jene Schreiber gebrauchen

---

[1]) ℞ ist allerdings nur bekannt als Abbreviatur für *ratio*, s. die *notae Lugd.* in Keils Gramm. Lat. IV, 280 B 13 oder für *res*, s. die notae Lindenbrog. ebd. IV, 299 B 10. Gleichwohl darf man hier die Sigla nicht in dem Sinne von *ratio* = Berechnung fassen: es wäre ziemlich überflüssig gewesen, dies den einzelnen Randbemerkungen vorauszuschicken; ferner steht ℞ nicht immer voran, sondern wir lesen auch S. 231, 11 in B *hic* ℞ *V supersunt*, desgl. 302, 2. 431, 9, wo *ratio* sinnwidrig wäre; man verlangt hier nothwendig den Namen eines Wegmasses; ganz entscheidend ist 356, 6, wo B *hic* ℞ *minus est*, denn hier wird das Zahlzeichen ausgelassen, weil der Singular des Subst. *rasta* genügte; dasselbe ist zu dieser Stelle in L durch ℞ *I min* ausgedrückt, und ausgeschrieben 372, 3 ℞ *una minus* gleichfalls in L. Ebenso 284, 8 und 478, 6 in B ℞ *superest*, ohne Zahlzeichen, denn die Differenz beträgt nur 1 Meile, s. 479, 5. Dagegen S. 289, 5 ℞ *fal* bedeutet *ratio falsa*, aber diese Randbemerkung in L ist von zweiter Hand hinzugesetzt.

daher den Ausdruck gleichmässig von den römischen MP wie der gallischen Leuga, obwohl die Rasta das doppelte des gallischen, das dreifache des römischen Wegmasses beträgt (Schriften der röm. Feldmesser I. S. 373: *octo stadia miliarium reddunt, mille passus habentem: miliarius et dimidius apud Gallos leucam facit, habentem passus mille quingentos: duae leucae sive miliarii tres apud Germanos unam rastam efficiunt*). Gerade so ist die französische *liace* zwar etymologisch identisch mit der keltischen *leuga*, hat aber den Werth der germanischen *Rasta*, was eben dem Einflusse der fränkischen Eroberer zuzuschreiben ist[1]).

Im Itinerar des Antoninus wird bei jeder einzelnen Route gleich in der Ueberschrift die Gesammtzahl der Meilen angegeben, diese Einrichtung ist zweckmässiger als die anderwärts (z. B. in den drei Exemplaren eines Itinerars für die Route von Gades nach Rom, s. Orelli-Henzen n. 5210) nachweisbare Methode, am Schluss die Summe der Meilen zu verzeichnen. Da Zahlen am häufigsten durch Versehen der Abschreiber entstellt zu werden pflegen, so hat man frühzeitig im Itinerar des Antoninus bei jeder Route die Meilen der einzelnen Stationen zusammengezählt und, wenn sich eine Abweichung von der in der Ueberschrift genannten Summe ergab, dies am Rande der Handschrift bemerkt. Wer immer diesem mühsamen Geschäfte sich unterzog, wird auch sorgfältig und gewissenhaft die Controle von Anfang bis zu Ende durchgeführt haben. Wenn jetzt diese Bemerkungen nicht gleichmässig vertheilt erscheinen, im Anfange seltener vorkommen, von der Mitte an immer häufiger werden, so hat dies nichts auffallendes. Die Erfahrung lehrt, dass die Abschreiber anfangs ihre Vorlage meist sorgfältig copiren, während später, besonders gegen das Ende, Abweichungen und Schreibfehler zunehmen. Daher wird auch jene Controle in den Handschriften des Itinerars in der zweiten Hälfte weit mehr Differenzen als in der ersten Hälfte vorgefunden haben. Dazu kommt, dass uns diese Randbemerkungen nicht im Original, sondern, wie ich

---

[1]) Von der Verschiedenheit dieser Masse hatten die Schreiber schwerlich Kenntniss; wenn S. 356, 6 bei der Leugenzahl in B bemerkt wird *hic ℞ minus est*, so bezieht sich dies nicht etwa auf die dort vorliegende Nebeneinanderstellung von MP und Leugen, sondern der Schreiber will sagen, die einzelnen Posten ergeben eine Leuge weniger als die Gesammtzahl; nämlich S. 363, 2 war in der Grundhandschrift von B gerade so wie ursprünglich in L nicht XXVI, sondern XXV geschrieben.

gleich zeigen werde, nur in Abschriften vorliegen und daher schwerlich vollständig überliefert sind. Manche Bemerkungen sind verstümmelt, z. B. S. 241, 3 in B ℞ *hic*, und 241, 6 in derselben Handschrift ℞; andere Bemerkungen werden von den Abschreibern ganz fortgelassen sein, daher öfter nur eine der beiden Handschriften LB eine solche Notiz bietet. Doch darf man nicht ohne Weiteres überall, wo nach dem Text unserer Ausgaben eine Differenz zwischen der in der Ueberschrift verzeichneten Summe und den Zahlen der einzelnen Stationen sich herausstellt, den Ausfall einer Randbemerkung annehmen, weil öfter der Controlirende in dem ihm vorliegenden Texte keinen Anlass zu einer Bemerkung finden mochte[1]).

Die beiden Handschriften L und B stehen in keinem näheren Verhältniss zu einander: B ist keine Copie von L, und ebenso wenig sind LB aus einem älteren, nicht mehr vorhandenen Codex abgeschrieben. Diese Unabhängigkeit beschränkt sich nicht auf den Text des Itinerars, sondern erstreckt sich gleichmässig auch auf die Randbemerkungen. Wir müssen daher annehmen, dass zweimal von Verschiedenen eine durchgängige Controle der in den Ueberschriften der Reiserouten verzeichneten Meilenzahl angestellt wurde: das Ergebniss der einen Berechnung ist uns durch die Handschrift L, das der andern durch B erhalten. Hier und da finden sich auch in anderen Handschriften Spuren solcher Controle[2]).

---

[1]) So wird S. 178, 7 der Weg von Sebastia über Caesarea nach Cocusos auf 257 Meilen angegeben, während die Berechnung nach dem Texte der neuesten Ausgabe nur 255 MP ergibt; allein L (corr.) B lesen mit der Mehrzahl der Hdschr. in der Ueberschrift CCLVIII, und diese Zahl stimmt, da BL bei Artaxata XXVII (nicht XXIIII) verzeichnen. Allerdings giebt L nach der Lesart von erster Hand nur 256 Meilen, da S. 178, 7 und 179, 3 je eine Meile fehlt, welche erst der Corrector hinzugesetzt hat: aber diese Correcturen stellen hier wie anderwärts den ursprünglichen Text des L her.

[2]) So in der jungen Wolfenbütteler Hdschr. K S. 44, 4 *hic II sunt super* übereinstimmend mit LB, in der Pariser Hdschr. (von zweiter Hand) S. 48, 10 ℞ *II sunt super* übereinstimmend mit B und wohl daher entlehnt. In der Florentiner Hdschr R S. 272, 9 *supersunt mp*, die Zahl fehlt, wohl IIII wie in BL. Bemerkenswerth ist, dass dieselbe Hdschr. 162, 5 bei einer Route in Aegypten *hic S̄ XI minus* notirt, während BL ℞ *XI minus sunt* haben: er nahm also, was Beachtung verdient, die MP für griechische Stadien. Und darauf geht offenbar auch die wunderlich entstellte Ueberschrift im Pariser D S. 163, 2 **S. TAMEN MINVS.**

Natürlich stimmen beide Handschriften in der Angabe einer Differenz häufig überein, z. B. S. 44, 4 in der richtigen Bemerkung *hic II sunt super*. S. 54, 9 notiren beide ein Minus von III mp., nämlich S. 55, 4 lesen BL XIII statt XVI, folglich kann S. 55, 1 in der Handschrift, deren Copie B ist, nicht XXX, sondern XXXVI wie in L gestanden haben: XXX ist ein Fehler, den lediglich der Schreiber von B verschuldet hat. — S. 78, 5 verzeichnen beide ein Minus von XX mp., mit welchem Recht, ist jedoch nicht zu erkennen: denn in den Einzelposten von LB stellt sich zwar ein Minus von 17 heraus, dies wird aber durch ein *Plus*, S. 80, 1, auf 7 reducirt; in der Ueberschrift dieser sardinischen Route zeigt sich ein auffallendes Schwanken der handschriftlichen Ueberlieferung, da die Differenz meist 20 beträgt, wird man darin die Thätigkeit der Correctoren erkennen: in allen solchen Fällen hängt die Entscheidung von einer speciellen topographischen Untersuchung ab. S. 232, 2 wird ein Minus von 39 mp. (*leugas*) auf der Route von Windisch über Strassburg und Metz nach Trier in LB angegeben; auch die Erklärung dieser Differenz ist misslich, da diese Handschriften zwar bei einem Posten 20 statt 38 geben, aber nicht einmal unter sich stimmen, denn eine Station mit 12 mp., unmittelbar vor Trier ist nur in L, nicht in B angegeben. — S. 302, 1 ist in beiden Handschriften auf der Strasse von Rom nach Benevent ein Ueberschuss von 1 Meile bemerkt, dies erklärt sich daraus, dass LB S. 304, 3 XXVI statt XXV m. p. haben: wenn daher B S. 304, 2 XVI statt XVII giebt, so ist dies nur ein Schreibfehler: L hat von erster Hand in der Ueberschrift CLXXXVIIII, dann wäre die Differenz beseitigt, und eben zu diesem Zwecke kann I mp. hinzugefügt sein, was dann der Corrector wieder entfernt hat. — Wenn S. 346, 11 an der Hauptsumme 577 ein Minus von 68 gefunden wird, so lässt sich dies Deficit wenigstens zum grossen Theile nachweisen; denn LB lassen zwei Zeilen, S. 347, 12 mit XXV mp. und S. 349, 2 mit XII mp., ausserdem S. 347, 9 1 Meile, S. 349, 3 7 Meilen, also zusammen 45 Meilen aus, so dass noch immer ein erheblicher Rest bleibt und irgendwo noch ein oder der andere Fehler sich verbergen wird: z. B. die Strecke zwischen Nyon (*Equestribus*) und Lausanne (*lacu Lausanio*) ist mit XX mp. jedenfalls zu kurz gemessen, aber die Variante XXX giebt wieder zu viel. — S. 431, 9 wird ein Minus von II mp. vermerkt, dies wird sich auf S. 431, 10 (XXIII statt XXIV) und S. 431, 11 (wo XVII im B offenbar nur Schreibfehler st. XXVII

Beiträge zur Untersuchung der Heerstrassen am Rhein. 183

ist) beziehen; S. 432, 2 kommt B mit XXI nicht in Betracht, auch dies ist nur für XXII verschrieben.

Aber nicht minder zahlreich und erheblich sind die Differenzen, und diese eben sind für die Frage, ob zwei verschiedene Berechnungen oder nur eine in zwei Copien vorliegt, entscheidend. Aus den Abweichungen ergiebt sich die Verschiedenheit des Textes zur Genüge. Ein evidentes Beispiel habe ich oben S. 159 ff. besprochen, ich füge hier noch einige hinzu. S. 29, 6 vermerkt B ein Plus von 10, L von 11, gleich nachher der eine 3, der andere 4. S. 48, 10 B 2 Plus, L 1 Plus (nämlich S. 49, 3 liest B XXVII statt XXVI, S. 49, 1 und 8 haben beide 1 mehr, und stimmen wohl auch in der Summe 309 überein). S. 90, 7 B plus 19, L plus 10, diese Differenz erklärt sich daraus, dass B eine Seitenstrasse, S. 92, 5, von 9 Meilen mitrechnet, welche L richtig übergeht. S. 231, 11 B 5 plus, L 4 plus. S. 258, 3 B plus 1, L plus 11 (wahrscheinlich las der Rechner von B in seiner Handschrift, S. 258, 11, XXVII statt XXXVII. S. 308, 5 hat B 11, L 10 Plus: nämlich beide Handschriften haben 310, 4 die Zahl 24 statt 14, B ausserdem 310, 1 die Zahl 17 statt 16 (auch die 2. Hand in L stellt 17 her). S. 339, 8 B plus 31, L plus 16 (es betrifft diese Differenz die wichtige Strasse über die Cottischen Alpen, wo jetzt die drei Itinerarien von Vicarello zur Vergleichung vorliegen). S. 350, 5 hat B ein minus von 11, L nur 1 (nämlich B liest S. 354 VI statt XVI), S. 351 hat L XII statt XIII, und XII scheint auch der Rechner des B vorgefunden zu haben. — S. 409, 1 hat B 1 minus, L 1 plus. S. 418, 7 B 3 plus, L 4 plus, S. 433, 3 B 5 plus, L 24 minus. S. 461, 3 B 1 minus, L 14 minus (nämlich in L ist S. 461, 5 eine Station mit 13 Meilen ausgefallen. Eben weil jeder Rechner einen anderen Text vor sich hatte, finden wir öfter in der einen Handschrift eine Randbemerkung, wozu in der andern kein Anlass vorlag. S. 52, 2 hat L 20 minus, nämlich in der Ueberschrift war die Summe durch einen Schreibfehler (CCX statt CXC) zu hoch angegeben; S. 53, 5 hat L wieder 25 minus, weil S. 54, 7 eine Station von ebenso viel Meilen übersprungen war.

Diese durchgehende Revision der Zahlen in den Summarien rührt nicht etwa von den Schreibern der Handschriften BL her, sondern diese haben nur die Randbemerkungen copirt, welche ein jeder in dem ihm vorliegenden Exemplare vorfand: denn diese Notizen setzen zum Theil einen von B oder L abweichenden Text voraus. So hat S. 281, 2 L von erster Hand die Zahl 217, welche mit den Einzelposten genau stimmt, in BL wird *I super* notirt, nämlich die beiden Rechner fanden 216 vor, wie B und alle übrigen Handschriften lesen. Diese Revision der Summarien reicht also höher hinauf und ist vielleicht durch die Hände mehrerer Schreiber fortgepflanzt worden, bevor im 8. Jahrhundert die noch vorhandenen Copien angefertigt wurden. Für die Geschichte der Ueberlieferung des Textes sind daher diese Randbemerkungen von besonderem Interesse, durch sie lernen wir die Gestalt des Textes aus der Zeit kennen, welche vor unseren ältesten Abschriften liegt. Wenn S. 241, 6 in allen Handschriften die Gesammtzahl der Meilen normirt wird und B am Rande ein ℞ hat, so beweist dies, dass im Archetypon von B das Summarium noch vorhanden war, und der Rechner ein Plus oder Minus am Rande bemerkt: aber schon in der Abschrift, welche der Schreiber von B copirte, fehlte das Summarium, die Notiz am Rande war daher zwecklos, und der Schreiber unterliess es, sie vollständig zu copiren[1]).

In L finden sich in den Summarien nicht selten Correcturen, welche mit dem Ergebnisse der Rechner übereinstimmen, z. B. S. 317, 7 liest L 60 (LX), der Rechner bemerkt ℞ *X sup.*, der Corrector tilgt X, desgl. S. 215, 14. 368, 4. 413, 1[2]). Allein dieser Corrector berichtigt auch Angaben der Summarien, wo keine Notiz der Rechner vorliegt, wie S. 25, 1, oder auch die Randbemerkung anders lautete wie S. 57, 9; hier wird DCCCLXXVIII in DCCCII verbessert, während der Rechner ℞ *XVIIII super* vermerkt; ferner S. 289, 5 verändert der Corrector die Zahl 759 in 793, wo der Rechner sich begnügt auf einen Irrthum in der Rechnung aufmerksam zu machen. Dann berichtigt der Corrector auch Zahlen der einzelnen Stationen, die der Rechner bei seiner Controle hinnahm wie er sie vorfand, z. B. 215, 2 wird XII in XXII verändert[3]), S. 371, 4 XXXIIII statt XXIIII,

---

[1]) Kurz vorher S. 241, 3 findet sich gleichfalls die unvollständige Notiz ℞ *hic*, während L 44 minus hat. Dies ist entweder eine Fahrlässigkeit des Schreibers von B, oder er bemerkte, dass die Notiz zu dem vorliegenden Texte nicht passte und liess dieselbe fort.

[2]) Bemerkenswerth ist, dass L manchmal ursprünglich die zutreffende Zahl hat, während in der Handschrift des Rechners eine abweichende Angabe sich fand. S. 281, 2 hat L 217, und gerade so viel betragen die einzelnen Posten; die Rechner in BL notiren 1 Minus, für B zutreffend, da dieser 216 liest, nicht für L, wo erst der Corrector diese Zahl herstellte. Derselbe Fall wiederholt sich S. 284, 8.

[3]) Keine andere Hdschr. bietet diese Zahl, ebensowenig liess sich dieselbe auf dem Wege der Berechnung finden.

S. 377, 9 XIIII statt XIII, S. 379, 6 XII statt XIIII geschrieben.
Dergleichen Correcturen liessen sich nur mit Hülfe einer andern
Handschrift machen: wir lernen dadurch eine neue Quelle der
Ueberlieferung kennen, die immerhin Beachtung verdient, wenn
auch Einzelnes, wie z. B. manche Verbesserung der Summarien
nur durch Berechnung gefunden sein mag und daher problematisch ist. Die Zahlen der Summarien sind natürlich so wenig
wie die übrigen Theile des Itinerars von Fehlern frei, und in
einzelnen Fällen lässt sich die ursprüngliche Zahl durch Berechnung der Einzelposten herstellen: allein gerade die Zahlenangaben bei den Stationen waren vorzugsweise der Verderbniss
ausgesetzt, und man darf nicht glauben, dass sich ohne Weiteres
durch Addiren der einzelnen Posten die richtige Gesammtzahl
wieder finden lasse. Im Allgemeinen scheinen mir die Summarien
glaubwürdiger, z. B. S. 90, 7 fanden schon die beiden Rechner
ein Plus von 10, allein die überlieferte Zahl CCVIII ist vollkommen richtig, der Fehler steckt in 92, 3, wo irrthümlich
XXVIII statt XVIII geschrieben ist. Wenn S. 259, 3 die Summe
zu 150 angegeben wird und die Berechnung einen Ueberschuss
von 19 ergiebt, so wird man Bedenken tragen diese Zahl zu CL
hinzuzufügen, während die Verbesserung XLIII statt LXII oder LXIII
bei der Station *ad Castra* (S. 259, 6) im B äusserst leicht ist.
Endlich darf man gar nicht darauf ausgehen alle Discrepanzen
zwischen den Summaria und den einzelnen Factoren auszugleichen.

Schliesslich muss ich noch einen Punkt erörtern, der für
die Benutzung der Randnotizen von entschiedener Wichtigkeit ist.
Es fragt sich, ob die Bemerkungen des Rechners über Plus und
Minus sich auf die in den Summarien genannte Zahl beziehen
oder auf die, welche er selbst durch Vergleichung der Zahlen
der einzelnen Stationen gefunden hat. Mancher wird meinen, dies
müsse sich sehr leicht ermitteln lassen[1]), aber die Entscheidung

---

[1]) Wo mehrere Summarien unmittelbar auf einander folgen, ist
es zuweilen zweifelhaft, auf welches die Randbemerkung geht; z. B.
S. 29, 7 ist angegeben, die Route von Carthago nach Sitifis betrage
100 mpm., dazu vermerkt B 3 Plus, L 4 Plus. Die Route besteht aus
4 Stationen, jede zu 25 Meilen, und so auffallend diese Gleichförmig-
keit ist, so kehrt dieselbe auch anderwärts bei einzelnen Strassen
wieder. Da sich nun hier nicht die geringste Variante vorfindet, wird
die Notiz vielmehr auf die in der folgenden Zeile angeführte Route
gehen, welche 300 Meilen beträgt, hier findet sich S. 30, 6 in BL die
Zahl 47 statt 44; wenn ausserdem zwischen beiden Hdschr. noch eine
Differenz verbleibt, so wird man annehmen dürfen, dass die in L überlieferte Controle nicht 47, sondern 48 vorfand.

ist oft schwierig. Gleichwohl ist es nicht denkbar, dass der Rechner bald diese bald jene Methode angewandt habe, denn dann wäre die mühsame Arbeit ganz vergeblich gewesen, da man im einzelnen Falle nie wissen würde, wie die Angabe zu verstehen sei.

Wenn die Angabe der Differenz häufig mit *hic* eingeleitet wird, *hic supersunt, hic minus sunt*, besonders in B (denn in L kommt der Zusatz *hic* seltener vor, vgl. S. 44, 4. 356, 4), so könnte man glauben, *hic* weise eben auf die im Summarium genannte Zahl hin: dies ist jedoch trügerisch; S. 24, 6 wird zu der Zahl 321 (Var. 320 und 322) in B bemerkt *hic sunt* X *super*, in L R XI *super*, nämlich das Nachrechnen der einzelnen Posten ergiebt 332. Dann, um nur noch einen Beleg anzuführen, S. 41, 3 hat das Summarium die Zahl 198 (so auch BL, nur P 199), dazu bemerkt B *hic* XXIII *minus sunt*, L R XXIII min. Die Berechnung der Stationen ergiebt 199, genau so wie P giebt; nämlich diese Handschrift führt eine Station mehr auf

Tipasa mpm[XXIIII
Gasaufula mpm]XXXV,

die andern Handschriften haben statt dieser zwei Zeilen nur eine
Tipasa mpm XXXV,

folglich konnte die Controle nur 175 als Gesammtzahl ergeben, diese Zahl mit 198 verglichen, ergiebt ein Minus von 23.

Dass Plus und Minus auf das Ergebniss der Nachrechnung, nicht auf die Zahl des Summarium geht, zeigt ganz evident S. 373, 3 (Strasse von Trier nach Cöln, vgl. oben S. 154 ff.), denn im Summarium haben beide Handschriften dieselbe Zahl, kommen aber zu ganz verschiedenen Resultaten. L hat 1 minus, B 27 plus.

Die Randbemerkung im B 396, 3 R *hic C minus sunt* gehört offenbar zur folgenden Zeile, wo als Gesammtbetrag der Route CCCIII angegeben ist, während die Berechnung nur CCIII ergiebt. Doch die hier herrschende Verwirrung lässt sich nicht kurzer Hand schlichten.

S. 272, 9 wird zu der Zahl 213 ein Plus von 4 notirt, nämlich S. 273, 1 lesen BL XVI st. XII. S. 283, 3 findet die Controle bei der Zahl 112 ein Plus von 10, weil BL 283, 6 XXVII st. XVII schreiben. S. 364, 8 hat B 1 minus, indem er im Summarium 87 liest, während die Berechnung nur 80 angiebt[1]). S. 385 notiren BL zu 78 ein minus von 10, weil die Rechnung nur 68

---

[1]) Wenn B 364, 9 XVII statt XVIII liest, so ist dies ein Schreibfehler, den die älteren Hdschr. nicht kannten.

ergiebt; ganz ähnlich S. 380, 1. S. 386, 6 giebt B zu 77 ein Plus von 21 an, nämlich die Zahlen seines Textes ergeben 98. L hat die gleichen Zahlen, aber im Summarium 87 und findet ein Plus von 10 (wohl verschrieben für 11). S. 413, 1 hat L 1 plus, die Berechnung ergiebt 94, das Summarium hat nur 93. S. 425, 6 hat L 10 minus, weil er 277 statt 267 im Summarium vorfand. Vergl. noch 446, 7, 458, 6. — S. 473, 2 findet L 10 minus, weil er in der folgenden Zeile XVII statt XXVII las. S. 485, 8 hat B 5 minus, weil er 486, 1 VIIII statt XIIII schreibt. S. 486, 9 notirt B 10 minus, weil die Berechnung 126 ergiebt, während das Summarium 136 giebt.

Aber es finden sich eine Anzahl Fälle, wo die Randbemerkung auf die im Summarium genannte Zahl zu gehen scheint: recht täuschend ist S. 315, 7, wo L im Texte die Zahl 60 hat, am Rande wird 10 plus notirt: und die Berechnung ergiebt nur 50, steht doch auch 50 in allen übrigen Handschriften, und ist von dem Corrector des L auch dort wieder hergestellt. Nämlich 316, 3 liest L mit andern XVIII statt VIII, somit stellt sich im Vergleich zu der richtigen Lesart des Summariums 50 ein Plus heraus. Die Lesart LX ist eine Verbesserung, welche ein Abschreiber auf Grund jener Berechnung vornahm, und der Corrector hat mit Recht L wieder hergestellt: dass in B sich keine Randnote findet, wird nur der Schreiber verschuldet haben. — S. 368, 4 hat L 329 MP., dazu wird ein Plus von 4 bemerkt, und der Corrector hat 329 in 325 verändert: dies scheint dafür zu sprechen, dass die Bemerkung sich auf die Zahl des Summarium beziehe. Allein dies ist trügerisch; da L S. 371, 4 von erster Hand statt 37 nur 24 hat, so betrug, falls die Lesarten des L ganz genau verzeichnet sind, die Gesammtzahl 330, und es würde sich ein Ueberschuss nur von 1, nicht von 4 MP herausstellen: aber im Archetypon kann bei einem Posten eine abweichende Lesart sich gefunden haben, welche in L abgeändert war, oder der Rechner hat sich einmal versehen. Ebensowenig darf man die Fälle S. 281, 2 und 284, 8, welche oben S. 184 Anm. 2 besprochen sind, hierher ziehen.

Die Differenz zu erklären hat oft besondere Schwierigkeit; S. 162, 5 vermerken nicht nur BL, sondern auch R ein Minus von XI, diese Zahl ist also hinreichend gesichert. Im Summarium haben BR und L² die Zahl CXXIII (L¹ hat CXXII). Die Berechnung der Einzelposten ergiebt für LR 112, so stellt sich im Vergleich mit 123 ein Minus von 11 heraus, während wir für

B 115 erhalten: allein wenn in B S. 163, 4 XVII steht, so ist dies nur Versehen des Schreibers für XIIII, wie LR lesen. — Die bedeutende Abweichung S. 346, 11 von 68 Minus in BL wird nur theilweise durch den nachweisbaren Ausfall von Stationen und kleinere Varianten ausgeglichen: diese und andere Stellen, z. B. 466, 6 erfordern eine eingehende Untersuchung, welche nicht dieses Ortes ist. Eigenthümlich ist auf der letzten Seite des Itinerars 486, 14, wo die Heerstrasse von Calleva nach Isca Dumnuniorum in Britannien beschrieben wird, die Notiz bei Vindogladia *mpm* XII in B R *hic XVIIII minus sunt*. Die Zahlen der einzelnen Stationen sind hier schwerlich fehlerfrei überliefert, allein Berichtigungen der Meilenzahl einzelner Stationen finden sich sonst nirgends in B und L[1]). Da die hier verzeichnete Strasse einen ziemlichen Umweg macht, ist es wahrscheinlich, dass es auch eine kürzere Route gab, welche sich etwa halbwegs abzweigte: diese war im Itinerar ebenfalls mit Angabe der Meilenzahl verzeichnet, und auf das ausgefallene Summarium wird sich eben die Randbemerkung im B beziehen[2]).

---

[1]) S. 478, 11 findet sich in L die Randbemerkung B *loco*, wahrscheinlich war hier eine Nebenstrasse mit Angabe der Meilen erwähnt.

[2]) Auch Schreib- oder Rechnungsfehler mögen hier und da in den Randbemerkungen vorkommen. S. 317, 7 notirt L minus VIII, aber die Differenz beträgt, falls den Angaben über die Lesarten im L vollständig zu trauen ist, XIIII. Einen unlösbaren Widerspruch enthält S. 310, 5 die Angabe zugleich eines Plus von X und eines Plus von III in B, nur die letztere Bemerkung ist zutreffend; richtig ist auch die Angabe von L ebend. *VII minus*, denn hier fehlen bei einer Station 10 Meilen, dies Minus wird jedoch durch ein anderweitiges Plus 3 (2 + 1) auf 7 reducirt.

www.ingramcontent.com/pod-product-compliance
Lightning Source LLC
Chambersburg PA
CBHW020239170426
43202CB00008B/154